Jérémie Bentham

AF873509

THÉORIE

DES PEINES

ET DES

RÉCOMPENSES

TOME II

Elibron Classics
www.elibron.com

Elibron Classics series.

© 2006 Adamant Media Corporation.

ISBN 0-543-94394-1 (paperback)
ISBN 0-543-94393-3 (hardcover)

This Elibron Classics Replica Edition is an unabridged facsimile of the edition published in 1811 by Vogel et Schulze, Londres.

Elibron and Elibron Classics are trademarks of Adamant Media Corporation. All rights reserved.

This book is an accurate reproduction of the original. Any marks, names, colophons, imprints, logos or other symbols or identifiers that appear on or in this book, except for those of Adamant Media Corporation and BookSurge, LLC, are used only for historical reference and accuracy and are not meant to designate origin or imply any sponsorship by or license from any third party.

THÉORIE

DES PEINES

ET DES

RÉCOMPENSES,

PAR M. JÉRÉMIE BENTHAM,

JURISCONSULTE ANGLOIS.

Rédigée en François, d'après les Manuscrits,

PAR M. ET. DUMONT, *de Genève.*

TOME SECOND.

A LONDRES,

DE L'IMPRIMERIE DE VOGEL ET SCHULZE,

13, Poland Street, Oxford Street.

Se vend chez B. DULAU et Co. Soho Square,

et chez les principaux Libraires.

MDCCCXI.

THÉORIE

DES

RÉCOMPENSES.

TABLE DES CHAPITRES

Contenus dans le Tome Second.

Fin de la Table des Chapitres.

THÉORIE
DES
RECOMPENSES.

LIVRE PREMIER.

Des Récompenses en Général.

CHAPITRE PREMIER.

Définitions et Distinctions.

UNE Récompense est une portion de la *matière du bien* (1), accordée en considération d'un service réel ou supposé.

---

(1) *Matière du bien :* c'est le mot propre et nécessaire ; ce n'est pas *le bien* que l'on donne, c'est une portion de la *matière du bien.* Il faut distinguer la cause et l'effet, comme on distingue en chymie le calorique et la chaleur. Si on ne s'assujettit pas toujours à cette distinction, il est au moins nécessaire de l'avoir indiquée.

La matière du bien comprend tout ce qui est moyen de plaisir ou d'exemption de peine : car c'est toujours là qu'il faut aboutir pour avoir des idées claires. Le *bien moral* et le *mal mo-*

La notion de la récompense comprend donc nécessairement la notion du service : et le service lui-même est quelque bien réel ou supposé, fait à la partie qui est censé l'avoir reçu.

Avant de parler des récompenses, il faut donc se faire une idée générale des services.

Les *services* (j'entends ceux qui sont l'objet de la législation) se divisent en trois classes : 1°. Services réglés ; 2°. Services occasionnels ; 3°. Services extraordinaires.

I.

Services réglés : Ceux que les fonctionnaires publics sont tenus de rendre en vertu de leurs offices, dans tous les départemens de l'administration.

---

ral sont des termes abstraits qui ne signifient rien de plus que des causes efficientes de peines et de plaisirs, causes certaines ou éventuelles, immédiates ou éloignées.

Pour la nécessité de l'exactitude dans le langage, je ne renverrai pas à Locke et à Condillac, mais à un poëte qui a rendu cette vérité sous l'image la plus heureuse.

Le grand art de penser tient à l'art du langage.
Le labyrinthe obscur d'une langue sauvage,
Sert d'asile aux erreurs. La langue en s'éclairant,
Présente aux vérités un voile transparent.
Tel d'un limon grossier le fleuve qui s'épure,
Dans un brillant cristal réfléchit la nature.

Thomas, Pierre I. Chant. III.

Langue sauvage est un mot impropre, amené par la rime : l auroit fallu dire, langue indistincte, confuse, ou équivoque, etc.

II.

Services occasionnels: Ceux qui sont demandés par le Gouvernement à des individus autres que des fonctionnaires publics, surtout en matière de Justice et de Police, comme la dénonciation et la poursuite des délits, les témoignages juridiques, la saisie des accusés, etc. On peut ranger sous le même chef les secours donnés dans les incendies, les inondations, les naufrages. Ces services sont en effet rendus à l'Etat, puisque l'Etat est chargé de la sauvegarde commune.

III.

Services extraordinaires: Ceux qui supposent, de la part de celui qui les rend, des talens distingués, des vertus rares, ou quelque circonstance particulière qui lui en a fourni l'occasion.

On peut ranger sous ce chef:

1°. Les services rendus à l'Etat par des vues nouvelles qui perfectionnent les opérations du Gouvernement dans ses différentes branches: les inventions importantes dans l'art militaire, dans l'architecture navale: dans l'art d'administrer la justice, la police, les finances, l'éducation.

2°. Les services rendus en temps de guerre, en saisissant ou détruisant une portion considérable des forces de l'ennemi, ou en sauvant celles de l'Etat.

3°. Les services ministériels qui ont prévenu

ou terminé les calamités de la guerre, ou opéré des alliances heureuses.

4°. Les découvertes d'une grande importance pour l'augmentation de la richesse nationale ; nouvelles méthodes pour abréger le travail ; importation de nouvelles branches d'industrie.

5°. Les découvertes dans les sciences, qui sans être susceptibles d'une application immédiate aux arts, étendent la sphère spéculative de l'esprit humain.

6°. Les grandes actions, les efforts extraordinaires de vertu, dans lesquels il faut considérer, au delà du service immédiat, leur influence sur l'exemple, et la culture des dispositions morales.

Tel est le champ des services : tel est aussi celui des récompenses.

A l'égard des récompenses, la division la plus importante est celle-ci : les unes sont *occasionnelles*, les autres sont *permanentes :* les premieres sont des actes particuliers ; les secondes, des établissemens publics. Les récompenses occasionnelles s'appliquent, selon les temps et les événemens, à un individu ou à plusieurs pour un fait isolé, pour un service spécifique. Les autres sont constituées sur un fonds général pour un nombre indéfini de personnes, et pour une succession de services. Telles sont les fondations religieuses, les fondations militaires, les fondations académiques.

C'est principalement à ces récompenses d'institution qu'il faut appliquer des principes et des règles, à raison de l'étendue et de la durée de leurs effets. Les récompenses occasionnelles n'ont que des effets bornés et passagers ; les erreurs n'y sont pas de la même conséquence.

Le plus grand emploi de la matière de la récompense est celui qui a lieu dans les transactions entre particuliers. En fait de services personnels, résultant d'une convention, la paye donnée à celui qui les rend est sa récompense. En fait d'achats et d'échanges, les transports réciproques sont la récompense les uns des autres. Or, le public, c'est-à-dire, le Gouvernement pour le compte du public, a besoin de quantité de services exactement pareils à ceux dont un particulier peut avoir besoin : et c'est ainsi que le mode le plus avantageux d'employer la matière de la récompense, même dans la voie ordinaire du commerce, entre dans la sphère de la politique, et réclame l'attention du Législateur.

CHAPITRE II.

Fonds de la Récompense.

TOUTES les modifications de la *matière du bien* peuvent revêtir la qualité rémunératoire : il en est de même de toutes les modifications de la *matière du mal.* Cela semble d'abord un paradoxe : mais le paradoxe disparoît, quand on considère que l'exemption d'un mal peut constituer une récompense, non moins que le don d'un bien positif.

Le fonds de la récompense comprend quatre divisions : 1°. la matière de la richesse ; 2°. l'honneur ; 3°. le pouvoir ; 4°. les exemptions. Quant au plaisir proprement dit, il n'appartient pas au Gouvernement politique de le donner en nature, quoiqu'il soit du ressort du gouvernement domestique ou de l'éducation.

1°. La *matière de la richesse.* Les valeurs pécuniaires sont le fonds le plus commun de la récompense, et le plus convenable, comme on le fera voir dans la suite.

2°. L'*honneur.* Il est susceptible d'un grand nombre de modifications. Il y a des honneurs qui ont une dénomination particulière, comme les titres d'offices et de dignités. Il y en a d'héréditaires qui confèrent aux individus une condition distincte, un rang supérieur à la classe commune: telle est la Noblesse. Il y a aussi des honneurs qui n'ont point de dénomination propre, qui ne confèrent point de titre particulier comme des statues, des médailles, des remercîmens publics, après des actions d'éclat, au nom du Souverain, ou du Corps Législatif.

Une échelle graduée de rangs est une très-belle institution, quoiqu'en aient pu dire les partisans outrés de l'égalité. Pour démontrer cette proposition, il ne faudroit rien moins que faire un traité des Principes constitutionnels, c'est-à-dire, de la distribution des Pouvoirs politiques. Je dois donc me borner ici à des observations générales. Instituer une diversité de rangs, c'est créer un nouveau fonds de récompenses, au moyen d'un impôt en honneur presque imperceptible à ceux qui le payent C'est augmenter la force du Gouvernement, par une influence douce et attrayante, bien différente de ce pouvoir coercitif, si sujet à de violentes réactions. C'est accroître la somme des jouissances humaines. C'est ouvrir de nouvelles perspectives à l'espérance, le plus précieux de tous les biens. C'est faire germer dans les cœurs une autre ambition que celle de la fortune. C'est entretenir l'émulation, moyen si puissant et si doux pour produire toutes les qualités désirables. Je ne parle pas ici des abus: ils ne sont point inséparables de la chose même. Je dis seulement que ce principe est excellent, surtout quand l'avancement graduel dépend des services.

Ce genre de subordination s'est de tout temps pratiqué dans le militaire. Du Soldat au Général, les échelons sont régulièrement gradués. Mais l'objet principal n'est pas l'honneur, c'est le pouvoir. Supériorité de grade annonce supériorité de commandement. L'honneur qui accompagne l'autorité, n'en est qu'une conséquence accessoire.

Catherine seconde transplanta cet arrangement du militaire au civil. Elle établit une distribution de rangs qui correspond aux grades de l'armée. Les Secrétaires, les Juges, les Médecins, les Académiciens, tous les fonctionnaires civils sont soumis à un avancement graduel qui les tient dans un état de dépendance et d'espérance pour tous les pas de leur carrière. C'est une invention politique comparable aux plus savantes découvertes des arts dans notre siècle. La Naissance a perdu sans bruit la plus grande partie de ses prérogatives. Le premier par sa noblesse et par sa fortune, est obligé de commencer par le dernier rang, et de recevoir de grade en grade un brevet du Souverain, sans lequel il reste en arrière, et se voit devancé par des hommes obscurs. Ce ressort est d'autant plus puissant qu'il est doux. La simple suspension de la récompense fait l'office de la peine.

D'ailleurs, la translation des grades militaires à l'ordre civil a augmenté la considération pour celui-ci. C'est un ingénieux artifice pour vaincre ce mépris barbare des fonctions civiles qui prévaut dans tous les Etats militaires. L'assimilation des grades mène à l'assimilation du respect. Dès lors on a vu la Noblesse entrer avec empressement dans les emplois qu'elle avoit dédaignés.

Les Ordres de Chevalerie paroissent, comme des fragmens flottans, détachés d'un système régulier de récompenses honorifiques.

Il est des Etats où l'on a fondé un ordre de chevalerie, sous le nom d'*Ordre du Mérite :* ce nom semble d'abord inventé comme par plaisanterie pour jeter du ridicule sur tous les autres : mais point du tout. Le ridicule, s'il y en a, tombe sur le mérite : car cet ordre est le moins distingué ; la Noblesse n'y prétend pas ; il seroit dérogatoire à la naissance, il n'est que le prix des services.

Les grands Ordres de Chevalerie sont-ils des récompenses, je veux dire, des récompenses publiques ? c'est ce qui n'est pas bien décidé. Leur nature est assez douteuse. C'est une décoration qui se donne quelquefois après des actions d'éclat, mais presque toujours aux Courtisans, aux Grands, à ceux qui composent la société du Souverain, pour augmenter la pompe de sa Cour. Le mérite prouvé, c'est d'avoir su plaire au Prince. Mais si les personnes ainsi décorées réclament des distinctions sociales, si chacun doit leur céder la place, ne faudroit-il pas quelque raison publique pour fonder cette prééminence ? Doit-on imposer à la Communauté l'obligation du respect en faveur d'un individu, s'il n'a rendu quelque service qui légitime cet hommage ? Le Souverain n'est-il pas mauvais économe d'une ressource qui, bien ménagée, pourroit être si lucrative ? Nous reviendrons à ce sujet.

3°. Le *Pouvoir*. Ce grand objet de l'ambition des hommes n'appartient pas directement au sujet que nous traitons. Le pouvoir est institué dans un tout autre but que des vues rémunératoires : les principes d'après lesquels on doit le distribuer et le régler forment les bases du code constitutionnel. Le *mérite* n'est pas la seule considération d'après laquelle on doive se déterminer. Dans plusieurs formes de gouvernemens, il y a des pouvoirs héréditaires ; et l'expérience a démontré la sagesse de cette institution qui, sous un certain rapport, paroît si absurde.

Dans un Etat monarchique, par exemple, les dangers d'une élection sont si grands, qu'on a dû attacher le pouvoir suprême à quelque circonstance plus palpable, et moins sujette à contestation que le mérite des candidats. Dans un Gouvernement mixte, si l'on a une Magistrature supérieure, un Corps de nobles investis de certains pouvoirs, destinés à balancer ceux du Roi et ceux du peuple, il faut que ce Corps soit nombreux ; et plus il est nombreux, moins il est susceptible de cette espèce de choix, qui suppose un mérite individuel transcendant.

Le *Pouvoir,* dans tous les cas où il peut être appliqué à l'objet de la récompense, sans aucun inconvénient, doit avoir cette destination.

La difficulté est d'assigner un acte ou un événement qui fasse preuve de la capacité de l'individu. Mais pour les emplois publics, combien n'y a-t-il pas de qualités requises qu'aucun acte particulier ne sauroit prouver? Sans cela, la plupart des emplois pourroient être donnés comme récompense positive pour un service déterminé.

La gazette du Gouvernement n'auroit qu'à porter des avis en ces termes:—" L'artiste qui
" présentera le coin le plus parfait aura l'inten-
" dance de la monnoie.—Celui qui fournira le
" modèle de la meilleure pièce d'artillerie, aura la
" première place de ce département.—L'archi-
" tecte qui construira le modèle d'un vaisseau su-
" périeur en vitesse ou en moyens d'attaque et de
" défense, sera mis à la tête des constructions
" navales.—L'auteur qui donnera le meilleur
" traité sur le commerce, les finances, l'art mili-
" taire, sera placé dans le conseil de commerce,
" dans celui des finances, ou de la guerre.—Celui
" qui aura fait le meilleur ouvrage sur les lois
" sera Chancelier du royaume."

Cette idée séduit au premier moment: mais pour peu qu'on y réfléchisse, on découvre bientôt qu'elle est plus spécieuse que solide. Pourquoi? c'est qu'il n'est pas rare que l'homme doué dans un degré supérieur, d'une des qualités requises, soit destitué de plusieurs autres également indispensables.

D'ailleurs, il est des cas, et même de très-importans, où les preuves sont nécessairement en défaut. Dans un long période de tranquillité, que pourroit faire un Officier qui pût démontrer sa capacité à commander une armée? Considérez les qualités les plus nécessaires, la présence d'esprit, les conceptions vastes, la prévoyance, l'activité, le courage, la persévérance, l'autorité du caractère, etc. par quels actes spécifiques, un Officier, qui n'a point vu de service, prouveroit-il qu'il les possède? On est réduit à en juger par des conjectures. Les mieux fondées résultent de ses habitudes et de son attachement pour sa profession, et surtout de l'estime de ceux qui courent la même carrière que lui. Leur opinion s'est formée d'après une multitude d'observations qui tiennent à l'ensemble de sa conduite.

Le *discernement*, cet art de juger de l'aptitude d'un individu à tel ou tel emploi, est une qualité rare, à laquelle il est comme impossible de donner le secours d'aucune règle générale.

On avanceroit un peu dans cet art difficile, en faisant un catalogue des *indications de talent ou de capacité* par rapport aux divers offices (1).

---

(1) J'avois préparé, pour développer la pensée de l'auteur, une note où je rassemblois plusieurs traits de ce tact prompt et fin qui fait deviner des qualités cachées. Je me borne à un seul,

4°. *Exemptions.*—Le Législateur crée deux sortes de maux: il institue des peines pour les délits: il impose des obligations onéreuses aux divers membres de la société. Il peut donc y avoir deux sortes d'exemptions: exemption de peines encourues: exemption d'un fardeau civil.

L'exemption d'une peine déjà encourue est un pardon: les pardons ont été quelquefois accordés par manière de récompense, c'est-à-dire, en considération de services rendus. De tels actes de faveur ne peuvent pas être prévus par la loi; ils sont l'effet du pouvoir discrétionnel laissé au Souverain.

Mais il y a des lois qui accordent l'exemption des peines par anticipation, c'est-à-dire, avant que la peine soit encourue: tel est en Angleterre ce

---

pour ne pas faire une digression trop longue. Une personne fort instruite des anecdotes de la Cour de Russie, me contoit à Pétersbourg l'origine de la fortune et de l'avancement du Grand-Chancelier Besborodko. Etant encore dans les offices inférieurs de chancellerie, un jour qu'il avoit présenté plusieurs Ukases à l'Impératrice (Catherine II) il s'aperçut qu'il avoit oublié d'en composer un qu'elle lui avoit particulièrement recommandé. Après un moment d'effroi, il prend son parti, et feignit de lire l'Ukase en question, quoiqu'il n'eut à la main qu'une feuille de papier blanc. L'Impératrice fut si satisfaite de cette rédaction, qu'elle voulut signer sur-le-champ. Le commis déconcerté fut obligé d'avouer sa faute. L'Impératrice, moins choquée de cette espèce d'imposture, que frappée de la présence d'esprit qu'elle supposoit, ne tarda pas à le placer comme Chef dans le bureau où il n'étoit que subalterne.

qu'on appelle le *Bénéfice du Clergé*(1). Dans les temps où le Prince étoit foible et l'Eglise puissante, le Clergé obtint une exemption de toutes les peines capitales, et de plusieurs autres espèces de peines dans tous les cas (2).

La Noblesse a imité le Clergé : elle s'est trouvée investie, dans presque toute l'Europe, d'exemptions de la même nature. L'ancienne Rome avoit donné l'exemple. On ne pouvoit pas mettre à mort un citoyen. Verrès, convaincu de crimes atroces, en fut quitte pour aller jouir dans l'exil du fruit de ses brigandages.

Quand l'Impératrice de Russie, Catherine Seconde, assembla des députés de toutes les provinces de son vaste Empire, pour leur donner l'apparence de concourir à la formation d'un code de lois (espèce de parodie des Etats libres, qui avoit pourtant son utilité, et qui pouvoit contribuer à répandre des idées libérales), elle accorda à ces députés, entre différens privilèges, une exemption de toute peine corporelle, excepté le cas de haute trahison. Ce genre de distinction, qui ne

(1) Tome I. Liv. v. *Théorie des Peines. Félonies.*

(2) En Pologne, les Gentilshommes pauvres se mettoient au service des Grands ; ils remplissoient sans scrupule les offices domestiques réputés parmi nous les moins honorables ; ils ne tenoient fortement qu'à une seule distinction qui les séparoit des esclaves : c'étoit de ne recevoir des coups de bâton que couchés sur un matelat.

pouvoit guère être imaginé que dans un Etat qui sort de la barbarie, avoit sans doute pour objet de les relever à leurs propres yeux, et de leur donner une dignité personnelle, au delà même du temps de leurs fonctions.

Les exemptions d'un fardeau civil sont des dispenses de quelque service réputé onéreux.

Se *découvrir* en présence du Souverain, est un service de respect établi par l'usage dans toute l'Europe. En Espagne, certaines familles parmi la Noblesse, jouissent du privilège de se couvrir devant le Roi. En Irlande, le chef de la famille de Courcy (1) jouit d'une pareille exemption, accordée anciennement en récompense d'un service.

Par un Statut Britannique, celui qui saisit et poursuit jusqu'à conviction un criminel d'une certaine classe, reçoit entr'autres récompenses, une exemption des offices paroissiaux, avec le pouvoir de transférer cette exemption à un autre.

Plus les lois sont dures, plus le fonds des récompenses par exemption est abondant. On peut en faire avec des restitutions, avec des actes de justice : on peut donner aux uns ce qu'on devroit laisser à tous : on peut donner sous condition, ce qu'on devroit donner gratuitement. Plus on a été injuste en gros, plus on peut être généreux en détail. Le Gouvernement oppressif d'un Prince

---

(1) Baron de Kinsale.

devient une mine d'or pour son successeur. Dans l'Eglise, ce sont les bonnes œuvres des devanciers; dans l'Etat, ce sont leurs mauvaises œuvres qui grossissent les trésors de leurs héritiers. En Russie, en Pologne, le simple don de la liberté est une récompense très-distinguée. Un tyran peut récompenser en faisant moins de mal. Ce n'est pas une pure plaisanterie que la fable du *Loup* et de la *Cigogne*.

Disons un mot du dernier article des récompenses, *les plaisirs*. On peut appliquer la peine en nature à qui l'on veut, et presque en tout genre. Mais pour le plaisir, le Législateur n'en dispose pas si aisément ; il ne peut donner le plaisir qu'en donnant les moyens qui le procurent, c'est-à-dire, la matière de la richesse que chacun convertit à son gré.

Chez quelques nations barbares ou demi-policées, la politique a imaginé de payer les services des guerriers par les faveurs des femmes. Helvétius paroît sourire avec approbation à ce moyen d'exciter le courage. Montesquieu l'avoit peut-être entraîné dans cette erreur : en parlant des Samnites, chez qui le jeune homme déclaré le meilleur de tous, prenoit pour femme la fille qu'il vouloit, *cette coutume*, ajoute-t-il, *devoit produire d'admirables effets*. Philosophes pleins d'humanité, tous deux bons époux et bons pères, tous deux éloquens contre l'esclavage, comment ont-ils pu applaudir à une loi qui suppose celui de la meilleure moitié de l'espèce humaine ? Comment ont-ils oublié que des faveurs qui n'étoient pas dues à un choix libre, et que le cœur repoussoit peut-être, offroient l'idée d'une femme avilie, plutôt que d'un héros récompensé ? Le guerrier, couvert des palmes de la gloire, pouvoit-il descendre au rôle de ravisseur ? Et s'il dédaignoit ce droit barbare, sa générosité ne faisoit-elle pas la satire de la loi ? (1)

Voltaire raconte naïvement qu'à la première représentation d'une de ses tragédies, l'audience qui vit l'auteur dans la loge d'une jeune Duchesse extrêmement belle, exigea qu'elle lui donnât un baiser, comme pour acquitter la reconnoissance publique. La victime apparemment ne répugnoit pas au sacrifice ; elle partageoit l'admiration générale : et je crois que, sans délibération de Magistrats, on peut s'en fier à l'enthousiasme du sexe, à sa passion de la gloire, pour les préférences qui peuvent animer le courage et le génie, dans la carrière des hasards et des talens.

---

(1) Dans le Koran, Mahomet permet à ses sectateurs d'ajouter au nombre de leurs concubines, toutes les captives qu'ils font dans la guerre. Ce n'est pas ainsi que les Scipions et les Bayards usoient de la victoire. Telle est la différence de la barbarie à la civilisation.

CHAPITRE III.

Des Cas où la Récompense et la Peine se combinent.

Il est des cas où il ne faut employer ni la peine seule, ni la récompense seule : il faut coaliser leurs forces : la Loi dit alors au citoyen : "Obéis, et tu auras telle récompense : désobéis, tu subiras telle peine".

Cette union des deux moyens convient surtout aux cas où le service, que demande la Loi, dépend d'un petit nombre d'individus, en vertu d'une position particulière où ils sont placés.— S'agit-il, par exemple, de saisir un coupable au moment du délit, de le dénoncer à la Justice, de le poursuivre, etc. il est bon, pour s'assurer que le service sera rendu, de joindre une peine pour l'omission à une récompense pour l'exécution.

Dans ces cas, la peine est utile de deux manières : d'abord, à cause de sa propre force ; ensuite, parce qu'elle soutient la valeur de la récompense. L'opinion publique est peu favorable à ceux qui, pour ces services juridiques, acceptent des offres lucratives ; mais qu'on y ajoute un motif pénal, et l'opinion publique sera moins sévère. Celui qui poursuit un coupable pour tirer un profit, paroît odieux : celui qui le poursuit pour se sauver d'une peine, paroît tout au moins excusable. Le désir de sa propre conservation, dit-on, est un sentiment naturel, c'est-à-dire, qu'on l'approuve. Le désir de gagner est un sentiment tout aussi naturel, mais dans ce cas, on ne lui donne pas la même approbation. Ce préjugé est nuisible, mais il existe : et il faut traiter les opinions d'après ce qu'elles sont, et non d'après ce qu'elles devroient être. Ce n'est pas le seul cas où les hommes demandent que l'on contraigne leurs inclinations pour être libre de s'y conformer.

Une des écoles royales d'Angleterre me fournit un exemple qui mérite d'être connu. Tous les écoliers de la même classe, rangés autour du maître, commencent un exercice. Le premier fait-il une faute? Le second, en la relevant, prend aussitôt sa place. Si ce second ne s'aperçoit pas de la faute, ou s'il ne sait pas la corriger, le privilège passe au troisième, et ainsi de suite. Cette priorité donne quelques distinctions flatteuses.

On voit ici la combinaison utile des deux ressorts. Peine pour la faute : perte de rang.—Récompense pour la délation de cette faute : acquisition de ce même rang.—Peine pour la non-délation : perte de rang comme pour la faute même.

Si l'on vouloit engager le jeune écolier à dénoncer la faute de son camarade, par la seule force de la récompense, l'opinion que l'intérêt général auroit fait naître seroit défavorable à la délation : mais quand les jeunes concurrens qu'on fait entrer dans cette arène peuvent dire pour leur justification qu'ils n'ont déprimé leur voisin que pour n'être pas déprimés eux-mêmes, on n'a point de reproche à leur faire ; chacun se livre sans scrupule aux suggestions de l'ambition ; et l'honneur combat sous les drapeaux de la loi, avec toute sa force.

Ce moyen si bien imaginé pour exciter l'émulation est un des avantages d'un collége nombreux. Les écoles particulières n'ont pas un nombre suffisant d'acteurs pour jouer avec succès cette comédie.

Les cas les plus favorables pour la législation sont ceux où les deux moyens sont tellement combinés que la peine résulte immédiatement de l'omission du devoir, et la récompense, de son accomplissement.

Cet arrangement présente l'idée de la perfection : Pourquoi ? c'est qu'à toute la force de la peine, il unit toute la douceur et la certitude de la récompense.

Je dis la *certitude* : ceci demande une explication. Annoncez une peine en tel ou tel cas : le seul individu qui ne peut manquer de savoir s'il a encouru la punition est intéressé à cacher ce qu'il sait. Annoncez au contraire une récompense : le même individu se trouve intéressé à produire toutes les preuves nécessaires pour l'obtenir. Ainsi beaucoup de causes concourent à faire échouer la peine, les artifices de la personne intéressée, les préjugés contre les délateurs, les accidens, les erreurs de procédures, les difficultés qui les environnent—la récompense n'a contr'elle aucune de ces chances: elle agit donc avec toute la force de la certitude.

Avant une loi célèbre dont l'Angleterre est redevable à M. Burke, les commissaires du Trésor royal étoient chargés, comme ils le sont encore, de payer tous les employés du Gouvernement. Il étoit juste que tous fussent payés à leur tour dans la même proportion, et avec la même promptitude, à mesure que les fonds se versoient dans la caisse. Mais nulle loi politique n'étoit venue à l'appui de ce principe d'égalité. Les commissaires se permettoient dans les payemens toutes les préférences qu'il est naturel de supposer. Ils payoient d'abord leurs amis ; et l'on peut bien imaginer qu'ils ne s'oublioient pas eux-mêmes. Les retards dans les payemens occasionnoient des plaintes continuelles. Qu'eût fait un législateur ordinaire? Il eût ordonné que chacun à proportion des recettes fut payé sur un pié égal: et pour mettre son réglement dans toutes les formes, il eût ajouté pour les contrevenans quelque peine directe, sans s'embarrasser si elle ne seroit pas facile à éluder. M. Burke agit différemment. Il dressa pour les diverses classes de salariés, un ordre de tableau, où la préférence est donnée en raison inverse du crédit qu'on peut leur supposer. Les Commissaires eux-mêmes, avec le premier Ministre à leur tête ferment la marche, et ne peuvent toucher un shelling de leur paye avant que le plus bas marmiton n'ait reçu le dernier sou de la sienne.

Qu'il leur eût permis de se payer les premiers en leur prescrivant de suivre l'ordre du tableau pour les inférieurs, sous peine de perdre eux-mêmes une partie de leurs salaires—que de difficultés, que d'embarras, que de lenteurs ! Qui se chargera de l'odieux de la délation ? Combien de prétextes n'auront-ils pas pour se justifier ? Qui aura le courage d'attaquer en face des Ministres ? Dans l'arrangement de M. Burke, jusqu'à ce qu'ils aient accompli leur devoir, ils perdent la jouissance de leur salaire entier, et la perdent sans embarras ni poursuite. Ainsi rendu conditionnel, ce salaire devient en réalité pour eux la récompense de leur exactitude à payer les autres.

Résumons les avantages de cette invention politique—Le salaire, dépendant de la reddition du service, n'est plus une gratification stérile, mais une vraie récompense productive—Le motif a toute la *force* propre à la peine, par la suspension du payement qui opère comme une amende—Le motif a toute la *certitude* propre à la récompense. Le droit de recevoir, résulte de l'accomplissement du service sans aucun moyen juridique.

CHAPITRE IV.

De l'Union de l'Intérêt avec le Devoir, et des Lois qui s'exécutent d'elles-mêmes.

Ce que nous avons dit dans le chapitre précédent nous donne la clé de ces deux expressions qu'on rencontre assez fréquemment dans les écrivains politiques, et qui n'ont jamais été expliquées.

I. Il faut, disent-ils, que le Législateur s'applique à *unir l'intérêt avec le devoir :* c'est ce qu'ils considèrent comme son chef-d'œuvre.— Mais comment s'opère cette union ? Qu'est-ce qui la constitue ? Imposer un devoir et attacher une peine à sa violation, c'est donner un intérêt à l'observer, et même un intérêt plus fort que celui qui résulte d'une récompense promise. Ce n'est pas là toutefois ce qu'ils entendent : car s'il suffisoit de la peine pour unir l'intérêt avec le devoir, quel est le Législateur qui n'en viendroit pas à bout ? Que trouveroit-on à vanter dans une politique si commune ?

Le mot *intérêt* dans cette phrase est donc pris particulièrement pour *plaisir et profit :* on veut exprimer une disposition de la loi telle que l'accomplissement du devoir soit une source d'avantages qui cessent d'eux-mêmes, dès qu'on cesse de le remplir.

On opère, en un mot, cette réunion toutes les fois qu'on peut créer un intérêt dans lequel on combine le degré de *force* qui n'appartient qu'à la peine, avec le degré de *certitude* qui n'appartient qu'à la récompense.

Cette réunion du devoir et de l'intérêt se trouve éminemment dans les pensions ou les places révocables à plaisir. Supposons que le devoir consiste dans une parfaite soumission de la partie dépendante à la volonté du bienfaiteur. Le pensionné cesse-t-il de plaire ? aussitôt la pension cesse. Il n'est pas question de l'embarras ni de l'incertitude de la procédure. Aussi ne se plaint-on guère de la désobéissance des personnes soumises à ce pouvoir absolu. Les plaintes s'élèvent sur la trop grande efficacité de ce moyen bien plus que sur sa foiblesse.

Dans les lois pour la perception des revenus, et en particulier pour les droits des douanes, on donne assez communément aux Employés, comme récompense, une portion des articles saisis en contrebande. Ce moyen a paru nécessaire pour combattre les tentations auxquelles ils sont sans cesse exposés. Le prix que peut offrir le particulier pour assoupir leur vigilance, ne sauroit être égal à la valeur de la capture qui leur est accordée pour faire leur devoir. Bien loin d'avoir à craindre qu'ils ne se relâchent dans un service où chaque négligence seroit suivie de sa punition immédiate, il y auroit plus à redouter que l'excès de la cupidité ne les portât souvent à outrepasser leurs droits.

II. Veut-on faire l'éloge d'une loi? on dit *qu'elle est de nature à s'exécuter toute seule.* Qu'entend-on par-là?—A parler exactement, il n'est pas vrai qu'aucune loi puisse *s'exécuter toute seule.* Une loi n'est rien dans un état d'isolement: il faut qu'elle s'appuye sur une autre loi, laquelle à son tour en exige d'autres qui lui servent de défense. C'est ainsi qu'elles forment un groupe ou plutôt un cercle dans lequel toutes les parties soutiennent et sont soutenues. Quand on dit qu'une loi s'exécute *toute seule*, on ne veut donc pas dire qu'elle pût subsister indépendamment des autres lois. La disposition à laquelle on attribue cette singulière efficacité consiste en ceci: 1°. que la peine résulte immédiatement de la contravention, sans procédure particulière; 2°. que la loi substitue à un certain délit, un autre délit plus facile à constater, et puni plus sévèrement que le premier.

La loi de M. Burke que j'ai déjà citée, est justement de ce nombre. La clause qui ne permet aux Ministres et aux Trésoriers de se payer eux-mêmes qu'après tous les autres créanciers, possède en effet la qualité d'une peine attachée à tout retard dans ces payemens: peine qui commence avec le délit, qui dure autant que lui, qui s'inflige sans procédure, en un mot, qui n'a pas besoin de personnes tierces pour l'ordonner.

Les Ministres, malgré cette loi, pourroient se payer eux-mêmes, sans avoir payé les autres créanciers de la liste civile : il n'y a point de force physique qui les en empêchât plus qu'auparavant. Mais en conséquence de la loi, cette contravention seroit un délit palpable, une espèce de péculat auquel l'opinion oppose un frein très-puissant. Avant cette loi, la négligence dans les payemens étoit très-fréquente : elle avoit l'apparence d'un simple acte d'omission : elle ne pouvoit se ranger sous aucun chef articulé de délit : et de plus, il étoit facile de la pallier par une foule de prétextes.

Voici un autre exemple tiré de l'impôt du *timbre*.

Les partisans de cet impôt ne manquent pas de le recommander comme une de ces lois qui *s'exécutent d'elles-mêmes*. Cela est vrai, au moins pour les contrats et les procédures. Expliquons ce mécanisme. Le sanctionnement des contrats et la protection que la loi donne aux citoyens pour leur fortune et leur état, sont des services qu'elle leur rend par le ministère de ses officiers. Or, voici comment cet impôt se lève. On commence par refuser ces services à tout le monde : ensuite on les offre à tous ceux qui sont assez riches pour les payer, au prix qu'on y met.

Ainsi cette protection qu'on pourroit regarder comme une dette de l'Etat envers tous les citoyens, se convertit en récompense, au moyen de la condition préalable qu'on y attache. Je n'examine pas à présent si cet impôt, qui n'est autre chose que la vente de la protection de la loi, est convenable : j'observe seulement que le payement en est bien assuré par la sûreté qu'il donne, et par le danger dont l'omission seroit suivie.

Ce ne seroit pas un travail inutile que de parcourir tout le champ de la législation pour exhiber les différens cas où ce genre de mécanisme politique a été employé, et ceux où on pourroit l'appliquer avec succès.

CHAPITRE V.

Raisons pour l'Economie des Récompenses.

S'IL faut être avare des peines, il faut l'être aussi de la récompense, car toute récompense est le produit de la peine. Le bien et le mal ont une souche commune. La récompense est-elle en argent? on ne donne qu'aux dépens du public: vérité triviale, qu'il n'est pas besoin de prouver, mais toujours bonne à rappeler, en ajoutant que les impôts sont le fruit de la contrainte; et que toutes choses d'ailleurs égales, plaisir de gain n'équivaut pas à mal de perte.

Les récompenses en honneur, dit-on communément, ne coûtent rien à l'Etat. C'est une erreur: car non-seulement les honneurs rendent les services plus chers (comme nous le verrons bientôt), mais de plus, il y a des pertes, il y a des fardeaux qui ne s'évaluent point en argent. Tout honneur suppose une prééminence. Entre des individus placés sur une ligne d'égalité, on ne peut favoriser les uns par un degré d'élévation, qu'en faisant souffrir les autres, par un abaissement relatif. Cela est vrai surtout des honneurs permanens, de ceux qui confèrent un rang, et des privilèges. Il y a deux classes de personnes aux dépens de qui cet honneur est conféré, la classe d'où le nouveau dignitaire est tiré, et la classe dans laquelle il est introduit. Plus on ajoute par exemple au nombre des Nobles, plus on diminue de leur importance, plus on ôte à la valeur de leur état.

Les exemptions paroissent d'abord des faveurs ou des récompenses peu coûteuses. Aussi les Souverains imprévoyans les accordent-ils avec la plus grande facilité. Mais quand il s'agit des fardeaux publics, l'exemption pour les uns est une surcharge pour les autres : il devient humiliant de les porter s'il est honorable d'en être exempté : et ces exceptions partielles font naître un mécontentement général.

L'exemption d'arrêt pour dette dont jouissent les Membres du Parlement Britannique est aux dépens de leurs créanciers. Les exemptions des offices de paroisse sont aux dépens de ceux qui courent la chance de les remplir. Il en est de même des exemptions du service militaire. Les exemptions de taxes retombent sur tout le corps des contribuables.

L'exemption des peines s'annonce d'abord comme un acte de pure clémence : mais si l'impunité affoiblit les lois et multiplie les délits, l'indulgence pour les criminels coûte bien cher à leurs victimes.

Le mal de la prodigalité ne se borne pas à dilapider le fonds des récompenses : elle équivaut à une loi contre le vrai mérite. Les faux services auxquels on prodigue les faveurs entrent dès lors en concurrence avec les services réels. L'ambition ne s'attache plus à mériter la reconnoissance publique, mais à capter la bienveillance du distributeur des grâces. Les petits talens, les vices agréables qui mènent aux places et aux bienfaits, étouffent la vertu et le génie. L'art de plaire s'élève aux dépens de l'art de servir.

Qu'en arrive-t-il? Les vrais services ne se font point, ou l'on est forcé de les acheter à un prix énorme. Car il ne suffit pas que le prix soit égal à celui des faux services: il faut un surplus pour compenser les travaux qu'exigent les services réels. "Si on donne tant, pour des riens, "combien m'est-il dû davantage à moi qui porte "le poids du jour? Si l'on récompense ainsi un "homme qui n'a que de la souplesse, combien "m'est-il dû à moi qui ai de l'assiduité et du "génie?" Voilà le langage que tiendra naturellement, et qu'a droit de tenir l'homme qui se sent du mérite.

C'est ainsi que le mal va toujours croissant. Plus on a prodigué, plus il faut prodiguer encore: comme pour avoir trop puni, on est forcé de multiplier les punitions.

Qu'un assemblage heureux de talens et de zèle ait mis un fonctionnaire public à portée de rendre des services rares, l'associer à la foule des employés subalternes, c'est l'avilir. Il aura pour le fonds des récompenses la jalousie que devoit avoir l'administrateur: il se croira lésé non-seulement de tout ce qu'on lui refuse, mais encore de ce qu'on donne à ceux qui ne le valent pas.

La profusion en fait d'honneur, a le double inconvénient de les avilir, et d'entraîner encore des dépenses pécuniaires. A-t-on donné une pairie? il faut souvent y ajouter une pension, ne fût-ce que pour en soutenir la dignité.

C'est ainsi que la noblesse héréditaire a haussé le taux de toutes les récompenses. Un simple citoyen a-t-il rendu de ces services éclatans qu'on ne peut se dispenser de reconnoître? il faut commencer par le tirer de la classe commune, et l'élever au niveau de la Noblesse. Mais la Noblesse sans dot n'est qu'un fardeau. Il faut donc y ajouter des gratifications, des pensions. La redevance devient si grande, si onéreuse, qu'on ne peut pas s'en acquitter sur-le-champ. Il faut en faire un fardeau dont on charge la postérité,

Il est vrai que la postérité doit payer en partie des services dont elle partage le fruit; mais s'il n'y avoit point de noble par naissance, la noblesse personnelle suffiroit. Chez les Grecs, une branche de pin, une poignée de persil—chez les Romains quelques feuilles de laurier ou de gramen récompensoient un héros.

Heureux Américains, heureux à tant de titres, si pour avoir le bonheur, il suffisoit de posséder tout ce qui le constitue! cet avantage est encore à vous. Respectez la simplicité de vos mœurs. Gardez-vous d'admettre jamais une noblesse héréditaire. Le patrimoine du mérite deviendroit bientôt celui de la naissance. Donnez des gratifications, élevez des statues, conférez des titres, mais que ces distinctions soient personnelles : conservez toute la force, toute la pureté de l'honneur : n'aliénez jamais ce fonds précieux de l'Etat en faveur d'une classe orgueilleuse qui ne tarderoit pas à s'en servir contre vous.

Voilà le langage des hommes qui, passionnés pour le mérite, voudroient allumer une émulation généreuse dans tous les rangs de la société. La noblesse héréditaire leur paroît une usurpation d'où résulte un découragement funeste. Mais cette institution se présente à un observateur politique sous d'autres rapports. Ceux qui regardent la stabilité d'un Gouvernement comme le plus grand bien, ceux qui sont effrayés des orages si fréquens dans les Constitutions républicaines, ceux qui redoutent plus la folie qui ne connoît point de frein que l'égoïsme qu'il est facile d'enchaîner par lui-même, estimeront qu'il est avantageux à un grand Etat de posséder un ordre de citoyens naturellement intéressés par leur prérogative à maintenir la tranquillité publique, et qui retienne dans la carrière des travaux une foule de gens qui, sans cet obstacle, se jetteroient dans celle de l'ambition. Sous ce point de vue, l'institution de la noblesse héréditaire est une espèce d'opium qui calme ou endort l'inquiétude fiévreuse, et les jalousies dont les hommes sont tourmentés lorsqu'ils se regardent tous comme égaux (1).

Il est des États où les récompenses ne sont accordées qu'avec la plus grande économie : tels sont en général les Gouvernemens républicains, quoique même dans les démocraties, l'histoire fournisse des exemples frappans d'abus et de prodigalité. Ce que le peuple donne sans trop d'examen à ses favoris, c'est le Pouvoir, plus précieux et plus dangereux que les titres d'honneur et que les gratifications pécuniaires. Cette maxime qu'on a débitée de nos jours, *Malheur aux peuples reconnoissans*, ne peut avoir un sens raisonnable qu'en la prenant comme un avertissement contre cette disposition du peuple à conférer une autorité illimitée à ceux qui obtiennent pour un moment sa confiance.

Après tout ce que j'ai dit contre la prodigalité des récompenses, je ne veux pas dissimuler ce qui tend à la justifier.

On peut considérer le superflu en ce genre

---

(1) Le principe de l'égalité renferme en soi l'anarchie. Ce sont toutes les petites masses d'influence particulière qui soutiennent la grande digue des lois contre le torrent des passions. C'est pour avoir méconnu l'utilité, pour ne pas dire la nécessité de cette subordination, que les François tombèrent dans cet excès de folie qui les a livrés à des maux inouïs, et qui a porté la désolation dans les quatre parties du monde. C'est parce qu'il n'y avoit plus de supériorité reconnue en France qu'il n'y avoit plus de sûreté.

comme un fonds destiné à une lotterie. Avec une dépense comparativement petite, on crée une grande masse d'expectatives. On multiplie dans la société les chances favorables que chacun peut se flatter d'obtenir. Et tous les biens pris ensemble, que sont-ils en comparaison de l'espérance seule? Elle donne la vie et le mouvement au monde moral; elle remplit les jours et les années dont les plaisirs n'occupent que des instans fugitifs. Mais cet argument iroit-il jusqu'à justifier des impôts qui n'auroient pour but que d'accroître le superflu des grâces? Il seroit absurde de faire un mal réel, de dépouiller le peuple de ce qu'il acquiert à la sueur de son front pour augmenter un luxe de bonheur. Enfin, quoiqu'on pensât de cette lotterie, il faudroit toujours en tirer parti pour obtenir des services utiles. L'espérance active vaut mieux à l'individu lui-même que l'espérance oisive. L'une développe ses talens, l'autre les dégrade: la première s'allie naturellement aux vertus, la seconde aux vices.

Dans un pays libre, comme l'Angleterre, la dispensation arbitraire des grâces pourroit être motivée par des raisons ou des prétextes qui ne se trouveroient pas dans une monarchie absolue. Singulier paradoxe! La constitution du Parlement donne lieu à des services qui ne peuvent pas être avoués, et qui, aux yeux de plusieurs politiques, n'en sont pas moins nécessaires. Il faut, dira-t-on, un certain lest pour empêcher ce vaisseau d'être emporté par quelque ouragan momentané d'humeur ou de préjugé populaire. Il faut des médiateurs intéressés pour entretenir la bonne intelligence entre les parties hétérogènes de cette constitution mixte. Il faut des orateurs bruyans pour ceux qui s'en laissent plus imposer par la force des poumons que par celle des argumens ; des déclamateurs pour ceux qui se laissent gouverner par le sentiment et l'imagination ; des parleurs facétieux ou satyriques pour ceux qui veulent qu'on les amuse ; des raisonneurs pour le petit nombre qui ne cède qu'à la raison ; des gens experts et entreprenans pour courir le pays, diriger les élections, préparer les suffrages. Un tel Gouvernement a besoin de faire mouvoir mille ressorts pour suppléer à celui de l'autorité absolue. S'il n'avoit pas des places, des pensions, des titres à donner, s'il n'avoit pas, en un mot, ce qu'on appelle, selon le parti auquel on appartient, *influence* ou *corruption*, pourroit-il enchaîner tous ces intérêts incohérens, et soutenir les chocs des factions opposées?

On dira de plus que dans une constitution mixte, il faut essentiellement maintenir l'équilibre entre les pouvoirs. On ne sait pas précisément en quoi consiste la proportion entre la Chambre des Pairs et celle des Communes ; mais on pourroit s'apercevoir d'une altération dans la balance. Or, telle création de Pairie qui ne pourroit pas être justifiée comme récompense de services, pourroit

F 2

l'être comme distribution de pouvoir. Voilà des observations qui méritent d'être examinées ; mais cet examen appartient au droit constitutionnel.

On pourroit faire une apologie des gratifications superflues en les comparant avec les dépenses de la guerre. Je conseille à tous ceux qui ont des vues sur le Trésor public de s'attacher à cette idée. Quand on calcule ce qu'il en coûte pour une seule campagne, sur mer ou sur terre, quand on songe à ces millions qui s'évanouissent en bruit et en fumée, point de profusion qui ne disparoisse à côté de cette immense profusion. Lorsqu'on voit les trésors d'une nation s'écouler par un torrent si rapide, peut-on s'irriter contre ceux qui en détournent quelque goutte ou quelque filet par leur adresse, leur complaisance, et les faveurs de la Cour ? Si le peuple se prête si volontier à servir les passions de la politique, s'il donne son or et son sang pour un instant de vengeance ou de gloire, doit-on craindre qu'il ne murmure pour un faste qui lui plaît, et pour quelques grâces particulières ? Seroit-il assez absurde pour se montrer avare au jeu des deniers, et prodigue à celui des millions ?

Ce mode de comparaison n'est pas nouveau dans les Cabinets : il devoit être familier à Louis XIV, s'il est vrai, comme on a lieu de le croire, que la construction de Versailles ait absorbé plus de deux milliards. C'étoit bien l'équivalent d'une guerre pour les frais, mais au moins il n'y avoit point de sang répandu, point d'interruption de commerce : au contraire, il animoit les travaux, et mettoit en honneur tous les arts. Quel heureux fonds de comparaison pour les casuistes d'un Monarque absolu !

Il y auroit une autre manière de juger de la légitimité d'une dépense publique, un autre terme de comparaison un peu moins favorable aux vues des courtisans. Comparez le montant de cette dépense proposée avec une portion égale du produit de l'impôt le plus onéreux. En Angleterre, par exemple, comparez cet impôt projetté avec celui qui existe sur les actes juridiques, dont l'effet n'est rien moins que de mettre les pauvres hors de la protection de la loi. Vous avez à opter entre l'abolition de cet impôt, et le nouvel emploi que l'on demande. Ce sont deux services rivaux. Voilà une épreuve un peu rude pour les dépenses frivoles. Le luxe inutile auroit quelque honte de se montrer dans les frais de l'Etat, lorsqu'on le rapprocheroit ainsi du bien dont il tient la place, ou du mal qu'il empêche de guérir.

La conclusion pratique de ces observations est que la matière de la récompense étant coûteuse, il ne faut l'employer que pour l'utilité de ceux qui en portent le fardeau. Cette précieuse matière est comme la rosée : il n'en tombe pas une goutte sur la terre qui n'en ait été pompée. Un Prince juste ne donne rien. Il achète ou il vend. L'économie est sa véritable bienfaisance.

Louez-vous sa générosité ? Louez aussi le tuteur qui abandonne à ses domestiques le bien de ses pupilles.

"Les plus mauvais Empereurs Romains sont " ceux qui ont le plus donné : par exemple, " *Galigula, Claudius, Néron, Othon, Vitellius,* " *Commode, Heliogabale* et *Caracalla.* Les " meilleurs, comme *Auguste, Vespasien, Anto-* " *nin, Marc-Aurèle* et *Pestinax* ont été économes." (Esprit des Lois, Liv. V. Ch. xviii.)

Grande leçon pour les Souverains, de ne pas estimer leur mérite d'après leur libéralité. Ce n'est pas un argument en forme, ni d'une logique bien sévère, mais c'est une induction populaire et persuasive. Ne vous imaginez pas être de bons Princes pour une qualité dans laquelle vous avez été surpassés par les plus mauvais.

CHAPITRE VI.

De la Libéralité, ou Récompenses non promises.

MAIS si le Souverain ne doit employer la récompense qu'en qualité de motif, pour produire des actes utiles, il ne pourrra donc faire aucun acte de libéralité ! Il ne doit rien donner à des services auxquels il n'a rien promis !

En effet, dira-t-on, une récompense promise opère comme un motif : mais une récompense imprévue, à quoi sert-elle ? Le service en question a été rendu, sans qu'il en coûtât rien à l'Etat. Pourquoi n'en obtiendroit-il pas d'autres du même genre d'une manière aussi gratuite ? S'il y a de belles âmes qui servent sans profit, il faut leur laisser leur propre vertu pour récompense.

C'est ainsi que l'économie peut faire le procès à la libéralité. Mais l'économie se tromperoit en n'embrassant dans son calcul qu'un instant de durée, et qu'un fait individuel.

Le service a été rendu gratuitement.—La libéralité qu'on lui accorde, à quoi peut-elle être bonne ? A faire naître d'autres services, à encourager toutes les avances des particuliers pour le bien de l'Etat.

Se faire une loi de ne jamais accorder de récompense non promise, lier les mains à la vraie libéralité, ce seroit renoncer à tout ce qu'il peut y avoir de nouveau en fait de service.

Il n'y a qu'une supposition qui pût justifier cette parcimonie ; c'est que tous les services ont été prévus et dotés d'avance. La législation arrivera-t-elle jamais à cette prévoyance parfaite ? Je ne le pense pas : mais on est loin de ce terme ; et jusqu'à ce qu'on y soit parvenu, la libéralité doit être comptée au nombre des vertus d'un Souverain.

La *Société des Arts* à Londres a bien connu ces deux branches du systême rémunératoire. Une récompense promise avant le service y reçoit le nom de *prime* : une récompense accordée sans promesse préalable y est appelée *gratification*.

La libéralité a même un grand avantage sur la récompense promise. Celle-ci, restreinte à son objet, n'influe que sur le service individuel qu'elle spécifie. Celle-là, libre dans son essor, embrasse le théâtre entier des actions méritoires. L'une est utile pour fixer les recherches sur un seul point : l'autre est une invitation à les étendre sur tout ce que l'esprit humain peut connoître. L'une est comme l'eau que la main du jardinier dirige sur quelque fleur particulière : l'autre est comme la rosée que l'Agronome universel fait distiller sur la surface de la terre.

Une récompense promise et donnée à ce qui ne la mérite pas, est une dépense en pure perte.

Une libéralité, aussi mal placée, n'est pas nécessairement perdue. Le donateur s'est trompé pour une fois, mais la disposition qu'il annonce est encourageante. Un Prince peut faire des dons à de très-mauvais philosophes : mais ils serviront probablement à hâter les progrès de la vraie philosophie. Il faut convenir que s'il se montroit toujours sottement libéral, s'il prenoit des chardons pour des roses, et des baladins pour les hommes les plus utiles de l'Etat, si les assiduités de ses courtisans valoient mieux auprès de lui que les campagnes de ses officiers, il feroit juger qu'il a manqué sa vocation, et que la nature ne l'avoit pas destiné à être gouverneur d'un royaume.

On reprochoit à Catherine II de publier ses bienfaits dans les gazettes : c'étoit lui reprocher ce qui rendoit ses bienfaits le plus utiles, ce qui les rendoit dignes d'un Souverain, qui ne doit user de la fortune publique qu'en rendant compte à son peuple. C'étoit reprocher au cultivateur de semer pour recueillir. Ah ! que les Princes ne fassent jamais que des libéralités qu'ils ne rougissent pas de voir dans les gazettes ! Leurs dons secrets sont perdus : leurs dons publics rentrent par mille voies dans leurs trésors.

Nous avons vu en Angleterre un bel exemple d'une récompense *ex post facto*. Le directeur d'un théâtre de province proposa au Ministère un projet pour la poste. Le projet fut accueilli, et essayé dans une partie du royaume. Quelques années après, on l'a étendu au royaume entier. Ce service se fait à présent avec une économie et une célérité dont on n'avoit aucune idée (1). L'inventeur fut fait Contrôleur général de la poste avec 1500 livres sterl. d'apointement, outre une quote-part aux épargnes. Un trait si judicieux et si équitable vous transporte à *l'an* 2440 (2). Il équivaloit à cette proclamation : " Hommes de génie, animez votre zèle, étendez vos vues, servez une patrie qui ne vous enviera pas le fruit de vos travaux. Nous ne regardons point à l'auteur, mais au projet : ce qui est extraordinaire ne nous effraye pas, pourvu qu'il soit utile. L'impartialité présidera à l'examen de vos plans, et leur utilité sera la mesure de votre récompense." C'est insister beaucoup sur ce fait : mais on ne sauroit trop faire observer une conduite si sage et si imitable. Combien de gens en pouvoir auroient besoin qu'on leur apprît à ne pas dédaigner ces esprits créateurs auxquels on doit tout ! ces hommes qu'ils appellent *des projetteurs, des têtes à chimères,* quand ils veulent venger leur incapacité de l'affront que lui fait le génie.

---

(1) Voyez *Traités de Législation.* Tom. III. Ch. xi.

(2) *L'An* 2440, par M. Mercier, auteur du *Tableau de Paris.* Espèce d'Utopie, dont l'idée étoit ingénieuse, mais l'exécution très-foible.

CHAPITRE VII.

Rapport entre l'Emploi de la Peine et de la Récompense.

Ne pourroit-on pas substituer partout la récompense à la peine ? L'espérance est-elle moins forte sur le cœur humain que la crainte ? Quand la pharmacopée politique a des moyens si doux, pourquoi en employer de si amers ?

A ces vœux si naturels, mais peu réfléchis, j'oppose une maxime qui paroîtra d'abord un paradoxe. "Il ne faut pas se servir de la récompense, quand le même effet peut être produit par la peine." Et je rends raison de ce paradoxe par un autre.—" Employez un moyen pénal, et l'effet désiré peut avoir lieu sans faire usage d'aucune peine ; employez le moyen rémunératoire, la peine en est inséparable."

Le style d'oracle n'est plus à la mode ; et je vais donner en termes clairs la solution de cette énigme.

Dans le cas où la Loi menace, si tout le monde obéit, nul n'est puni. Dans le cas où la Loi promet, si tous obéissent, il faut que tous soient récompensés. Voilà donc des récompenses infinies ; et ces récompenses, d'où viendroient-elles que des travaux du peuple, et des contributions levées sur ses facultés ?

En comparant les propriétés de la peine et de la récompense, nous trouvons que la première est *infinie* dans sa quantité, *forte* dans sa nature, et *sûre* dans son effet, tellement que personne ne lui résiste : nous trouvons que la seconde est très-limitée dans sa quantité, que le désir de l'obtenir varie beaucoup selon le caractère et les circonstances des individus, et qu'elle est par conséquent très-incertaine dans ses effets. Mais d'un autre côté, la perspective de la peine attriste l'âme, celle de la récompense la réjouit : la peine émousse l'activité, la récompense l'aiguise : la peine diminue le courage, la récompense l'augmente.

De cette opposition de qualités, dérive la diversité de leurs usages. La peine, par sa force, est particulièrement adaptée à prévenir les actions nuisibles, et la seule propre à prévenir les actions extraordinairement nuisibles. Elle est bonne pour retenir, pour empêcher, pour produire des *actes négatifs* (1) : elle est l'accompagnement naturel de toute Loi qui dit : *Ne faites pas, abstenez-vous.* Or, ces actes néga-

(1) Il paroît singulier de parler d'un acte négatif---de *produire* un acte négatif---Un acte négatif consiste à *s'abstenir*--- Mais pour s'abstenir de faire une chose, quand on a un motif pour la faire, il faut un acte particulier de la volonté : la volonté opère, elle est *active* pour s'arrêter comme pour avancer, pour se tenir tranquille comme pour se mettre en mouvement, pour s'abstenir de frapper comme pour frapper.

tifs dont dépend la paix et le bonheur du genre humain, sont continuels et innombrables ; et pas un individu n'en est exempt.

La récompense, par son pouvoir vivifiant, est plus propre à faire naître les actions utiles, et la seule propre à faire naître les actions extraordinairement utiles. Elle est bonne pour exciter, pour produire, pour tirer d'un individu tout ce dont il est capable, pour opérer des actes *positifs*, qu'il n'est pas nécessaire d'imposer à tous les membres de la société. La récompense est particulièrement convenable dans les cas où pour atteindre un but utile, la peine seroit inefficace : et ces cas sont ceux où l'acte désiré dépend de talens et de dispositions qu'on ne peut point s'assurer d'avance que l'individu possède.

Avez-vous besoin d'obtenir des informations importantes en matière juridique ou autre ? vous ignorez si l'individu est en état de vous les donner, ou s'il a la volonté de le faire. La peine est un moyen qui seroit probablement inefficace et injuste : ayez donc recours à la récompense.

S'agit-il d'un service extraordinaire qui suppose une habileté peu commune ? comment pourriez-vous le commander sans courir le risque de commander l'impossible ? Combien de personnes aurez-vous à punir, avant d'avoir trouvé l'individu capable de résoudre le problême, de faire la découverte en question, de composer l'ouvrage dont vous avez besoin ? Offrez une récompense, son effet ne se borne pas à mettre en œuvre les facultés déjà développées : elle opère comme puissance créatrice. Le propre de l'espérance, en excitant l'allégresse, est de mettre l'esprit dans un état heureux d'activité où les idées se succèdent plus rapidement, où elles se combinent avec plus de force, et embrassent une plus grande variété d'objets. L'attention est plus soutenue, l'imagination plus vive, et l'individu, exalté par le succès même, voit s'ouvrir devant lui la carrière de l'invention ; il découvre le secret de son génie jusqu'alors ignoré de lui-même.—Que la crainte soit le seul mobile de ses efforts, il travaille avec douleur pour s'exempter de la peine : mais il ne fera rien de plus ; esclave à la tâche, il n'aspire qu'à la finir.

Pour tout ce qui requiert des soins et des talens distingués, la peine n'est pas seulement inefficace, elle agit en sens contraire. Ai-je à craindre qu'on ne m'impose quelque fardeau extraordinaire à proportion de ma capacité ? je me garderai bien de la faire connoître, et si je n'ose la montrer, je n'ai point de motif à l'acquérir. On dit qu'à Siam, s'il y a dans le jardin d'un particulier des fruits excellens, ils sont saisis pour l'usage du Prince. Pense-t-on que la culture des arbres fruitiers se perfectionne beaucoup à Siam ? A Ispahan et dans toute la Perse, au rapport de *Chardin,* les meilleurs ouvriers dans tous les genres sont enrôlés de force pour le service de la

Cour ; et c'est à cette cause qu'il attribue le peu de progrès qu'ont fait les arts chez une nation adroite et ingénieuse. Mettre les talens à l'amende est un étrange moyen de les perfectionner.

Les Noirs, dit-on, ont une infériorité naturelle d'intelligence. Cela se peut : mais ceux qui prétendent le prouver par le peu de développement qu'ils acquièrent dans nos colonies, n'ont guère réfléchi sur l'influence de l'esclavage. Le Nègre qui, du sein de l'oppression, s'élève au niveau le plus commun des Européens, franchit plus d'espace que l'homme libre qui devient éminent dans son art.

Le gouvernement domestique a plus de latitude à l'égard des peines, que le gouvernement politique, parce que les parens et les instituteurs ont plus de moyens de juger de la capacité de leurs élèves.—Et la peine est peut-être un mobile nécessaire jusqu'à ce que le sentiment auxiliaire de l'émulation soit formé, et que le tendre intellect ait acquis assez de force pour recevoir et retenir les impressions d'un avantage éloigné.

J'ai dit *peut-être*, mais je ne doute point qu'avec un peu d'art et d'économie, la récompense ne pût suffire à tout. Il faut établir une liaison constante entre mériter et jouir, donner peu gratuitement, transformer en prix les plaisirs. A-t-on besoin du frein des peines ? les simples privations suffisent. Ainsi tous les motifs seront tirés du fonds des jouissances, par leur suspension ou leur concession (1).

Examinons un autre cas où la récompense est préférable, à raison de ce qu'elle épargne une dépense considérable de peines.

Il y a des services purement onéreux, c'est-à-dire, onéreux à celui qui les remplit ; mais avantageux pour la société. Qui doit en être chargé ? c'est une question à examiner.

---

(1) Voyez le chapitre des *Peines* et des *Récompenses*, dans un ouvrage qui doit être le manuel des parens : ---- *Practical Education*, by Miss Maria Edgeworth, and R. L. Edgeworth, Esq.

Il n'y a personne, en Angleterre, susceptible de quelque intérêt pour le bien public, qui n'ait pris connoissance du nouveau plan d'éducation de M. Lancaster. Entr'autres moyens de succès, les récompenses jouent un grand rôle dans son établissement. La salle d'étude ressemble à une boutique de jouets : des petits charriots, des petits chevaux de bois, des cerfs-volans, des paumes, des tambours sont supendus à des cordons ou à des poteaux ; et des gravures d'un sol et d'un demi-sol tapissent magnifiquement les murs. Chaque candidat pour la récompense a toujours sous les yeux l'objet de son désir, et il sait à quel prix il peut en obtenir la possession. Dans une école aussi nombreuse, il a fallu des peines plus exemplaires que les simples privations de plaisir. Celles que M. Lancaster a établies, n'agissent que par le sentiment de la honte, et il les a toutes choisies emblématiques ou caractéristiques. Leur efficace est beaucoup plus grande que celle des châtimens corporels que les enfans se font un honneur de braver ou une habitude de souffrir, ou qui leur inspirent une aversion décidée pour l'étude.

On peut dire de chaque individu séparément que le public a droit à ses services ; car l'intérêt d'un seul doit céder aux intérêts de tous. Mais si cela est vrai pour tel individu, cela est également vrai pour tel autre, et successivement pour tous. Ainsi d'une part, chacun est dans l'obligation de se soumettre au service demandé ; et d'autre part, chacun a un droit égal que ce service soit imposé à tout autre que lui. S'il n'y a point de milieu à prendre entre ces deux propositions, elles se détruisent l'une l'autre : l'obligation est égale, le droit est égal : entre deux intérêts de même poids, la balance demeure en équilibre. Que s'en suit-il ? Que personne ne doit faire le service, et que l'exemption de chacun entraînera la destruction de tous. Mais il y a un milieu à prendre ; et ce milieu consiste à diviser le fardeau entre tous avec le plus d'égalité possible.

Le principe est incontestable : son application n'est pas toujours facile. Il s'agit d'un service qui ne peut pas être divisé, par exemple, d'un emploi qui ne demande qu'un homme.—Le procédé le plus juste et le plus commun, c'est d'attacher à cet emploi un profit qui en contrebalance les inconvéniens. Ce profit, tiré de la masse générale des contributions, représente la part de chacun dans le fardeau du service (1).

---

(1) Ceci suppose que la récompense est pécuniaire. Si l'on

Au lieu de repartir le fardeau, on a eu recours en certains cas à un autre expédient. C'est de le faire porter tout entier sur un seul individu tiré au sort. L'injustice de la préférence est sauvée, mais l'inégalité n'est pas corrigée. On obvie aux appréhensions et aux reproches de partialité : on n'obvie pas à la souffrance de celui qui a tiré le lot malheureux. C'est suivre le principe de l'utilité, mais c'est ne le suivre qu'en partie.

Voilà un des cas où le principe de l'utilité a paru favoriser des actes de violence et d'oppression. Selon ce principe, dit-on, l'intérêt du petit nombre doit être sacrifié à l'intérêt général. Conclusion vraie, s'il est impossible de faire autrement; absolument fausse, si cette nécessité n'existe pas. Accuser le principe de l'utilité, le trouver en faute, parce qu'on s'en est mal servi, c'est regarder l'art du teneur de livres comme vicieux, parce qu'un calculateur inexact peut oublier des entrées.

Nous pouvons maintenant établir une comparaison entre la peine et la récompense.

1°. La peine est meilleure pour empêcher, pour retenir : la récompense, pour exciter et pour

---

peut attacher à l'emploi une récompense suffisante en *honneur*, sans argent, le fardeau est distribué entre tous les membres de la Communauté qui cèdent la préséance à la personne en question; si la récompense est uniquement en pouvoir, la distribution du fardeau est égale entre tous ceux qui sont soumis à ce pouvoir.

produire: l'une est un frein, l'autre est un aiguillon.

2°. Dans tous les cas où il suffit d'un seul acte pour faire beaucoup de mal, et d'un acte qui peut se renouveler à tout moment, on ne doit se fier qu'à la peine: or, c'est le cas des délits. S'agit-il de produire un acte très-avantageux ? il sera bon de combiner la récompense et la peine, pour doubler la force du motif.

3°. Vu l'abondance de l'une et la rareté de l'autre, la peine est le moyen à employer pour agir sur tous en général ; la récompense doit être réservée pour agir sur quelques individus en particulier. L'une subjuguera les passions communes; l'autre exaltera les qualités rares. La peine est un instrument qui extirpe les plantes nuisibles : la récompense est une serre chaude qui produit des fruits que le climat ne donne pas de lui-même.

4°. L'emploi de la peine est de nécessité, l'emploi de la récompense est un luxe. Supprimez le premier de ces moyens, la société ne peut plus subsister: supprimez le second, elle subsiste encore, mais avec moins de plaisir et moins d'élégance.

5°. Dans tous les cas où le service est tel qu'on ne sauroit s'assurer que les individus aient la faculté de l'exécuter, la menace de la peine ne produiroit que terreur et douleur, et l'application de la peine seroit une injustice, une pure perte.

Dans les mêmes cas, offrez la récompense : elle ira chercher les talens enfouis ou inconnus ; mais si elle n'a pas le succès désiré, elle ne produit du moins aucun mal ; il n'y en a pas un atôme de perdu ; elle ne sera donnée que dans le cas où le service sera exécuté, dans le cas où l'avantage obtenu est plus qu'équivalent à la dépense.

Ces observations suffisent pour apprécier les opinions de ces Juristes qui, après un coup-d'œil superficiel sur cet objet, accusent la politique du peu d'usage qu'on fait de la récompense.

L'auteur de la *Richesse des Nations*, qui a porté tant de sagacité dans toutes ses recherches, s'est laissé séduire sur ce point par un sentiment peu réfléchi d'humanité. *La crainte*, dit-il, *est presque dans tous les cas un misérable instrument de Gouvernement* (1). C'est un instrument dont on a fait souvent un misérable usage, mais un instrument nécessaire, et le seul qu'on puisse appliquer aux besoins ordinaires de la société.

Un jeune Roi, dans la première ferveur de ses bons sentimens, résolut de purger ses Etats de tous les crimes. Ce n'étoit pas assez. Les rigueurs répugnoient à sa douceur naturelle. Il voulut les abolir, et tout faire avec des récompenses. Il commença par le vol : mais bientôt il eut à récompenser tous les citoyens, parce que la

---

(1) *Whealth of Nations.* Liv. v. Ch. 1.

probité avoit été universelle. Il fallut renouveler la récompense chaque jour, parce que la probité avoit durée toute la journée. On lui proposa de régler la contrebande, " Sage Roi," lui dit-on, " pour chaque denier que viendra payer le contribuable, donnez-lui en deux, et l'hydre est à vos pieds." La victoire étoit assurée, mais il comprit que, comme celle de Pyrrhus, elle seroit un peu coûteuse.

Il n'est pas inutile d'observer ici une différence entre le gouvernement public et le gouvernement domestique. Point de Souverain assez riche pour tout faire avec la récompense. Point de père qui ne le soit assez. A Sparte un morceau de pain noir étoit le prix de l'adresse. Le fonds des plaisirs et des besoins est une source intarrissable de récompenses, quand on sait leur donner cette direction.

CHAPITRE VIII.

Des Récompenses Nuisibles.

La récompense *nuisible* est celle qui tend à faire naître des délits, ou à produire des dispositions vicieuses.

Offrir une récompense à un individu, pour l'engager à un acte défendu par les Lois, c'est le suborner ; ce délit s'appelle *subornation*. Il n'est pas ici question de cette subornation illégale. Les récompenses dont je vais parler ont des effets corrupteurs ; mais elles n'ont pas les caractères du délit : elles sont consacrées par l'usage, autorisées par les Lois, données et reçues sans détour : point d'intention criminelle : le mal est commis en sûreté de conscience, souvent même avec l'approbation publique. C'est donc simplement une méprise, effet d'un préjugé universel, ou *d'une longue accoutumance, qui endort*, comme dit Montaigne, *la vue de notre jugement*.

C'est ici un de ces sujets délicats où il vaut mieux mettre les lecteurs sur la voie de penser, et de faire des découvertes par eux-mêmes, que de blesser des opinions établies, ou des intérêts puissans. Sans m'assujettir à aucun ordre, je me bornerai à prendre çà et là des exemples où la tendance nuisible de la récompense n'a besoin que d'être indiquée pour être reconnue; et je commencerai par une maxime incontestable qui nous donnera ce *critère* que nous cherchons, pour discerner en ceci le bien d'avec le mal.

Evitez dans toutes les affaires, tout ce qui peut servir, en forme de récompense, à donner à un Employé un intérêt contraire au bien de la chose.

D'après cette règle, il ne faut pas que le Juge se trouve intéressé à tirer en longueur les procédures—le Ministre d'Etat à favoriser la guerre—l'Intendant à outrer la dépense—le Précepteur de morale à donner l'exemple de la fausseté—le Savant, l'homme de lettres à soutenir aux dépens du vrai, des préjugés dangereux. Plus on examine les maux publics, plus on aperçoit qu'ils ont leur principe dans l'oubli de cette règle fondamentale.

Pour justifier cette maxime, il n'est pas besoin de supposer dans les hommes un degré de corruption extraordinaire. La prudence et la probité commune suffisent pour résister aux tentations qui ont le caractère du délit, et se refuser à tout ce qui blesse l'honneur. Mais la prudence et la probité commune ne résistent point à un intérêt qui agit avec une force continue, et dont les suggestions ne sont combattues ni par la crainte des lois, ni par celle du blâme public. Il ne faut pour y céder que suivre une route toute frayée, où l'on est rassuré par le nombre, et encouragé par de grands exemples. Pour y résister, il faudroit se singulariser, se montrer meilleur que les autres, faire la satire de ses collègues ou de ses devanciers, et avoir le courage de mettre sa probité en spectacle. Cette magnanimité n'est pas sans exemple, mais ce n'est pas sur les prodiges qu'il faut compter. Il y a même des cas où l'intérêt séducteur est d'autant plus dangereux qu'il ne se montre point à découvert : il opère alors comme un aimant caché, qui produit dans la boussole morale une déviation dont rien n'avertit. Nous disions que le Législateur devoit chercher à unir l'intérêt avec le devoir : à plus forte raison, doit-il éviter autant que possible tout ce qui peut les désunir, tout ce qui peut tourner la récompense contre le service, tout ce qui donne au fonctionnaire public un profit certain ou casuel, connu ou inconnu, résultant de l'omission ou de la violation de ses devoirs. Passons maintenant à quelques exemples.

1°. En Angleterre, où l'intégrité judiciaire est au dessus de tout soupçon, et paroît tellement inhérente au caractère de Juge qu'on n'en fait pas même l'objet d'un éloge, on ne peut considérer les droits casuels qu'on a laissé subsister par inadvertance dans les émolumens que comme dérogatoires à la dignité. Ainsi les Grands Juges, outre leurs amples salaires qu'il ne faut pas leur envier, ont un profit casuel qui se multiplié à proportion des incidens et des longueurs. Il y a des cas où un Juge reçoit à peu près quatre livres sterling pour un acte qui retarde de six mois les opérations de la Justice. Qu'on suppose tant qu'on voudra que cet intérêt clandestin est sans influence, il n'en est pas moins vrai qu'il vaudroit mieux qu'il n'existât pas : surtout pour des transactions qui n'ont d'autres témoins éclairés que des Procureurs ou des Avocats encore plus intéressés à tous ces actes dilatoires.

2°. Autre exemple entre mille. Sous le Grand-Chancelier, il se trouve des Juges rapporteurs, nommés *Maîtres en Chancelerie.* S'agit-il de procéder à la liquidation d'un compte? Voici la marche. Les Procureurs, de part et d'autre, doivent comparoir par-devant le Maître. Première citation : il ne vient personne. Seconde citation, personne. A la troisième ils comparoissent, et l'affaire se met en train. Mais comme on n'accorde qu'une demi-heure, ou une heure tout au plus, et qu'on n'arrive pas au rendez-vous à point nommé, l'affaire n'est qu'entamée, l'heure sonne et l'on se retire. A l'audience suivante, il faut recommencer. Tout cela est d'étiquette. Or, à chaque citation, les honoraires se renouvellent. Je ne dis pas que ces longueurs et ces délais ne tiennent à plusieurs causes indépendantes de la volonté des gens de loi : mais enfin il est fâcheux qu'ils aient un intérêt contraire à celui des parties ; et pour croire que cet intérêt n'a jamais sur eux d'influence indue, il faut les estimer plus vertueux que tous les autres hommes.

3°. Avant 1782, les émolumens du Trésorier chargé du payement des troupes (*Pay-Master*), augmentoient considérablement pendant la guerre, par une retenue de tant pour cent sur le total des sommes payées. Le travail de cette charge consistoit à signer son nom ; mais elle étoit toujours donnée à quelque orateur du Parlement qui la méritoit par d'autres services. S'agissoit-il de guerre ou de paix ? la probité de ce Trésorier devoit se trouver dans une position scabreuse. La guerre lui offroit, non pas des royaumes, mais d'immenses bénéfices, sous menace de les retirer au moment où il se laisseroit corrompre par la paix. Lorsqu'il fut question d'une réforme économique, cette place ne fut pas oubliée. On prit le parti, en établissant un salaire fixe, d'égaliser les profits de la guerre et ceux de la paix. La même opération eut lieu pour d'autres offices. On sentit qu'une telle contradiction entre l'intérêt et le devoir étoit trop dangereuse.

On ne peut qu'être effrayé, en parcourant la liste des Employés, supérieurs ou subalternes, qui attendent que la guerre leur donne une proie à dévorer. Qui peut savoir jusqu'à quel point ces intérêts personnels influent sur les déterminations les plus importantes ? Je n'accuse pas des Ministres, des Généraux, des Amiraux, des Représentans du peuple, de se laisser séduire par un vil intérêt pécuniaire ;

une imputation générale de cette nature seroit le langage de la satire : mais de pareils motifs, comme nous l'avons dit, sont d'autant plus dangereux, qu'ils agissent moins à découvert : et s'il n'est pas possible de les supprimer, du moins n'y faut-il rien ajouter : car si la probité qui affronte les tentations est la plus héroïque, celle qui les fuit est la plus sûre, et la foiblesse qui succombe est la plus commune (1).

4°. Dans les entreprises de constructions publiques ou particulières, l'usage est de payer l'ar-

---

(1) C'est ainsi que pensoit le Lord Hale, le coryphée des Juges Anglois. De son temps, il étoit d'usage, dans les circuits, que le Shérif présentât au Juge quelques pains de sucre. Un Shérif qui avoit un procès, qu'on devoit plaider devant ce Juge, lui apporta l'offrande ordinaire. Mais, quoiqu'il fut impossible de soupçonner qu'un présent de cette nature pût influer sur le jugement, il aima mieux, dût-on l'accuser d'un scrupule excessif, donner l'exemple d'un refus, que de laisser l'ombre d'un doute sur son intégrité.

Règle générale. Lorsque la probité cherche à se constater, ce doit être par des preuves qui ne sont qu'à elle, et non par celles que l'improbité seule est intéressée à faire recevoir.

Un Tribun somma Scipion, en présence du peuple assemblé, de rendre ses comptes. « Romains, » répondit il avec une indignation magnanime, « à pareil jour, j'ai remporté une grande victoire : allons au Capitole remercier les Dieux. » Comme trait d'éloquence, ce mot est sublime. Son effet soudain sur la multitude ne m'étonne pas. Mais la logique de Scipion seroit bien commode pour des Généraux victorieux et péculateurs.

chitecte à raison de tant pour cent, sur le total des frais. Il est trop manifeste qu'un tel arrangement ne donne pas aux Entrepreneurs un intérêt d'économie ; et le mal est d'autant plus grand, que chaque profit de dix livres sterling, pour eux-mêmes, en coûte cent à l'Etat ou aux particuliers qui les employent.

5°. La véracité est une des bases les plus nécessaires de la société. Le succès de toutes les opérations de la Justice en dépend. Tout ce qui tend à l'affoiblir est une lime sourde qui attaque toute la morale, un corrosif qui détériore tous les principes. Plus on réfléchit sur l'importance de la véracité, plus on s'étonne que les Législateurs aient multiplié si indiscrètement les opérations qui lui portent atteinte (1).

Si l'Etat possède quelque établissement lucratif ou privilégié, dans lequel on ne puisse entrer qu'en faisant, sous serment, des promesses que personne ne garde jamais, ces avantages sont une récompense offerte à une espèce de parjure. Si l'on est obligé de déclarer qu'on entretient telle ou telle opinion que peut-être on n'entretient pas, c'est au moins une récompense offerte à la fausseté. Or, le serment avili dans un cas est avili dans tous. Celui qui le respecteroit pour lui-

(1) Voyez *Traités* de Législation, sur l'usage des sermens. Tom. III. Ch. xviii. *Emploi du mobile de la Religion.*

même, le respecteroit toujours. Quand on a pu faire un parjure, si on n'en fait pas mille, c'est par quelque motif étranger au serment.

Il est telle Université fameuse en Europe où la jeunesse distinguée va finir son éducation. Lorsqu'un jeune candidat se présente pour être reçu, son Précepteur, ordinairement ecclésiastique, et le Vice-Chancelier, autre ecclésiastique, lui font jurer, sur un livre de statuts, de les observer tous sans exception. Or, ce qui est bien connu du Vice-Chancelier, du Précepteur, et du jeune homme, c'est qu'il n'y a personne qui puisse garder ces statuts, personne qui se fasse scrupule de les violer. Ainsi, la première leçon du disciple, et la seule qu'il soit tenu d'apprendre, c'est une leçon de parjure.

Ce n'est pas tout Sa seconde démarche est de souscrire, en signe de croyance, un symbole dogmatique, composé il y a environ deux siècles, infailliblement vrai dans ce pays-là, infailliblement faux dans tout autre. Par ce moyen, il y a une classe d'hommes rejetée, et trois classes admises. La classe rejetée comprend tous ceux qui mettent de l'honneur ou de la conscience à ne pas proférer publiquement ce qui leur paroît faux. Les clases admises comprennent, 1°. ceux qui croient ces dogmes littéralement; 2°. ceux qui croyent le contraire; 3°. ceux qui les signent comme ils signeroient l'Alcoran, sans se demander ce qu'ils en pensent, ou même sans les connoître.

On accusa Socrate de corrompre la jeunesse. Qu'emportoit cette accusation ? Je l'ignore. Mais je dirois bien que corrompre la jeunesse, c'est lui apprendre qu'il y a des sermens qui n'obligent pas, des scrupules de véracité qu'il faut vaincre, des actes solennels qu'il faut faire sans examen, par imitation, et en remettant sa conscience entre les mains de ses Supérieurs.

6°. Que dirons-nous des prix offerts à qui défendra telle ou telle opinion, en matière de théorie ou de science ? S'il s'agit d'une question de pure curiosité, ce n'est qu'une récompense jetée en pure perte. Mais si l'opinion qu'on veut favoriser de cette manière se trouve fausse, lorsque la vérité contraire seroit utile, la récompense est un mal.

Il faut convenir que celui qui ferme la carrière à ses antagonistes, manifeste maladroitement une secrète défiance de la bonté de sa cause. Que feroit-il de plus, si, au lieu de la vérité, c'étoit l'erreur qu'il vouloit accréditer et répandre ? Que penseroit-on d'un homme qui, appelé à prouver un fait devant un Tribunal, offriroit une récompense aux témoins, dans le cas où leur déposition seroit en sa faveur ?

Je ne sais si les Gouvernemens devroient permettre à des individus d'offrir des récompenses, ou de faire des fondations pour maintenir telle ou telle opinion déterminée. L'erreur seule peut gagner à une partialité de ce genre ; la vérité ne peut qu'y perdre. Accréditer l'erreur, décréditer la vérité, suborner le mensonge ; voilà en peu de mots les effets de toute récompense établie en faveur d'un systême, à l'exclusion de tout autre.

7°. Passons à une autre application de récompenses nuisibles. La charité est une vertu toujours aimable, puisqu'elle a toujours pour objet le soulagement de quelque misère : mais si elle n'est judicieuse, elle fait plus de mal que de bien. Les hôpitaux, multipliés indiscrètement, les distributions régulières de vivres qui se faisoient aux portes de plusieurs couvens en Espagne et en Italie, avoient accoutumé une grande partie du peuple à l'indolence, et à la mendicité. Cette récompense offerte à l'oisiveté, appauvrit l'Etat et corrompt les individus. Le *luxe* (je donne à ce mot le sens qu'on voudra, excepté celui de prodigalité), le luxe, ce prétendu vice, tant frondé par les envieux et les atrabilaires, est le bienfaiteur constant et infaillible de l'espèce humaine: c'est un maître qui fait toujours du bien, même sans y penser, parce qu'il ne donne rien pour rien, et ne soudoye que ceux qui travaillent. La charité est une amie généreuse qui va chercher dans la misère ceux que le luxe abandonne, parce qu'ils ne peuvent plus le servir ; mais elle a besoin d'être éclairée pour être utile.

8°. La récompense devient nuisible d'une autre manière, lorsqu'elle tourne contre le service, lorsque, par exemple, les émolumens de l'emploi sont tels qu'ils offrent les moyens et la tentation de n'en pas remplir les devoirs. Dans ce cas, un grand paradoxe est une grande vérité; *le tout peut moins que la partie :* Le Souverain est moins bien servi pour avoir trop payé. Mais ce sujet appartient plus naturellement au chef des Salaires.

9°. Tout ce qui affoiblit la liaison entre les délits et les peines, est un encouragement proportionnel aux délits. L'effet est celui d'une récompense en faveur de ces délits : car qu'on ajoute aux forces qui poussent vers le crime, ou qu'on diminue la puissance des motifs qui en détournent, on aura même résultat.

Ainsi tout impôt sur les actes judiciaires est une récompense indirecte offerte à l'injustice. Il en est de même de tout moyen de nullité établi pour les contrats, et pour les procédures, de toute règle qui ferme les tribunaux à un témoin, seul dépositaire des faits dont la Justice a besoin d'être instruite. En un mot, il en est de même de tout ce qui tend à affoiblir la liaison entre l'injure et le dédommagement, entre la contravention et la peine.

Quelle inconséquence ! d'une part, on invite par des récompenses les informateurs ; d'autre part, on attache des frais onéreux à la poursuite ; on place sur le seuil des tribunaux un appât et un épouvantail : mais l'appât n'agit que sur le petit nombre : l'épouvantail sur la multitude.

10. Il est des cas où l'on n'a pu s'empêcher de disposer des biens de la fortune de manière qu'ils seroient la récompense d'un crime attroce : et cependant, malgré la force de l'attrait, ce crime est extrêmement rare. Ce sont les cas de succession. Heureusement, quelle que soit la force des motifs séducteurs, c'est ici que les motifs tutélaires agissent de concert avec toute leur énergie. Il est bien des hommes qui, pour un petit avantage personnel, pour un avancement de grade, feroient, sans scrupule, tout ce qui dépendroit d'eux pour amener une guerre qui coûteroit la vie à deux ou trois cent mille de leurs semblables : mais parmi ces mêmes hommes, il en est bien peu qui, même abstraction faite de la crainte des Lois, pussent se résoudre à un attentat direct contre la vie d'un seul individu, encore moins contre celle d'un parent dont la mort feroit leur fortune.

Mais la Loi ne pouvant pas anéantir ce danger, ne doit rien omettre de ce qui peut, sans inconvénient, le diminuer. Les personnes les plus exposées à en être les victimes, sont celles qui se trouvent nécessairement sous la puissance d'autrui : telles que les mineurs et les femmes. Aussi la Loi angloise, dans certains cas, choisit pour tuteurs ceux auxquels la succession ne peut pas échoir. Les Lois de Suède renferment des précautions de la même nature : et l'on a fait voit ailleurs qu'on peut tirer de cette considération un argument en faveur du divorce (1).

Les contrats d'assurance pourroient nous fournir un autre exemple du même danger. Un nouveau genre de crime a pris naissance dans ces conventions d'ailleurs si utiles. Des scélérats font assurer une maison ou un vaisseau à une évaluation exorbitante, avec le projet de mettre le feu à la maison, ou de faire échouer le vaisseau, pour recevoir le prétendu dédommagement d'une calamité dont ils auront été les auteurs. Ainsi l'une des plus belles inventions de l'art social est devenu un moyen suborneur qui offre une récompense à la mauvaise foi, et une peine à l'honnête industrie. Si ce crime eût été moins dangereux à commettre, moins difficile à cacher, il eût fallu renoncer au préservatif le plus heureux que le génie du commerce ait découvert contre des calamités inévitables.

---

(1) *Traités de Législation*, p. 217.

CHAPITRE IX.

Des Récompenses superflues.

Les récompenses factices seroient superflues dans les cas où la récompense naturelle est suffisante pour produire l'effet désiré.

Je range dans cette classe toutes les inventions dans les arts qui s'appliquent à l'usage des particuliers. L'inventeur trouvera dans le commerce une récompense naturelle exactement proportionnée à l'utilité de sa découverte. Après le plus mûr examen, le Souverain ne sauroit trouver une mesure aussi juste que celle-là. Tout ce qui appartient au Gouvernement, c'est d'assurer à l'inventeur la totalité des fruits de son industrie, et c'est ce qu'on fait par un privilège exclusif, accordé pour un certain temps. Nous en parlerons ailleurs plus en détail.

Il y a quelques années que le Parlement Britannique accorda trois mille livres sterling à un Médecin, pour la découverte d'une teinture jaune. Cette somme auroit pu sans doute être plus mal employée : mais cette gratification étoit-elle nécessaire? Cette découverte, comme toute autre dans les arts, ne pouvoit avoir de mesure plus exacte de son utilité que son succès dans le commerce. Une somme fixe étoit une perte pour l'inventeur ou pour l'Etat: pour l'inventeur, si elle étoit moins que ce qu'il eût gagné par un privilège exclusif: pour l'Etat, si elle étoit plus. En un mot, partout où les *patentes d'invention* sont établies, la récompense factice seroit mal fondée, ou elle seroit superflue (1).

Je parlerai ailleurs des encouragemens à donner aux arts et aux sciences. Je me borne à dire ici que plus leur culture est avancée, moins il est nécessaire de se mettre en frais pour la soutenir. En Angleterre, par exemple, assurer à un auteur le droit de propriété sur ses ouvrages, c'est lui assurer une récompense proportionnelle au service qu'il rend, au moins dans toutes les

---

(1) Le Parlement Britannique a accordé, en deux fois, vingt mille livres sterling au Docteur Jenner, l'illustre inventeur de la vaccination.---C'étoit peut-être plus à titre d'indemnité que de récompense, au moins de récompense proportionnée au service: je dis indemnité, parce que les travaux, les recherches, les correspondances, le temps employé à écrire, à instruire, à établir son nouveau système, étoient autant de sacrifices des profits de sa profession. Quant à la récompense naturelle qui résultoit pour lui-même de sa découverte, elle étoit nulle; elle l'appauvrissoit au lieu de l'enrichir.---Le trait le plus honorable dans les annales de la médecine, est la libéralité avec laquelle les Médecins, dans toute l'Europe, ont encouragé une découverte qui retranchoit une des branches les plus considérables de leur revenu. Quand verra-t-on les Hommes de Loi rivaliser avec eux pour découvrir et pour propager le système de procédure le plus expéditif et le plus simple?

branches où il y a un nombre suffisant d'amateurs. Il n'y a point de protecteur tel que le public : et sa protection a un avantage décidé sur toutes les autres, elle honore infailliblement ceux qui la reçoivent.

Je n'appliquerai pas des principes sévères aux récompenses assez peu splendides qui ont été fondées en quelques Etats pour la poésie. Il est des nations où le goût de la littérature est si peu commun, que le Souverain doit l'exciter par des distinctions plus solides. Mais en considérant l'attrait naturel de la poésie pour l'homme né avec ce talent, la prompte réputation qu'elle procure, et le profit qu'il en peut tirer, surtout dans la carrière dramatique, on voit qu'elle a des récompenses naturelles ; et qu'au moins il faut songer avant tout au département des sciences où les premiers abords sont repoussants, et dont l'utilité est incontestable. Le bonheur de la vie dépend de l'exactitude de nos connoissances et de la droiture de notre jugement ; mais la poésie n'a pas une tendance bien directe à produire, ni cette exactitude, ni cette droiture d'esprit. Qu'on cite un exemple d'un préjugé nuisible qu'elle ait combattu, j'en citerai mille où elle n'a fait que les servir et les fortifier. Homère est le plus grand des poëtes : quelle place peut-on lui donner parmi les moralistes ? Y a-t-il beaucoup à profiter à l'imitation de ses Dieux ou de ses héros ? Je le répète, je ne condamne pas les prix de poésie par lesquels on excite l'émulation de la jeunesse ; je voudrois seulement que les études sérieuses et vraiment utiles, obtînsent des encouragemens proportionnels.

CHAPITRE X.

Règles de Proportion pour la Récompense.

Le plus ou le moins dans les proportions n'est pas à beaucoup près de la même importance dans les récompenses que dans les peines. Mais il s'en faut bien qu'on ne puisse les négliger impunément. L'effet de toute erreur à cet égard est d'augmenter le prix des services, ou d'en diminuer la valenr, ou d'attirer trop de concurrens dans des carrières moins utiles, aux dépens de celles qui le sont davantage.

Règle I. *La valeur totale de la récompense tant naturelle qu'artificielle doit surpasser les frais et les inconvéniens du service.*

Règle. II. *La récompense factice doit être d'autant moins considérable que les récompenses naturelles le sont davantage.*

Ces deux règles présentent trois points à observer : 1°. Les désavantages naturels du service en question : 2°. Les récompenses naturelles qui exigent ou n'exigent point de supplément factice : 3°. Les rabais plus ou moins cachés qui altèrent dans bien des cas la valeur apparente de la récompense.

1°. Les désavantages naturels d'un service se réduisent aux chefs suivans: l'intensité du travail—le mal-aise ultérieur qui peut résulter de sa nature particulière—le danger physique—les dépenses ou autres sacrifices qu'il a fallu faire pour se mettre en état de l'exercer—le déshonneur qui peut s'y trouver attaché—les inimitiés particulières auxquelles il expose. Observer comment le prix des différens métiers se règle sur ces circonstances combinées, ce n'est pour l'homme d'Etat qu'un objet de spéculation (1).

Qu'un tel service soit plus ou moins cher, c'est l'affaire des particuliers qui en ont besoin. La concurrence entre les demandeurs et les fournisseurs met tous les prix sur un pié convenable. Il suffit que les demandes soient libres et notoires. Aider, s'il le faut, à cette notoriété, et maintenir la liberté réciproque de ces transactions, c'est tout ce que le Souverain doit faire.

2°. Les récompenses naturelles sont sujettes à être insuffisantes par rapport aux services dont l'utilité est pour tous, sans concerner aucun individu plus qu'un autre: tels sont les emplois publics; mais les emplois publics ont aussi leur récompense naturelle en honneur, en pouvoir, en

---

(1) Voyez *Richesse des Nations*, Liv. I. ch. 10. Toutes les circonstances dans la nature des occupations qui font varier le prix du travail y sont analysées avec la sagacité qui caractérise le père de l'économie politique.

moyen de servir ses amis et de mériter la bienveillance générale. Si ces récompenses suffisent, il n'en faut point d'autres. Les Vénitiens ne payoient ni leurs ambassadeurs, ni plusieurs autres grands officiers de l'Etat. On voit de même en Angleterre beaucoup d'hommes opulens ou aisés se charger de différentes fonctions publiques comme celles de Shériffs et de Juges-de-paix, sans autre prix que la considération qui leur est attachée, et la jouissance du pouvoir.

3°. J'ai dit que dans l'estimation d'une récompense, il falloit avoir égard aux circonstances qui en diminuent la valeur. Est-elle en argent? il se peut que le service entraîne des frais, des sacrifices pécuniaires, qu'il soumette l'individu à des inimitiés personnelles, ou qu'il lui imprime une espèce de tache. Est-elle en honneur? elle peut être onéreuse sous le rapport de la fortune, soit par un nouvel état dont il faut soutenir la dignité, soit par la nécessité de renoncer à des carrières lucratives. Après tous ces rabais, une récompense, grande en apparence, se trouve souvent nulle en réalité, et même quelquefois négative.

En Angleterre, où il n'y a point proprement de Partie publique, plusieurs délits qu'aucun individu n'a intérêt à poursivre, resteroient impunis. Qu'a-t-on fait pour y remédier? la loi offre dix, quinze ou vingt livres sterling, a prendre sur le délinquant, à quiconque veut se charger de le poursuivre. Les frais de la poursuite montent à trente, cinquante, cent livres sterling : ils ne sont remboursés qu'en cas de réussite, et pas même dans tous les cas. Et après cela, on s'étonne que tant de personnes se refusent à une fonction si coûteuse et si onéreuse à tant d'égards ! Ajoutez que ce service demandé par les lois, et si nécessaire, loin d'être honorable, est soumis à un préjugé flétrissant.

On auroit bien plus de succès si à l'offre insidieuse d'une récompense, on substituoit celle d'une simple indemnité. Supprimez l'offre déshonorante, et le déshonneur cessera. Qui sait même si l'honneur ne viendrait pas au secours des lois, dès que la circonstance qui le choque seroit bannie ?

Je vais citer un autre cas où une récompense douteuse se trouve mal à propos précédée d'une dépense certaine. Une idée nouvelle se présente à quelque fabriquant, à quelque artiste. Sachant que la loi accorde à toute invention un privilège pour en recueillir exclusivement les fruits, il jouit d'avance de tout ce qu'il espère, et il travaille. Après avoir consumé une partie de sa fortune et de sa vie, il a enfin conduit son invention à son point de maturité. Il va, plein de joie, dans un bureau public demander sa patente. Mais là, que trouve-t-il ? des commis, des hommes de loi, des officiers de l'Etat qui doivent jouir avant lui des profits de son industrie. Ce privilège qu'on feint de donner, se vend pour cent ou deux cents liv. st.; avance fort au dessus des facultés d'un grand nombre d'artistes. Voilà un piège que la loi, ou plutôt l'extorsion qui a acquis force de loi, tend à l'industrie inventive. C'est un impôt sur le génie qui a peut être coûté à la nation des sommes immenses.

Règle III. *Lorsque le service est susceptible de degrés en quantité ou en qualité, attachez à chaque degré de service un degré correspondant d'avantage.*

C'est-à-dire, la valeur de la récompense doit aller pas à pas avec la valeur du service. Cette règle est plus souvent observée pour les récompenses que pour les peines. Qu'un homme vole du blé, la peine n'est pas plus grande pour dix boisseaux que pour un seul. Mais qu'on donne une prime pour l'exportation des grains, la prime sera exactement proportionnelle à la quantité exportée. Pour être conséquent en matière de législation, l'échelle devroit être aussi régulière dans un cas que dans l'autre.

L'utilité de cette règle est invariablement démontrée par la différence qu'on observe dans le produit du travail, entre les ouvriers payés par jour, et payés à la pièce. Qu'on ait à creuser un fossé d'une dimension donnée, et qu'on le partage entre des ouvriers à la tâche, et des ouvriers à la journée, le résultat n'est pas difficile à deviner.

Les motifs du travailleur à la pièce sont l'espérance et l'émulation. Le travailleur à la journée n'a guère d'autre motif que la crainte: la crainte d'être renvoyé dans le cas d'un degré manifeste et extraordinaire de paresse.

Il faut toutefois observer qu'il est des travaux où l'on ne peut pas adopter la méthode de payement qui promet la plus grande quantité de travail. On auroit trop à craindre la négligence et la précipitation. Cette méthode n'est sûre que dans le cas où la nature de l'ouvrage est telle qu'il porte sa preuve avec lui.

La valeur de la récompense peut croître et diminuer en certitude aussi bien qu'en grandeur. Le service dépend-il des efforts soutenus de l'aspirant? il faut qu'à chaque effort, la récompense lui paroisse devenir plus certaine.

Arrangez les choses de façon qu'il se mêle toujours quelque inquiétude à ses espérances, qu'il y ait assez de crainte de ne pas réussir pour le tenir en haleine, assez de probabilité de succès pour ne pas le décourager: ses efforts seront poussés au plus haut degré d'intensité que ses facultés admettent. Pour atteindre ce but, il faut proposer la récompense à deux personnes à la fois: de façon qu'elle soit non pour tous les deux, mais pour celui-là seul qui aura le mieux réussi. Telle est l'idée analytique de l'*émulation*, moyen dont la puissance ne peut être méconnue de personne.

Règle IV. *Deux services étant en concurrence, la récompense pour le plus utile doit être la plus grande, au point de le faire rendre par préférence à celui qui l'est moins.*

Je connois tel pays où les choses sont arrangées de façon qu'il y a plus à gagner à construire un vaisseau sur le modèle ancien, qu'à en inventer de meilleurs, à en prendre un qu'à en bloquer cent, à piller sur mer qu'à y combattre ; à tordre les lois établies qu'à les faire exécuter ; à clabauder pour et contre les Ministres qu'à montrer des moyens de perfectionner la Législation. Avouons pourtant qu'il est tel de ces abus dont le remède n'est pas facile à trouver.

Que faut-il pour qu'il y ait concurrence entre deux services ? que l'individu ait la faculté de rendre l'un ou l'autre, sans pouvoir les rendre tous les deux.

Dans la guerre de l'Angleterre contre ses Colonies, il se trouvoit plus de cent vaisseaux dans une rade des provinces révoltées. Il importoit d'autant plus de les y tenir renfermés que plusieurs étoient chargés de provisions de guerre. Un capitaine anglois reçut la commission de les bloquer. Il se souvint du proverbe que deux oiseaux en cage valent mieux que cent dans les bois. Que fit-il ? Il s'éloigna assez pour donner à ces vaisseaux l'espérance de s'échapper. Dès qu'ils furent sortis de la rade, il revint sur eux, en saisit une demi-douzaine, et les autres s'en allèrent à leur destination. Je ne garantis pas la vérité de l'anecdote ; mais fût-elle fausse, elle serviroit comme apologue pour justifier la règle que j'ai posée. Voilà un des effets de cette prodigalité inconsidérée qui accorde, sans distinction, aux capteurs le produit de leurs captures.

Autre exemple. A-t-on du crédit ? on se fait donner une frégate légère pour aller en course. Commander un vaisseau du premier rang, c'est un pis-aller. D'où vient cela ? C'est qu'on a mis la cupidité aux prises avec la gloire. Il y a sans doute de grandes âmes qui résistent à la séduction ; et de plus, il y a dans la marine angloise un sentiment général d'honneur qui consulte bien plus le devoir que l'intérêt. Mais il n'importe pas moins au Législateur d'écarter tout ce qui peut les mettre en opposition. Ses succès seront d'autant plus sûrs qu'il aura pris ses mesures sur la proportion moyenne des vertus humaines.

Il est vrai que la loi accorde aux capteurs de vaisseaux armés une récompense pécuniaire : mais la chasse aux colombes est encore plus avantageuse que la chasse aux aigles.

Le remède seroit facile : taxez fortement le produit des courses lucratives, pour faire un fonds de récompenses, en faveur des Commissions dangereuses ou simplement utiles. L'Etat y trouveroit le double avantage d'améliorer le service, et de faire des économies. Il est vrai que si l'on prenoit cette taxe sur la petite part qui revient aux matelots, on refroidiroit leur zèle : il ne faut rien retrancher dans leur lotterie de la valeur des billets fortunés. Mais ce qui est vrai pour le vulgaire de cette profession, ne l'est pas pour les officiers supérieurs dont le rang doit élever les sentimens, qui ont de grandes espérances, et qui peuvent embrasser en idée un plus grand espace de temps, pour sentir l'utilité de confondre ainsi les intérêts de tous les serviteurs de l'Etat.

Dans le département de la Justice, le service de l'Avocat et le service du Juge sont deux services rivaux. En Angleterre, on ne prend les grands Juges que dans l'ordre des Avocats. Or, l'intérêt de l'Etat exige que le choix tombe sur les plus habiles, sur les plus célèbres, parce que de la réputation des Juges dépend l'opinion que chacun se forme de sa sûreté. Plus les talens d'un avocat l'élèvent au dessus de ses collègues, plus il est à souhaiter qu'au lieu de plaider, il soit appelé à juger ; car à proportion de sa prééminence, il devient utile comme Juge, et dangereux comme avocat. Plus le titre d'un plaideur sera problématique, plus il aura besoin d'un défenseur habile pour en pallier la foiblesse. Mais le talent qui rend l'avocat redoutable, tandis que, guerrier libre, il s'engage indifféremment pour ou contre, tourne à la sécurité publique, lorsqu'assis sur le tribunal, il est uniquement voué au service de la Justice, et la défend d'autant mieux qu'il a étudié tous les plans d'attaque dans le camp même de l'ennemi.

En Angleterre, les émolumens du Grand Chancelier sont évalués à dix mille liv. sterl., ceux du Chef Juge du Banc du Roi, six mille ; ceux du Chef Juge des Plaids communs, cinq mille (1) ; ceux du Chef des Rôles, substitut du Chancelier, quatre mille : ceux du Chef Baron, Président de la Cour de l'Echiquier, à peine autant ; ceux des neuf Juges appelés *Puinés*, environ trois mille. Or, parmi les avocats, il s'en trouve toujours cinq ou six dont les profits moyens s'élèvent de six à dix mille livres sterl. annuellement. Tous ces avocats accepteroient bien les trois premières dignités de la Justice, qui donnent ordinairement la Pairie : mais ils dédaigneroient la charge de Juges *Puinés*, attendu que leurs profits actuels sont doubles et triples : les avocats de la seconde classe, ayant l'espérance de succéder à ceux de la première, dédaignent de même ces charges subalternes. D'où il résulte que les Jurisconsultes de la plus grande réputation ne sont pas où il seroit à désirer qu'ils fussent. Les seuls moyens de remédier à cet inconvénient seroient ou de hausser

---

(1) Toutes ces évaluations sont plus ou moins fautives en détail, mais la justesse de l'argument ne dépend pas de leur exactitude.

encore les émolumens judiciaires, ou de faire baisser les profits des avocats : objet désirable à plus d'un égard, mais qu'on ne peut atteindre que par la simplification des lois.

La profession d'Ecclésiastique et celle de Professeur rivalisent dans la carrière des lettres, à peu près comme celle d'Avocat et de Juge dans la jurisprudence. Je ne veux pas tracer un parallèle odieux, en opposant un Ecclésiastique inutile à un Professeur occupé : je suppose, au contraire, un homme d'église instruit comme il doit l'être ; et je l'appellerai, avec l'Abbé de *Saint Pierre* un officier de morale, un Professeur qui a pour élèves une multitude de personnes de tout rang et de tout âge. Le Professeur en titre a pour élèves des personnes choisies, dont le caractère doit influer sur celui de la masse générale ; les jeunes gens des premières familles par leur noblesse ou leur opulence, et de plus, tous ceux qui sont destinés, comme Ecclésiastiques, à être les précepteurs de la nation. L'âge où l'on étudie sous ces Professeurs, est l'époque la plus critique de la vie ; la seule où il y ait quelque obligation de s'instruire ; la seule où l'esprit puisse acquérir facilement l'habitude du travail et l'amour de la vérité. Tel est le rapport des services entre ces deux classes de fonctionnaires publics : voyons quel est le rapport de leurs récompenses.

En Angleterre, les émolumens des Ecclésiastiques s'élèvent de vingt ou trente jusqu'à dix mille livres sterling de rente : tandis que ceux des Professeurs dans les chefs-lieux d'éducation, dans les Universités, sont entre la centième et la vingtième partie de cette somme. En Ecosse, les émolumens des Professeurs sont à peu près sur le même pié qu'en Angleterre ; mais le plus riche bénéfice ecclésiastique y égale à peine le professorat le moins lucratif. Aussi, dit Adam Smith, en Angleterre, l'Eglise ne cesse d'enlever les sujets les plus habiles aux chaires de Professeurs, tandis qu'en Ecosse, c'est précisément le contraire. C'est par là qu'il explique comment l'éducation académique est si bonne dans les Universités d'Ecosse, et selon lui, si défectueuse dans les Universités d'Angleterre.

Entre deux professions qui ne se font point concurrence (par exemple, celle des danseurs de l'opéra, et des Ecclésiastiques) la disproportion de leurs salaires, ne produit pas des inconvéniens si frappans : mais lorsque deux professions se trouvent rapprochées l'une de l'autre, la moins avantagée perd de sa valeur par la comparaison. Son salaire paroît plus petit qu'il ne l'est réellement par le contraste des profits supérieurs de la profession moins utile. La disproportion présente à l'observateur un air d'injustice, et donne une fausse mesure d'estime à ceux qui jugent superficiellement.

CHAPITRE XI.

Du Choix des Récompenses.

Il faut beaucoup d'art pour bien choisir les peines : il en faut peu en comparaison, pour bien choisir les récompenses. Non-seulement le nombre de celles-ci est beaucoup plus borné, mais les motifs du choix sont plus à découvert, ils se présentent d'eux-mêmes ; et il n'y a point, comme dans le cas des peines, de passions qui tendent à égarer le jugement.

Les *qualités désirables* dans une récompense sont les mêmes que dans les peines : nous nous bornerons à les remettre sous les yeux des lecteurs, et nous ferons voir ensuite à quel point elles se rencontrent dans tel ou tel mode rémunératoire.

Une récompense est d'autant plus propre à remplir son but qu'elle est :

1°. *Divisible*, susceptible de plus et de moins en fait de quantité.—Pour se proportionner aux différens degrés du service.

2°. *Egale en valeur*, pour agir, autant que possible, avec le même degré de force sur tous les individus.

3°. *Commensurable* par rapport à d'autres lots de récompense, attachés à des services d'une utilité inférieure.

4°. *Exemplaire :* Sa valeur apparente doit être aussi forte que sa valeur réelle. Faire une grande dépense pour une rémunération sans éclat, c'est manquer à cette règle. L'objet est de frapper, et autant qu'il est possible, de faire une impression durable.

5°. *Economique :* Il ne faut payer un service que ce qu'il vaut. C'est la règle de tout marché.

6°. *Caractéristique :* C'est-à-dire, autant que possible, analogue au service. Elle devient par là plus exemplaire.

7°. *Populaire :* Il ne faut pas qu'elle heurte les préjugés établis. Les Empereurs Romains eurent beau décerner des honneurs aux délateurs les plus odieux, ils avilirent ces honneurs mêmes, et les délateurs n'en furent pas moins infâmes. Mais ce n'est pas assez de ne point choquer, il faut que la récompense obtienne l'approbation publique.

8°. *Fructifiante :* C'est-à-dire, propre à exciter la persévérance de l'individu dans la carrière du service, et à lui donner de nouveaux moyens de les continuer.

Pour choisir entre les récompenses celle qui produiroit le plus sûrement l'effet désiré, il faudroit avoir égard non-seulement à la nature du service, mais encore à la disposition particulière, au caractère de l'individu (1). A cet égard, la

---

(1) Voyez *Traités de Législation*, Tom. I. Ch. ix. *Des circonstances qui influent sur la sensibilité.*

police publique ne sauroit atteindre à la perfection dont la discipline domestique est susceptible. Car quel Souverain peut connoître les inclinations de ses sujets, comme un père connoît celles de ses enfans. Ce désavantage est compensé par le grand nombre des personnes appelées à concourir : toutes les espèces de tempérammens, et d'aptitudes se trouvent réunies dans un peuple ; et pourvu que la récompense soit suffisante pour le service, n'importe ce qu'elle est, semblable à l'aimant qui, dans un mélange confus, attire et démêle les parcelles de fer les plus cachées, elle saura trouver le caractère sujet à son attraction. D'ailleurs, la récompense pécuniaire qui convient au plus grand nombre des services, est telle que chacun la convertit dans le genre de plaisir auquel il donne la préférence.

Pour juger des mérites et des défauts de la récompense pécuniaire, il ne faut qu'un coup-d'œil sur le catalogue des *qualités.* On voit d'abord celles qu'elle possède, et celles qui lui manquent. Elle est *divisible, égale en valeur,* et *commensurable.* Il faut ajouter qu'elle est souvent d'une indispensable nécessité : car il est bien des cas où toute autre récompense, séparée de celle-là, seroit onéreuse et même dérisoire : surtout si le service avoit constitué l'individu en frais et en perte, au-delà de ce qu'il peut aisément supporter.

Voici le côté foible : la récompense pécuniaire, (à parler en général, car il y a bien des exceptions) n'est ni *exemplaire*, ni *caractéristique*, ni même *populaire* (1). Passe-t-elle un certain point ? elle a une tendance à amortir l'activité de l'individu : au lieu de lui donner le désir de continuer ses services, elle peut lui fournir la tentation de les cesser. L'homme enrichi pensera comme le soldat de Lucullus, devenu timide depuis qu'il avoit une fortune à conserver.

Ibit eò, quo vis, qui zonam perdidit, inquit.
HOR. EPIST. II. LIB. II.

Il est aussi des cas où l'argent, au lieu d'avoir une force attirante, en auroit une répulsive : au lieu d'être une récompense, il seroit un affront, au

---

" (1) *Au défaut de n'être pas dignes de la vertu*, les récom-
" penses pécuniaires joignent celui de n'être pas assez publi-
" ques, de ne pas parler sans cesse aux yeux et aux cœurs, de
" disparoître aussitôt qu'elles sont accordées, et de ne laisser
" aucune trace visible qui excite l'émulation en perpétuant
" l'honneur qui doit les accompagner."----Rousseau, *Gouvernement de Pologne*. Ch. xi.----La phrase soulignée est une de ces exagérations trop communes dans les écrits de Rousseau. Il frappe fort plutôt que juste.

L'argent, dit-il ailleurs, est un ressort dans la mécanique morale, mais il repousse toujours la main qui le fait agir." Toujours---c'est l'exagération. Ce passage est tiré d'une lettre sur l'éducation au Duc de Wirtemberg, dans laquelle on voit que Rousseau avoit beaucoup réfléchi sur l'union de l'intérêt avec le devoir.

moins pour les individus qui ont quelque délicatesse dans les sentimens d'honneur.

Il faut quelquefois un certain degré d'adresse pour ménager ce moyen : il sera bon que la partie pécuniaire ne paroisse que l'acccessoire, et que l'honneur joue le rôle principal (1).

Toute récompense en argent peut s'anéantir par sa petitesse relative. Un homme aisé, faisant quelque figure dans le monde, seroit censé se dégrader par l'acceptation d'une somme qui n'aviliroit pas un artisan. Ce préjugé est établi par l'usage: il n'y a point de règle pour décider ce qu'à cet égard il permet ou défend. Mais cette difficulté n'est rien moins qu'insurmontable. En associant l'or à l'honneur, on forme de ce mélange un composé qui plaît universellement. Les médailles, par exemple, ont ce double avantage. Avec un peu d'art et de précaution, on parvient à établir une paix solide entre l'orgueil et la cupidité ! L'orgueil dit tout haut : Ce n'est pas la valeur de ce métal qui a des attraits pour un homme comme moi, ce n'est que le petit cercle de gloire dont il est entouré. La cupidité fait tout bas son calcul, et connoît bien le prix de la matière.

La Société des Arts de Londres fait mieux encore : elle donne assez communément le choix

---

(1) Tel donne à pleines mains qui n'oblige personne :
La façon de donner vaut mieux que ce qu'on donne, etc.
LE MENTEUR, Scène I.

entre une somme d'argent et une médaille. Ainsi elle satisfait tous les goûts et tous les états. Le paysan embourse l'espèce, le Duc et Pair orne son cabinet.

On relève encore le mérite de la médaille en variant le dessin pour lui donner quelque analogie avec le service. En y insérant le nom de l'individu récompensé, on en fait un certificat exclusif en sa faveur.

L'esprit d'invention s'est montré quelquefois très-heureusement dans le choix de l'analogie.

Une Loi angloise, entr'autres rénumérations, accorde à celui qui arrête un voleur de grand chemin, le cheval sur lequel ce voleur étoit monté au moment du délit. On croiroit que l'auteur de cette Loi avoit dans l'esprit le passage de Virgile où le fils d'Enée promet à Nisus, en cas de succès dans son expédition, le coursier de Turnus et sa brillante armure :

Vidisti quo Turnus equo, quibus ibat in armis
Aureus; ipsum illum clypeum, cristasque rubentes
Excipiam sorti, jam nunc tua præmia, Nise.

ÆN. IX. 269.

Que ce moyen est ingénieux ! D'abord, c'est un encouragement que d'avoir devant les yeux la récompense identique, dans le moment même où il faut combattre pour la mériter ; et l'aiguillon de l'honneur ajoute à la force de l'intérêt. L'animal ainsi transféré est un témoignage d'activité, de prouesse, un trophée de victoire. C'est pour le vainqueur une occasion constante de raconter ses exploits.

J'observe ce trait avec d'autant plus de soin qu'on trouveroit peu d'occasions d'en louer de pareils dans la Législation Britannique : avec un caractère général de justesse et de bon sens, elle porte presque partout une empreinte de médiocrité et de mauvaise honte, comme si elle craignoit de prendre l'essor au dessus des idées communes, de hasarder ces touches fortes, ces coups de maître, ces heureuses singularités qui portent au cœur l'impression du grand et du sublime.

Les exemples de ce genre abondent dans le système rémunératoire des Romains. Toutes les espèces d'exploits avoient des couronnes symboliques, couronne obsidionale, couronne murale, couronne civique. Celle-ci avoit conservé l'ancienne simplicité de Rome dans son berceau ; mais la feuille de persil effaçoit l'éclat des couronnes d'or. J'allois parler de leurs Triomphes, je m'arrête.... l'humanité gémit de cet orgueil de la victoire qui fouloit aux pieds les nations vaincues. Que la législation encourage l'esprit militaire, il le faut sans doute, mais il ne faut pas qu'elle l'échauffe au point d'en faire la passion dominante, et de tout prosterner devant lui.

Les récompenses en honneur sont éminemment exemplaires : c'est une promulgation continuelle des services qui les ont obtenues : et elles possèdent au plus haut degré l'heureuse propriété d'encourager à de nouveaux efforts. Démentir un honneur reçu, c'est se trahir soi-même. Qui a été déclaré brave une fois, veut l'être toujours.

Ce genre de récompense n'est pas difficile à créer. Le langage symbolique de l'estime est à plusieurs égards comme le langage écrit, un objet de convention. Tout costume, tout procédé, toute cérémonie, dès qu'on y attache une prééminence, devient honorable. Une branche de laurier, un ruban, une jarretière, tout acquiert la valeur qu'on veut lui donner. Il seroit bon toutefois que le signe lui-même eût quelque caractère emblématique qui pût rappeler à l'esprit, la nature du service. On en trouveroit divers exemples ingénieux dans les dévises. Le blason, sous ce rapport, paroît une langue insignifiante et brute. Les décorations des Ordres de Chevalerie ne manquent pas d'éclat, mais elles manquent de caractère : elles frappent les yeux, et ne disent rien à l'esprit. Un ruban semble être une parure de femme plutôt que le signalement d'un héros.

Les titres honorifiques ont souvent reçu de l'analogie une partie de leur splendeur. Le lieu qui a été le théâtre des exploits d'un Général, fournit une dénomination très-propre à fixer le souvenir de ses services et de sa gloire. Les Romains ont donné de bonne heure ce genre de décoration à ceux qui terminoient une conquête. Delà les surnoms *d'Africanus*, de *Numidicus*, *d'Asiaticus*, de *Germanicus* et tant d'autres. Les Espagnols ont souvent imité cet usage. Catherine II l'a renouvelé en faveur des Orloff et des Romanzoff. Mahon a deux fois fourni des titres à ses conquérans dans le cours du dix-huitième siècle. Le château de Blenheim réunit à l'éclat du nom, une preuve plus substantielle de la munificence nationale(1).

Les Romains ont quelquefois appliqué le même genre de récompense à des services d'une autre espèce. La voie Appienne rappeloit sans cesse aux voyageurs la libéralité d'Appius, etc.(2)

La carrière de la législation peut aussi fournir des honneurs qui ont le caractère de l'analogie. Dans le Digeste des Lois Sardes, on avoit eu le soin louable d'apprendre à la nation auquel de ses Souverains elle étoit redevable de telle ou telle loi. Ce seroit un exemple à imiter : c'est peut-être par respect, peut-être aussi pour la com-

---

(1) Quand l'Amiral Keppel, après une victoire navale, reçut la bourgeoisie de la Cité de Londres, le diplôme lui fut présenté dans une boîte de *cœur de chêne :* c'était une allusion ingénieuse à une chanson populaire, particulièrement chérie des matelots.

(2) Une des plus belles institutions de charité à Londres porte le nom de son fondateur, *Guy's hospital.*

modité du discours, que l'habitude a prévalu en Angleterre, de désigner par le nom *d'acte de Grenville,* la loi admirable que fit passer ce représentant du peuple, pour assurer l'impartialité dans les jugemens relatifs aux élections contestées.

Qu'on eût placé dans le sein même du Parlement la statue du Législateur qui en avoit banni un désordre scandaleux, c'eût-été en même temps un monument de reconnoissance et une belle leçon. Plus les hommes seront éclairés, plus ils sentiront la nécessité de partager au moins la gloire, entre ceux qui font fleurir les Etats par de bonnes lois, et ceux qui les défendent par le armes.

Les bustes, les statues, les tableaux, les monumens, les obélisques sont des moyens connus et usités sur lesquels il n'est pas besoin de s'apesantir. Les plus belles inscriptions sont celles qui disent le plus en moins de mots, et qui ne contiennent point de louanges directes. Rien de plus heureux dans ce genre que celles qui ont été placées sous les statues de Louis XIV et de Voltaire : l'une décernée par la ville de Montpellier, l'autre par une société d'hommes de lettres, à la tête desquels figuroit Frédéric II—*A Louis XIV, après sa mort—A Voltaire, pendant sa vie.*

La plupart des récompenses dont nous venons de parler sont *occasionnelles,* c'est-à-dire, appliquées à une circonstance particulière. Il en est d'autres qui sont établies par *fondation :* tels que les hôpitaux de Chelsea et de Greenwich à Londres, et l'hôtel des Invalides à Paris : imitations du *Prytanée* d'Athènes.

On a souvent douté de l'utilité de ces fondations. La somme totale de leurs dépenses, distribuée en petites pensions de retraite, pourroit étendre la rémunération à un plus grand nombre d'individus ; et ils n'en seroient que plus heureux ; parce que des hommes qui ont fini leur carrière d'activité, réunis dans un séjour où ils n'ont plus aucun des soins et des travaux de la vie, sont sujets à l'ennui. Je ne conteste pas la justesse de ces observations, mais il s'agit aussi d'examiner l'effet de ces établissemens sur l'esprit des soldats et des matelots. Leur imagination est flattée par la magnificence de ces retraites ; c'est une grande espérance qui leur est ouverte à tous; c'est un asile pour des hommes qui ayant quitté dès leur jeunesse patrie et famille, n'en ont souvent aucun dans le monde. Ceux qui ont été mutilés ou défigurés par des blessures, sont consolés par la gloire dans un hospice où tout parle de leurs exploits : et il est peut-être plus prudent pour le bien du service, de les réunir que de les disperser. C'est un luxe, mais il est national, il est exemplaire, il a un caractère de justice et de grandeur.

Ces établissemens, nécessairement limités

pour le nombre, ne doivent être considérés que sur le pié de récompenses extraordinaires, pour des services distingués. C'est pour le matelot et le soldat, une sorte de noblesse. Je voudrois en relever l'éclat, en y déposant les trophées guerriers, mieux placés dans l'enceinte de ces asiles militaires, que dans des temples de paix. Les décorations de la Chapelle des *Invalides* sont admirables. Les drapeaux suspendus dans l'Eglise de *Saint Paul* ne font que réveiller des idées étrangères au culte religieux: transportés à Greenwich ou à Chelsea, ils y trouveroient des associations naturelles, et fourniroient un texte aux commentaires de ceux qui les ont conquis par leur valeur.

Il n'est pas nécessaire pour une seule et même récompense, que toutes les qualités y soient réunies: ou pour mieux dire, cette réunion se fait souvent d'elle-même et d'une manière imperceptible.

C'est là ce qu'on voit, par exemple, dans une récompense donc j'ai déjà parlé, et qui est la seule, peut-être, où toutes les qualités désirables se trouvent dans la plus juste mesure. Ce sont les *privilèges accordés aux inventeurs*.

Cette récompense se proportionne d'elle-même à la valeur du service. Elle ne coûte rien (1). Elle donne naissance à une branche

---

(1) *Elle ne coûte rien*: cela n'est pas exactement vrai: une nouvelle invention dans les arts, à proportion de la préférence

d'industrie qui n'auroit point existé. Tout ce qu'on ôte par la prohibition, c'est le droit de faire une chose qu'on n'auroit pas été en état de faire, sans le service rendu par l'inventeur. Enfin cette récompense est exemplaire, caractéristique, fructifiante; elle est même très-populaire, par son accord avec les notions établies de propriété et de justice.

---

qu'elle obtient, nuit à ceux qui travailloient dans la même branche: les lampes d'Argand, par exemple, remplaçant les anciennes lampes, nuisoient aux manufactures établies. Ce qu'on peut dire à cet égard, c'est que le progrès de toute invention nouvelle est assez lent pour ne pas produire un changement soudain et sensible.

CHAPITRE XII.

De la Procédure rémunératoire.

Le domaine de la récompense est le dernier asile où s'est retranché le pouvoir arbitraire. Dans l'enfance des sociétés, les peines, les pardons et les récompenses ont été prodiguées, sans mesure et sans fruit. Depuis long-temps on a senti la nécessité de soumettre les peines à des règles. On reconnoîtra de même l'utilité de régler le privilège de pardonner. On finira par les récompenses. S'il faut un examen muni des formes juridiques pour punir, pourquoi n'y auroit-il pas une procédure pour récompenser?

La disparité d'importance entre les deux cas, est fort grande, j'en conviens. Une peine infligée sans formalité répand une alarme générale : une récompense non motivée n'en produit aucune. L'avantage de la procédure, en matière rémunératoire, se borne donc à prévenir la prodigalité et les autres abus, par lesquels la valeur des récompenses est souvent dégradée.

Il est d'usage à Rome, avant de canoniser un Saint, de nommer, pour plaider contre lui, un Avocat, qu'en style familier, on appelle l'*Avocat du Diable :* si cet Avocat eût toujours été fidelle à son client, le calendrier seroit un peu moins rempli (1). Quoiqu'il en soit, l'idée en elle-même est excellente, et c'est un emprunt que la politique doit faire à la religion.

Pierre le Grand qui voulut passer successivement du grade de Tambour à celui de Général, n'en prit aucun, sans avoir produit ses titres en forme. Le Diable, il est vrai, n'avoit point d'Avocat contre un Empereur, mais quand ses titres auroient été aussi peu fondés qu'ils étoient solides, quelle plus belle leçon pouvoit-il donner que de se soumettre à les produire ?

En Angleterre lorsqu'un particulier revendique, à titre de succession, une pairie *dormante*, le Procureur du Roi est chargé d'examiner tout ce qui peut invalider son titre. Pourquoi n'a-t-il pas le même emploi lorsqu'il s'agit de créer une nouvelle pairie ? Craindroit-on que l'Avocat du Diable n'eût quelquefois trop beau jeu (2) ?

(1) Le Pape *Urbain* VIII, ayant souffert quelques mauvais procédés d'une grande famille de Rome, disoit à ses amis : *Questa gente è moltò ingrata. Io hò beatificato uno de loro parenti, che non lo meritava.* [*Jortin's Miscellanies.*]

(2) Si les Pairs ont un intérêt à ne pas laisser porter atteinte à la valeur de leur office par des intrus sans mérite, le public a un intérêt plus important au choix des individus qui reçoivent une portion du pouvoir souverain. Mais s'il y a des raisons politiques pour donner au Roi le privilège de créer des Pairs sans contrôle (par exemple, pour conserver la balance du pouvoir), la question se présente sous un autre aspect : c'est un examen qui appartient au droit constitutionnel.

La nécessité de dire au public le *pourquoi* d'une grâce seroit un frein pour les Princes ou les Ministres : aussi c'est une gêne qu'ils n'aiment point. Il y avoit en Suède un usage ou une loi qui obligeoit le Roi à déclarer dans la patente même d'une pension ou d'un titre, le motif de cette création. Cet usage fut aboli en 1774 par une loi expresse, insérée dans les Gazettes de la Cour, déclarant que les personnes honorées des bontés du Roi, ne seroient censées devoir leur élévation qu'à sa faveur même. — Le Monarque croyoit-il avoir besoin de services qu'il n'oseroit pas avouer aux yeux du public (1) ?

---

(1) *Extrait du Courrier du Bas-Rhin, du 5e Mars* 1774.

Stockholm, 11 Février.---" On avoit coutume ci-devant quand le Roi décoroit quelqu'un de la Noblesse ou du titre de Baron, d'insérer dans le diplôme, les faits qui lui avoient mérité cette distinction. Mais lorsqu'en dernier lieu, Sa Majesté éleva M. de Geer, Maréchal de la Cour, il la pria de ne faire insérer dans le sien pour tout motif que la seule grâce et le bon plaisir du Roi. S. M. l'agréa non-seulement, mais ordonna à la Chancellerie de suivre toujours cette coutume à l'avenir, comme on l'a fait anciennement sous les Rois de la famille de Vasa jusqu'au règne de Christine."

Je n'ai point vu de ces anciens diplômes de noblesse suédoise, je ne sais si les faits qu'on présentoit comme les motifs du Souverain étoient spécifiés et particularisés, mais quelque fût la nature de ce certificat, c'étoit toujours un hommage rendu à l'opinion publique, et une précaution pour conserver la valeur du titre de noblesse. Cette usurpation du Roi ne fut presque pas aperçue au milieu de la grande et importante révolution qu'il venoit d'accomplir. Dans la carrière de l'arbitraire, il y a des conquêtes ouvertes, et des acquisitions clandestines.

On a commencé en Angleterre à élaguer cette branche du pouvoir arbitraire. Hors quelques cas particuliers, le Roi ne peut pas accorder de pension nouvelle qui passe deux cents livres sterling, sans le concours du Parlement. Dès lors, les aspirans aux pensions ont été plus rares.

A l'époque du Ministère de M. Necker, le total des pensions connues montoit à 27 millions de livres, sans compter les faveurs secrettes qui alloient très-loin. En Angleterre où la richesse n'est pas moins grande qu'en France, les pensions n'ont jamais monté au dixième de cette somme. Voilà une différence sensible entre une monarchie absolue, et une monarchie limitée.

Le Roi, de sa seule autorité, en 1803 créa pour l'Irlande un Ordre de Chevalerie. Au moment où ce Royaume devenoit indépendant du Gouvernement Britannique, il étoit peut-être conforme à une bonne politique d'y établir un nouveau moyen d'influence. Quoiqu'il en soit, cet impôt en honneur ne fut blâmé de personne. Les grands, toujours charmés des décorations, n'avoient garde de le désapprouver. Le peuple, ouvre de grands yeux, et n'y comprend rien. Il voit quelques Seigneurs recevoir un ruban en cérémonie : mais il ne se doute pas que ce ruban est un talisman puissant, et que la manufacture, suivant l'usage qu'on en fait, peut devenir très-dispendieuse.

La procédure rémunératoire comme la pénale requiert qu'il y ait deux parties entendues contradictoirement. Dans les cas civils, il y a communément deux individus dont les intérêts sont en opposition : mais dans les cas pénaux, il y a une grande classe de délits dans lesquels il n'y a point d'individu particulièrement lésé ; par conséquent, point d'intérêt personnel à les poursuivre: j'entends la classe des délits contre le public. Par rapport à ceux-ci, il a fallu créer une opposition ; et c'est ce qu'on a fait par l'institution d'un *Accusateur-public*, chargé de la poursuite de ces crimes.

Dans la procédure rémunératoire, il faudroit donc par la même raison, instituer un Officier public, chargé d'examiner tous les titres des aspirans à des récompenses : on pourroit l'appeler *Contestateur-général.*

Sans un Accusateur-public, plusieurs délits ne seroient jamais poursuivis, ou ne le seroient que par accident, soit par un zèle de patriotisme, soit par quelque animosité privée. Faute d'un Contestateur-général, il n'y a pas de frein régulier à la licence des récompenses non-méritées. L'opposition, si elle existe, est une affaire de pur hasard.

Dans les cas où la récompense est adjugée par un corps peu nombreux, où règne un intérêt commun, le marché est bientôt fait, " *Servez* " *mon ami, je servirai le vôtre.*" L'assemblée même fût-elle nombreuse, la chance d'une contestation est toujours précaire. On ne veut pas être le premier à opposer, on craint d'être le seul; toutes les considérations personnelles conseillent les ménagemens. Il ne faut rien moins qu'esprit public ou un courage plus qu'ordinaire pour entreprendre cette fonction odieuse, sans être poussé par une jalousie de parti, ou forcé par les devoirs de sa place: aussi a-t-on vu souvent les assemblées les plus discordantes concourir unanimément à un vote de récompenses que la majorité désapprouvoit individuellement.

Il y a une différence frappante entre la procédure pénale et la rémunératoire: l'auteur d'un délit a le plus grand intérêt à se cacher et à éluder les preuves: l'auteur d'un service a le plus grand intérêt à se montrer, et à fournir ses titres.

Aussi la Procédure rémunératoire est bien simple: elle n'est qu'une branche de la procédure civile. Je revendique une récompense—on me la conteste—Que faire? J'intente une action de dette contre l'homme public qui auroit dû me la faire obtenir.

CHAPITRE XIII.

Des Récompenses pour Délation.

Aucune loi ne peut-être exécutée à moins que les infractions ne soient dénoncées : la fonction du dénonciateur est donc aussi nécessaire, aussi méritoire que celle du Juge.

Nous venons de dire que par rapport aux délits publics, où il n'y avoit aucun individu plus intéressé qu'un autre à se charger de la poursuite, il avoit fallu créer un Magistrat, un Accusateur-général pour les poursuivre d'office ; mais pour le mettre en état d'agir, un préliminaire indispensable est que les délits lui soient dénoncés.

Dans un Etat où chaque citoyen feroit son devoir, quiconque auroit la preuve d'un crime, en deviendroit le dénonciateur. Mais ce devoir est un de ceux auxquels on est le plus disposé à se soustraire. Les uns s'y refusent, par une pitié malentendue pour le coupable, les autres parce qu'ils désapprouvent quelque partie de la loi, d'autres par la peur de se faire des ennemis, plusieurs par indolence, presque tous par des occupations qu'ils ne peuvent interrompre sans perte.

On a donc été réduit, au moins dans plusieurs Etats, à offrir aux dénonciateurs un attrait pécuniaire.

Aucun Jurisconsulte, à ma connoissance, n'a expressément condamné cet usage. Il a pour lui les autorités, mais il a contre lui l'opinion: les délations mercenaires sont flétries, les délateurs salariés sont odieux. Il en résulte que la récompense offerte par la loi n'a pas toute sa valeur nominale ; la honte attachée à ce service en est un rabais, l'individu récompensé par l'Etat est puni par la sanction morale.

Voyons d'abord ce qu'on peut vulgairement objecter contre les délations mercenaires.

1°. " *Il est odieux*, dira-t-on, *de faire un " gain en causant le malheur d'autrui.*"

Ceci est fondé sur un sentiment de commisération pour le coupable: commisération mal raisonnée, car pitié pour les coupables est cruauté pour le public. La récompense donnée au dénonciateur a pour objet le service qu'il rend; il est à cet égard sur la même ligne que le Juge, payé pour des fonctions plus rigoureuses. C'est un employé de la police contre les ennemis intérieurs de l'Etat, comme le soldat est un employé du Gouvernement contre ses ennemis extérieurs.

2°. " *C'est introduire l'espionnage dans la " société.*"

Espionnage est un terme flétri: employons le mot *inspection* qui n'inspire pas les mêmes préjugés. Si l'inspection se rapporte au maintien d'une police oppressive, qui punit des actions innocentes, qui condamne secrettement et arbitrairement, il est naturel qu'une telle police et tous ses agens deviennent odieux. Mais si la Police ne se rapporte qu'au maintien de l'ordre public, à l'exécution de bonnes lois, tous ses inspecteurs et ses gardiens remplissent un rôle utile et salutaire : c'est aux malhonnêtes gens à s'en plaindre, elle n'est redoutable qu'à eux seuls.

3°. " *Une récompense pécuniaire peut engager des faux témoins à conspirer contre des innocens.*

Supposez une procédure franche et publique où l'innocent n'est privé d'aucun de ses moyens de défense, ce danger de complicité me paroît absolument nul. Outre la prodigieuse difficulté d'inventer une fable cohérente dans toutes ses parties, il n'y a point de proportion entre la récompense offerte par la loi, et le risque auquel de faux témoins s'exposent. De plus, des témoins mercenaires sont précisément ceux qui excitent le plus la défiance du Juge, et s'ils étoient seuls à déposer, l'idée de la complicité s'offrant d'elle-même, deviendroit la sauvegarde de l'accusé.

On a recours à ces diverses objections pour justifier la prévention qui existe, mais la prévention elle-même a d'autres causes, et des causes spécieuses. La première, par rapport aux classes de la société qui ont de l'instruction, est un préjugé puisé dans l'histoire ; surtout dans celle des Empereurs Romains. Le mot *délateur* rappelle d'abord ces hommes affreux, l'horreur de tous les temps, que le pinceau même de Tacite n'a pu couvrir de tout l'opprobre qu'ils ont mérité: mais ces délateurs étoient-ils les exécuteurs des lois ? Non ; ils ne servoient que les vengeances privées et les passions criminelles des Souverains.

La seconde cause de cette prévention et la plus générale est fondée sur l'intolérance religieuse. Dans les siècles d'ignorance, on fit des lois barbares contre ceux qui ne professoient pas la religion dominante: et probablement les délateurs étoient alors considérés comme des fidelles pleins de zèle : mais à mesure que par le progrès des lumières, les mœurs se sont adoucies, ces lois sont devenues odieuses. Cependant elles n'étoient pas révoquées. Les délateurs, sans lesquels elles seroient tombées en désuétude, partageoient l'antipathie qu'elles inspiroient. C'étoit une injustice par rapport à eux, mais il en résultoit un effet salutaire pour les classes exposées à l'oppression.

Ces cas de tyrannie exceptés, le préjugé qui flétrit les délations mercenaires est un mal. C'est une suite de l'inattention du public à ses propres intérêts, et de l'ignorance générale en matière de législation. Au lieu de consulter le principe de l'utilité, le public va se livrant à des sentimens aveugles de sympathie et d'antipathie : de sympathie en faveur de ceux qui lui nuisent, d'antipathie contre ceux qui lui rendent un service essentiel. Si le dénonciateur doit être haï, le Juge doit être abhorré.

Le préjugé est fondé sur une confusion d'idées : on ne distingue pas entre le délateur juridique et le délateur privé—entre l'homme qui va dénoncer un crime devant un tribunal, et l'homme qui insinue des accusations secrettes contre ses ennemis—entre l'homme qui laisse à l'accusé tous ses moyens de défense, et l'homme qui impose la condition du silence à l'égard de ses rapports perfides. Les accusations clandestines sont justement considérées comme le poison de la société dont elles troublent la confiance, et où elles font un mal sans remède ; mais qu'ont-elles de commun avec des accusations juridiques ?

Il est bien difficile de lutter contre un préjugé si invétéré et si naturel. Les Tribunaux anglois ont continué à salarier les dénonciateurs, par nécessité : mais les Juges n'ont rien fait pour éclairer le public, et soustraire ces hommes utiles à la rigueur de l'opinion. Ils s'en servent, et ils les abandonnent au mépris.

C'est-là, je l'ose dire, une inconséquence puérile. Il faut être d'accord avec soi-même. Que les Juges fassent une balance des avantages de cette loi, et de ses inconvéniens ; et selon le résultat du calcul, qu'ils abolissent les récompenses pour délation, ou qu'ils ne souffrent pas que l'éloquence du barreau insulte sous leurs yeux des serviteurs nécessaires dans l'administration de la Justice.

CHAPITRE XIV.

Des Récompenses pour Délation, offertes aux Complices.

Quant aux récompenses ou au pardon offert à un criminel pour dénoncer ses complices, voici, ce me semble, ce qu'il en faut penser. Avez-vous quelque autre moyen de connoître les délinquans? celui-ci est mauvais; car l'impunité qu'il renferme est un mal. N'avez-vous aucun autre moyen? celui-ci est bon: car l'impunité d'un seul est un moindre mal que l'impunité de plusieurs.

Mais il faut bien se garder, relativement à des crimes graves, de fixer de telles récompenses par une loi générale. Une loi générale seroit une invitation à toutes sortes de délits. C'est comme si le Législateur disoit: "Entre plusieurs criminels, le plus méchant sera non-seulement impuni, mais récompensé." Un scélérat projette un crime; il engage des complices avec le dessein formel de les trahir. Il obtient tous les profits du délit, et il y ajoute le prix de la délation. Combien de fois cela ne s'est-il pas vu en Angleterre(1)!

(1) La Jurisprudence anglaise a une maxime qui défend

Mais que la récompense, au lieu d'être le résultat d'une loi générale, soit laissée à la discrétion du Juge, et offerte selon le besoin, cet inconvénient n'a pas lieu. Il n'y a plus de sûreté absolue pour le crime. La récompense ne sera offerte à un des complices que dans les cas où l'on désespère de réussir par tout autre moyen. Il y aura donc toujours un intervalle où tout criminel restera soumis à l'appréhension de subir la peine.

Beccaria a condamné sans exception toute récompense accordée aux délateurs. Examinons ses raisons. Tout son raisonnement semble porter sur les mots *trahison et fausseté*, c'est-à-dire, sur la désaprobation confuse attachée à ces termes.

Comme les conventions réciproques sont infiniment utiles, et que, sans confiance, la société n'existeroit plus, il était nécessaire d'attacher la plus grande infamie à cet acte de faux, caractérisé par le terme *trahison*. Mais ces trahisons ne sont pernicieuses qu'autant que les conventions sont innocentes. Subordonner la sûreté générale de la société à l'accomplissement de tous les

---

d'employer l'interrogatoire pour tirer de la bouche d'un prévenu des faits à sa charge : Cette maxime ne peut avoir d'autre effet que d'encourager au crime. Elle énerve un des premiers moyens de procédure. Elle ôte au Juge toutes les lumières qu'il pourroit tirer des coupables, et que dans bien des cas, eux seuls peuvent fournir. Ce moyen de conviction n'existant pas, il faut bien avoir recours à la dénonciation des complices, par conséquent aux récompenses.

engagemens sans excepter ceux qui lui nuisent, c'est subordonner la fin aux moyens. Que deviendroit le monde avec ce principe, que le crime même est un devoir lorsqu'on l'a promis ? Le mal change-t-il de nature parce qu'il est devenu l'objet d'une promesse ? *Il faut garder les conventions* ; maxime sacrée sans doute, mais qu'on ne devroit poser dans les lois et dans la morale qu'avec une limitation plus sacrée encore pour excepter les conventions pernicieuses : Quant au mal qui peut résulter de la violation de foi entre les complices, je ne le vois pas. Dira-t-on que la loi qui les y invite les corrompt ? au contraire, elle ouvre une porte au repentir. Elle permet un retour à celui d'entr'eux qui est le moins dangereux à la société : et de ce qu'il rompt un engagement criminel, il ne s'ensuit pas qu'il rompra de même un engagement innocent et utile.

Les brigands ont leur point d'honneur : mais cet honneur qui cimente leurs conspirations est le fléau du monde. Que n'est-il possible de jeter parmi eux la plus extrême défiance, de les armer les uns contre les autres, de leur faire craindre sans cesse de trouver un délateur dans un complice ! Que ne peut-on leur inspirer un tel désir de se dénoncer, de se perdre mutuellement, que chacun d'eux inquiet et tremblant au milieu des siens, craignant ses compagnons autant que ses Juges, ne pût plus espérer de sécurité que du renoncement à ses crimes ! Certes, si par respect pour la foi des engagemens, vous vous abstenez de troubler la société des voleurs et des assassins, à plus forte raison devez-vous, par humanité, vous abstenir de punir leurs brigandages.

Beccaria s'élève avec raison contre les Souverains ou les Juges, qui, après avoir attiré un délateur par l'offre d'une récompense, violent leur promesse, ou la rendent illusoire. Ici, on ne doit pas craindre de se livrer à l'indignation qu'inspire un procédé si lâche et si funeste. Mais pourquoi?—parce que cette étroite politique anéantit un moyen nécessaire. Ces invitations, ces offres ne seront plus regardées que comme des amorces perfides. Une telle violation de foi cimentera l'union des criminels. Il semble que le Gouvernement lui-même intervienne comme protecteur de leur société, et qu'il ajoute la dérision à la rigueur de la loi pour punir l'homme qui s'est fié à ses promesses.

Mais, dit Beccaria, *la société autorise la trahison, détestée même des scélérats entr'eux.* Nous avons vu ce qu'il faut entendre par cette trahison. C'est bien aux scélérats à la détester: elle est leur ruine. Les honnêtes gens doivent l'approuver: elle est leur salut. *On introduit par là des crimes de lâcheté.* Non: on introduit des actes de repentir, de prudence, d'utilité publique: on prépare un antidote contre tous les crimes. *Les crimes de lâcheté sont plus funestes à une nation que les crimes de courage.* Maxime spécieuse, mais fausse. Qu'est-ce qui produit dans la société la plus forte alarme ? Est-ce un larcin, ou un vol à main armée ? Est-ce un délit de ruse, ou un délit de violence ? *Le tribunal qui employe ce moyen découvre son incertitude.* Il découvre qu'il ne peut rien savoir, qu'il ne l'ait appris. Peut-il acquérir aucune certitude sans le secours des témoins ? Les criminels viennent-ils d'eux-mêmes faire confidence au Juge de leurs projets et de leurs actions ? *La loi montre sa foiblesse en implorant le secours de celui même qui l'offense.* Vaine subtilité ! car à quoi mène cette observation ? La loi cherche le délinquant qui la fuit : si les moyens qu'elle employe pour les découvrir sont bons, ils ne montrent que sa sagesse.

Mais si on admet les récompenses pour les délateurs, Beccaria veut que ce soit " en vertu " d'une loi générale qui promettroit l'impunité à " tout complice qui découvre un crime plutôt que " par une déclaration particulière dans un cas " particulier" c'est que selon lui " *une telle loi* " *préviendroit l'union des méchans, en inspirant* " *à chacun d'eux la crainte de s'exposer seul au* " *danger ; et qu'elle ne donneroit pas de l'audace à des scélérats qui voyent qu'il y a des cas* " *où l'on a besoin d'eux.*" C'est précisément le contraire. La déclaration particulière suffit pour semer la défiance dans l'association des méchans : elle suffit pour que pour chacun d'eux puisse voir dans son complice, l'instrument futur de sa condamnation. C'est la loi générale qui montre aux scélérats qu'on croit toujours avoir besoin d'eux. c'est elle qui est propre à leur donner de l'audace, en leur offrant un moyen sûr de rédemption, au moment où ils n'auront plus d'autre ressource.

" *Une pareille loi*, ajoute Beccaria, *devroit* " *joindre à l'impunité le bannissement du déla-* " *teur ;*" mais à quoi serviroit cette restriction, sinon peut-être à rendre nulle dans bien des cas l'efficacité de ce moyen? C'est par inattention qu'il parle de joindre le bannissement à l'impunité, puisque le bannissement est une peine (1).

---

(1) Dans la dernière édition de Beccaria faite à Paris, en 1797, on a joint quelques notes de Diderot, malheureusement trop courtes et trop peu nombreuses. Je transcris celle qui se rapporte à ce chapitre.

" L'incertitude des tribunaux et la foiblesse de la loi à l'égard d'un crime connu, sont de notoriété publique. On tâcheroit en vain de les dissimuler; et rien ne peut balancer l'avantage de jeter la défiance entre les scélérats, de les rendre suspects et redoutables l'un à l'autre, et de leur faire craindre sans cesse dans leurs complices autant d'accusateurs. Cela n'invite à la lâcheté que les méchans, et tout ce qui leur ôte le courage est utile."

" La délicatesse de l'auteur est d'une âme noble et généreuse: mais la morale humaine dont les lois sont la base, a pour objet l'ordre public, et ne peut admettre au rang de ses vertus la fidélité des scélérats entr'eux pour troubler l'ordre, et violer les lois avec plus de sécurité. Dans une guerre ouverte, on reçoit les transfuges: à plus forte raison, doit-on les recevoir dans une guerre sourde et ténébreuse qui n'est qu'embûches et trahison."

CHAPITRE XV.

Liberté de Concurrence.

QUAND il s'agit d'obtenir des services par des récompenses, doit-on admettre la liberté du concours, doit-on la restreindre ?

A ne suivre que l'opinion populaire, la liberté du concours seroit certainement admise dans tous les cas où il n'y a pas de raison positive pour s'en départir. Tel est le vœu du public. Mais chez les nations les plus puissantes, et qui passent même pour être les mieux gouvernées, il s'en faut bien que cette liberté de concours soit admise dans tous les cas où elle pourroit l'être : il y a des privilèges, il y a des exclusions ; des carrières ouvertes aux uns, fermées aux autres ; tous les Gouvernemens ont montré plus ou moins de penchant à cet esprit réglémentaire, qui croit assurer ou perfectionner telle ou telle espèce de services, en l'appropriant exclusivement à telle ou telle classe d'individus.

Qu'il y ait des cas où cette politique soit convenable et même nécessaire, c'est ce qu'on ne veut pas nier : mais avant d'en venir aux exceptions, commençons par examiner le principe général.

Et d'abord, arrêtons-nous un moment à consulter l'analogie entre les peines et les récompenses.

Il se répand une alarme dans le public sur une disposition à commettre des meurtres et des incendies : les soupçons portent principalement sur un tel individu. Je suppose qu'il n'y a point encore de loi contre ces délits. Le Souverain ayant la meilleure intention de prévenir ces calamités, fait venir l'homme suspect, et lui dénonce des peines sévères, s'il commet un des crimes en question. Observez que la peine dénoncée, n'étant point une loi générale, ne concerne que cet individu, et laisse tout autre en pleine liberté.— Qu'un tel incident fût arrivé chez un peuple connu, en faudroit-il davantage pour décider que ce peuple étoit encore dans un état de barbarie, ou que le Souverain n'étoit pas dans son bon sens ? Telle est pourtant l'exacte contre-partie de cette politique qui n'admet qu'un seul individu à rendre un service, lorsque ce service est de nature à pouvoir être rendu par plusieurs—rendu mieux ou moins bien, selon les talens et les efforts des divers concurrens dont on ne peut juger que par l'expérience.

Si la loi pénale doit s'appliquer à tous pour avoir la chance de prévenir tous les délits, l'offre rémunératoire doit être générale pour avoir la chance d'obtenir tous les services, et de choisir les meilleurs.

L'utilité de la libre concurrence se rapporte à deux parties : 1°. à l'intérêt de ceux qui ont besoin du service ; 2°. à l'intérêt de ceux qui peuvent le rendre. Commençons par les premiers.

1°. Nous avons déjà vu (ch. vii.) par combien de raisons, la récompense est un meilleur instrument que la peine, par rapport aux services qui demandent un certain degré de perfection. Nous avons vu que la récompense, offerte à tout le monde, est l'aiguillon de tous les talens. Si vous ne la proposez qu'à un seul, dès qu'il aura fait ce qu'il croit nécessaire pour l'obtenir, le ressort s'arrête, il ne fera rien de plus. Tout effort ultérieur seroit autant de peine perdue. Supposez deux candidats : chacun d'eux fera de plus grands efforts qu'il n'auroit fait seul, l'espérance est mêlée à la crainte ; il y a *émulation.*

“ Cela cet vrai en général,” dira le dispensateur de la récompense : “ mais ce cas particulier “ fait exception : le mérite de tel individu m'est “ connu : il est plus capable que tout autre : il “ n'y a point de concurrent à lui opposer”—mais cette supériorité présumée est sujette à ce dilemme : si votre préféré est le plus habile, la concurrence, loin de lui porter préjudice, tourne à sa gloire : si un autre l'emporte sur lui, l'utilité de la concurrence est démontrée.

2°. Considérons maintenant la libre concurrence par rapport à l'intérêt des compétiteurs.

Que la récompense, déduction faite des peines

du service, soit *un bien*, c'est ce qui n'est pas douteux, car autrement il n'y auroit point de compétition pour l'obtenir : mais dès que c'est un bien, pourquoi n'appelleroit-on pas tous les individus à y aspirer, s'il n'y a point de raison spéciale pour les exclure? Comme les charges de la société sont pour tous, tous doivent avoir droit à ses avantages. Oter à un individu une seule chance d'améliorer son état, c'est lui imposer une condition dure: la lui ôter sans motif raisonnable, c'est une injustice : et tellement une injustice, appliquée à un innocent, qu'elle porteroit le nom de *peine*, si elle étoit restreinte à un coupable.

Une objection se présente—" le nombre des " compétiteurs sera fort grand, et la récompense " ne sera que pour un seul ou pour un petit nom- " bre—Un seul sera payé pour son travail. " Les autres n'auront que le chagrin de leurs tra- " vaux perdus, et de leurs attentes trompées."

Cette objection ne me paroît point une raison suffisante pour restreindre la liberté du concours. Car si après la décision, il y a peine d'attente trompée, il y a eu auparavant plaisir d'expectative. Or, le plaisir est d'une longue durée, il occupe un grand espace dans l'esprit ; la peine de l'attente trompée s'efface bientôt, et cède à la première lueur d'un nouvel espoir. S'il est vrai d'une part que l'espérance soit le charme de la vie, et de l'autre que peu de nos espérances soient complettement réalisées, pour préserver les hommes du mal des attentes trompées, il faudroit donc commencer par leur ôter tout ce qui les rend heureux.

2°. Le nombre des compétiteurs, en général, loin d'être trop grand, est restreint par la nature des choses, plus qu'il ne seroit à désirer. Des services qui dépendent d'une position particulière, sont limités à la classe qui se trouve dans cette position. Des services qui dépendent d'une science ou d'un art, sont resserrés dans le nombre des personnes qui ont cultivé cette science ou cet art Des services qui dépendent d'un emploi, seront bornés au concours de ceux qui sont revêtus de cet emploi. Ainsi l'objection tirée du trop grand nombre de concurrens porte presque toujours sur une supposition fausse.

3°. Le travail de ceux qui ont échoué n'est point ordinairement sans avantage ni pour eux-mêmes, ni pour le public. Les uns ont développé leurs talens, les autres se sont fait connoître : un seul discours aura été couronné, vingt candidats auront exercé leur esprit. Les Jeux Olympiques, si fameux dans l'ancienne Grèce, étoient ouverts à tous. Le prix n'étoit adjugé qu'à un seul. Mais tous les autres trouvoient une récompense dans l'honneur d'avoir combattu, et jouissoient de leurs progrès dans un art qui donnoit alors une grande célébrité.

Il se peut même que le service du candidat heureux ne soit d'aucune importance, que la récompense ait pour véritable objet les services des candidats rebutés. Ces mêmes Jeux Olympiques pourroient servir d'exemple. La force supérieure de tel athlète n'étoit pas un avantage sensible pour l'Etat: ce qui importoit, c'étoit d'encourager cette école militaire de la nation. Les prix de course en Angleterre ont eu le même but. Que vaut au public le mérite particulier du coursier victorieux? Mais les mille qui ont été vaincus, ou qui ne se présentent pas aux courses, se sont perfectionnés par l'émulation que le prix a fait naître.

Une récompense considérable est offerte par le Gouvernement Britannique, à quiconque découvrira la méthode la plus parfaite et la plus praticable pour déterminer la longitude d'un vaisseau en mer. Un des effets de cette promesse est de détourner de leurs occupations un certain nombre d'artistes et de savans, qui ne seront point dédommagés de leurs frais et de leurs peines: mais l'utilité du service a paru bien supérieure à cet inconvénient: dans le fait il est très-petit, parce que le nombre des personnes qualifiées pour concourir à ce prix, est nécessairement très-limité. Que la même récompense fût offerte à qui remporteroit la victoire à la course, à la lutte, au pugilat; les travaux communs seroient désertés; on ne verroit plus que pugilistes, lutteurs et coureurs ; la séduction seroit irrésistible.

A Athènes, le Gouvernement accordoit des récompenses presque aussi fortes pour les exercices athlètiques : mais en cela les Athéniens se montroient aussi sages que nous le serions peu de les imiter. Les succès dans la guerre dépendoient alors principalement de la force et de la dextérité des combattans : encourager ces exercices, c'étoit discipliner une armée ; et la richesse nationale en souffroit peu, parce que les travaux nécessaires à la subsistance étoient faits par des esclaves.

Résumons les avantages résultant de la liberté de la concurrence portée au plus haut degré : 1°. chance du succès augmentée selon le nombre des concurrens ; 2°. chance du plus grand succès augmentée par le redoublement des efforts de chaque aspirant ; 3°. égalité favorisée ; 4°. nombre d'ouvrages multiplié ; 5°. développement des capacités latentes.

Deuxième Section.

Applications du Principe de la libre Concurrence.

Le principe de la liberté de concurrence a bien plus d'étendue qu'on ne le soupçonneroit au premier aspect : il couvre, si je puis parler ainsi, une grande partie du champ de la législation : il s'applique à des lois constitutionnelles, à des lois religieuses, à des lois économiques et administratives.

Ce principe est en opposition directe avec les bases de la législation des Indous : là, chaque individu est renfermé dans une caste dont il ne peut sortir. Chaque caste exerce certaines professions; il y a une caste de savans, comme une caste de guerriers, et une caste de laboureurs. L'émulation est réduite à son moindre terme, et l'énergie nationale est au plus bas degré.

Ce principe est en opposition avec ces règlemens religieux qui excluent de certaines charges, de certaines professions, tous ceux qui ne signent pas un certain formulaire de foi, qui ne veulent pas prononcer un certain nombre de mots sur des sujets théologiques. Plus l'exclusion embrasse d'individus, plus l'Etat doit perdre par la diminution de la concurrence dans les services.

Ce principe est directement contraire à une multitude de lois économiques, établissant dans le commerce et dans l'industrie des monopoles et des priviléges ; fixant le prix des marchandises et le lieu des marchés ; prohibant l'entrée ou la sortie de diverses productions de l'agriculture ou des manufactures. Autant de moyens qui limitent la concurrence, et nuisent à la richesse nationale.

Le vrai fondateur de l'Economie politique a, pour ainsi dire, tiré de ce principe une nouvelle science : l'application qu'il en a faite aux lois mercantiles a presque épuisé le sujet (1).

Deux concurrences opposées règlent les prix: celle des acheteurs et celle des vendeurs : la concurrence des acheteurs assure aux produits de l'industrie une récompense suffisante pour l'entretenir et pour l'accroître. La concurrence des vendeurs, servant de contrepoids à l'autre, entretient le bon marché, et réduit le taux de la marchandise au niveau des facultés d'un plus grand nombre de consommateurs. La différence entre un bas prix et un haut prix est une récompense que l'un des vendeurs offre à l'acheteur, pour obtenir la préférence sur son concurrent.

Dans tous les métiers, dans tous les arts, la concurrence assure au public non-seulement le plus bas prix, mais la meilleure qualité du travail. Chaque degré de supériorité d'une production sur des productions rivales trouve sa récompense, soit

---

(1) *De la Richesse des Nations, etc.*

par le nombre des acheteurs, soit par le prix qu'ils sont disposés à en donner.

Quant aux fournitures de toute espèce dont le Gouvernement a besoin, pourquoi la concurrence n'est-elle pas toujours libre à tout entrepreneur ? La raison déterminante est facile à trouver : on aime mieux faire la fortune d'un ami, d'un protégé, d'un partisan que d'un inconnu, et peut-être d'un ennemi. Mais cette raison n'est pas bonne à alléguer : il en faut une autre pour le public. Une concurrence illimitée ameneroit une foule d'entrepreneurs. Les conditions en apparence les plus avantageuses pour le Gouvernement qui achète, seroient communément offertes par quelque aventurier téméraire, incapable de tenir ses engagemens. Le temps arrive : les fournitures promises ne sont pas prêtes, et le service public souffre un dommage irréparable. Il est donc essentiel de bien connoître les hommes avec qui l'on traite.—Cette raison peut être bonne en certains cas, mais le plus souvent elle n'est qu'illusoire (1).

(1) Voici un arrangement général qui semble lever toutes les difficultés. Concurrence illimitée---sauf au Ministre ou au bureau préposé pour l'adjudication, de rejeter le plus haut offrant qui, selon la règle, devroit être accepté : sauf encore à celui-ci de sommer le Ministre ou le bureau d'assigner

On peut ôter la liberté du concours par une raison tirée de la nature même du service. Toute charge ne doit pas être offerte à tout le monde. Devroit-on, par exemple, offrir l'éducation d'un Prince à qui feroit le meilleur traité sur cette éducation? Non; un tel emploi exige des qualités, des vertus, et surtout une connoissance du monde qu'on pourroit ne pas trouver dans le philosophe qui auroit résolu le problême.

Seroit-on fondé à offrir la place d'Intendant de la monnoie à l'artiste qui auroit produit la plus belle matrice? Non; cet emploi important exige une probité, une exactitude, un esprit d'ordre qui n'a point de rapport avec le talent de la main-d'œuvre.

Des services qui ne sont pas directement susceptibles d'une concurrence ouverte, le sont indi-

---

les raisons qui le font rejeter. Quand tout cela se passeroit publiquement, on n'oseroit pas rejeter l'offre d'un homme connu qui, par lui-même et par ses garans, seroit à l'abri du doute.

Une louange bien due à un des plus *célèbres* administrateurs de l'Angleterre, et sur laquelle tous les partis sont d'accord, est d'avoir suivi ce principe plus qu'aucun de ses devanciers. M. Pitt abandonna cette portion d'influence si chère aux Ministres, et ouvrit la plus libre concurrence pour tous les contrats et tous les emprunts. Il n'est pas besoin de parler des avantages qui ont résulté de cette politique juste et libérale: ils sont connus de tout le monde, et son exemple a fait loi pour ses successeurs.

rectement. Dans ces cas, la concurrence doit porter sur quelque service préliminaire, dont l'exécution sert d'épreuve à la capacité pour le service principal. Voilà ce qu'on fait par rapport à de grandes entreprises d'architecture, lorsqu'on invite tous les architectes à donner leurs plans ou leurs modèles : la nature du service ne permet rien de plus (1).

Les Surintendans de la Maison de pénitence qui devoit s'établir près de Londres, aux frais de

---

(1) Il y a quelques années que la Chambre des Communes sentit le besoin d'avoir un *Index* pour l'immense collection de ses *Journaux*. L'entreprise étoit d'une difficulté prodigieuse, soit par l'étendue, soit par la variété des matières. Comment choisir les coopérateurs les plus habiles ? On ne pouvoit pas ouvrir un concours : on ne pouvoit pas dire aux hommes de lettres : Travaillez, et le meilleur travail sera récompensé. Qui eût voulu consacrer sa vie à ce service ingrat avec l'incertitude de réussir ? Quatre hommes de lettres, capables ou incapables, furent choisis, on ne sait par qui, ni pourquoi. Ils partagèrent la totalité des Journaux en quatre portions ; et il en est résulté quatre *Index*, entre lesquels on aperçoit une grande différence de méthode et d'industrie, et tous très-imparfaits, outre l'embarras d'en avoir quatre à consulter au lieu d'un seul. Pour suivre un plan analogue à celui qu'on adopte pour les entreprises d'architecture, on auroit dû proposer un prix à qui feroit le meilleur essai sur la méthode de composer les Index en général, et en particulier l'Index dont il étoit question. On auroit pu demander comme échantillon la *Table* d'un volume ; et le choix du principal rédacteur eût été fait d'après le mérite de ces travaux.

la nation, prirent le moyen de la concurrence illimitée, pour avoir un bon dévis. Il en résulta soixante-cinq plans entre lesquels ils avoient à choisir, au lieu d'un seul qu'ils auroient eu d'après le systême de la faveur. Si depuis on a proposé, sans récompense, un plan supérieur au meilleur de ceux-là, c'est que toute invention est un mélange de hasard et de dessein : l'offre de la récompense, qui peut hâter le développement des idées nouvelles, ne les amène pas nécessairement dans un moment donné.

Lorsque le Parlement d'Angleterre offrit vingt mille livres sterling pour la solution du problème de la longitude, il se garda bien de n'ouvrir le concours qu'aux Professeurs de Cambridge et d'Oxford. Une telle restriction auroit été un acte d'ineptie. Le problême de la meilleure législation est plus important et plus difficile. Pourquoi l'a-t-on abandonné jusqu'ici dans les Gouvernemens mixtes aux seuls membres du Corps Législatif, et au seul Chancelier dans les monarchies ? La raison déterminante est assez manifeste. Ceux qui possèdent l'autorité, ceux auxquels il appartiendroit de proposer ce problême, ne veulent point avouer publiquement leur incapacité de le résoudre : ils n'aiment point ce qui démontre ou leur insuffisance ou leur indolence : ils veulent qu'on allège leurs travaux, en suivant l'ornière de la routine, et non qu'on les agrave, en montrant la nécessité des réformes : en un mot, ils veulent qu'on leur obéisse, et non qu'on les conseille. Il n'est donc pas étonnant qu'ils aient fait, autant qu'ils l'ont pu, de la science de la législation, un monopole exclusif. Mais l'intérêt du genre humain réclame contre cette basse jalousie. C'est à la terre entière à proposer ce problême de la meilleure législation : c'est à la terre entière à y répondre.

Le Grand Frédéric a essayé deux fois une réforme étendue dans la législation : mais il ne s'est adressé, pour cette entreprise, qu'à deux de ses Chanceliers successivement. Le premier, trop content de lui-même pour soupçonner qu'il pût avoir besoin d'un secours étranger, produisit un ouvrage tel qu'on pourroit l'attendre d'une présomption si absurde dans un sujet si difficile. Le second, M. *Von Carmer*, montra sa supériorité par une conduite bien différente. Son ouvrage fini, avant que de lui faire apposer la sanction du Souverain, il invita tous les savans à lui envoyer leurs observations, et leur proposa des récompenses. Ministre magnanime ! digne de servir un Prince éclairé ! tout homme sensible doit à sa mémoire un tribut de respect, pour cet appel généreux à la raison publique.—Il n'a point eu de modèle ni d'imitateur — Je mêle à regret quelque restriction à la louange qui lui est due. Mais il demanda de simples critiques, au lieu de demander l'ouvrage même. Il borna son invitation aux Allemands, comme si sa noble entreprise n'avoit pas dû intéresser les philosophes de tous les pays. Il proposa des récompenses qui sembloient le salaire d'un ouvrier à la journée. Qu'un homme de génie eût rempli l'objet demandé, on eût rougi de les lui donner : il eût rougi de les recevoir. Je sais qu'une économie sévère veilloit à la garde du trésor : mais Frédéric n'avoit-il qu'un genre de récompense ? Et d'ailleurs, le plus beau diamant de sa couronne, l'auroit-il acquitté envers celui qui auroit donné un lustre nouveau à tous les autres ?

Des sociétés savantes et de simples individus ont voulu suppléer à la négligence des Gouvernemens. La *Société Helvétique,* en particulier, a invité, par ses prix, les auteurs de toutes les nations, à s'occupper de la jurisprudence pénale. Malheureusement, ce que ces sociétés ne pouvoient pas offrir, c'est la récompense que les hommes les plus faits pour des travaux si difficiles, placeroient au dessus de toute autre, la seule capable d'élever leur courage et leur génie au niveau d'un si grand dessein—l'assurance d'avoir pour juges de leur travail, ceux qui peuvent lui donner la sanction de l'autorité, et l'appliquer immédiatement au bonheur d'un peuple.

Je le répète, en concluant ce chapitre : il peut y avoir des services à l'égard desquels on a des raisons suffisantes pour ne point admettre la concurrence, ou pour la limiter : mais ces raisons on doit être prêt à les articuler. C'est une exception à un principe fondamental, et une exception ne doit point passer sans une raison justificative (1).

---

(1) Si on parloit des lois constitutionnelles, on trouveroit que l'hérédité du trône est établie pour éviter la concurrence de plusieurs prétendans. C'est l'exception la plus éminente au principe et la plus facile à justifier.

Une autre espèce d'hérédité, dont les Egyptiens avoient donné l'exemple et que les Indiens adoptèrent, a trouvé jusqu'à nos jours, des admirateurs. Je veux parler de l'hérédité de profession dans chaque famille: on ne pouvoit ni en avoir deux ni en changer. " Par ce moyen," dit Bossuet, " tous les arts " venoient à leur perfection: on faisoit mieux ce qu'on avoit " toujours vu faire, et à quoi l'on s'étoit uniquement exercé dès " son enfance." (*Discours sur l'Histoire Universelle.*)

Robertson, dans ses *Recherches historiques sur les Indes*, a beaucoup approuvé cette institution de castes et cette hérédité de professions. Il convient toutefois que ce sytême peut empêcher quelques génies de prendre l'essor ; " Mais on institue la société, dit-il, pour les hommes ordinaires, et non pour les hommes de génie, etc." [*Appendix.*]

A ne considérer qu'un seul art en Europe, celui de la peinture, son histoire montre très-peu d'artistes nés dans un attelier. Prenez les cent peintres les plus célèbres, vous ne trouverez que le seul Raphaël dont le père ait manié le pinceau. Dubos: *Réflexions critiques*, Tom. II. 5. 3. *Invito patre sidera verso.* Ce fut la devise que prit l'illustre Bernouilli, qui n'avoit pu se livrer à l'astronomie qu'en secret, et malgré l'autorité paternelle.

CHAPITRE XVI.

Récompenses pour la Vertu.

Beccaria reproche aux Législateurs modernes leur indifférence sur cet objet : il est des peines et même de trop sévères pour les crimes ; pour la vertu, il n'y a pas de récompenses. Ces mêmes plaintes répétées dans une multitude d'écrivains, forment un lieu commun de déclamation.

Tant qu'on reste dans les termes généraux, point de difficulté : mais quand on veut passer à l'application, et faire des lois rémunératoires pour la vertu, quelle différence entre le désirable et le possible ?

La vertu est prise tantôt pour un acte, tantôt pour une disposition : quand elle se montre par un acte positif, elle confère un service : quand on l'envisage comme une disposition, c'est une chance de services. Séparée de cette notion du service, on ne sait plus ce qu'elle est. Pour en avoir des idées claires, il faut la rapporter toute entière au principe de l'utilité : l'utilité est son *objet* comme elle est son *motif*.

Après avoir parlé jusqu'ici des services à récompenser, c'est-à-dire, des actes manifestes et publics, qui sortent de la ligne des actions ordinaires, il nous reste à montrer relativement à la vertu, 1°. ce qu'on ne peut pas faire par des récompenses générales; 2°. ce qu'on peut faire soit par des institutions particulières, soit par occasion (1).

1°. Observons d'abord que les vertus civiles, les plus importantes au bien-être de la société, à la conservation du genre humain, ne consistent pas dans des actes éclatans qui portent leur preuve avec eux-mêmes; mais dans une suite d'actes journaliers, dans une conduite uniforme et soutenue qui tient aux dispositions habituelles de l'âme; or, c'est précisément parce que ces vertus sont incorporées dans le tissu entier de la vie qu'elles échappent aux récompenses d'institution. On ne sauroit quels traits particuliers il faut choisir, à quelle époque les prendre, à quelle circonstance attacher la distinction rémunératoire.

2°. Ajoutez à cette difficulté celle de trouver une récompense convenable, et qui pût plaire à ceux qui en seroient les objets. La vertu, avec sa délicatesse et sa pudeur, seroit blessée, de cet examen à faire, de ces témoignages à recueillir pour la prouver et la constater publiquement. Elle tient à l'estime, elle en dépend peut-

(1) Ceci sera en partie une application des principes qui ont été posés dans le ch. vii. *Rapport entre l'emploi de la peine et de la récompense.* L'auteur n'avoit pas cru nécessaire apparemment d'entrer dans ce détail. J'ai essayé par ce chapitre de suppléer à cette omission, si c'en étoit une.

être, mais c'est un secret qu'elle veut se cacher; et ces prix de vertu qui semblent supposer que la conscience de l'individu n'est pas solvable, ne seroient ni acceptés dans les classes supérieures, ni recherchés par les plus dignes, dans les classes inférieures.

3°. Chaque vertu produit des avantages qui lui sont propres ; la probité inspire la confiance dans toutes les relations de la vie ; l'industrie mène à l'aisance ou à la fortune ; la bienfaisance est une source d'affections agréables ; et quoïque ces avantages ne soient pas infaillibles, ils sont dans le cours le plus ordinaire des événemens. Leur effet est bien plus régulier et plus sûr que celui des récompenses factices, nécessairement sujettes à tant d'imperfections.

Un auteur du siècle de Louis XIV, a fait un traité de la *Fausseté des vertus humaines.* Ce qu'il y a de singulier, et dont il ne s'est jamais douté, c'est qu'avec de légers changemens, il seroit aisé de convertir cet ouvrage en un traité de la *Réalité des vertus humaines.* Pourquoi les croit-il fausses? parce qu'elles sont fondées sur l'intérêt réciproque, qu'elles ont pour objet le bien-être, l'estime, la sûreté, la jouissance paisible de la vie ; parce que les hommes, dans le commerce de leurs actions, se soldent mutuellement. Mais sans ces heureux effets de la vertu, que seroit-elle? en quoi consisteroit sa *réalité?* Qu'est-ce qui la rendroit recommandable? Qu'est-ce qui la distingueroit du vice ? Cette base d'intérêt qui lui paroît *fausse* est précisément ce qu'elle a de *vrai* et de *solide:* ajoutons d'*immuable,* car on n'inventera pas un autre moyen de bonheur (1).

Mais si les vertus les plus importantes sont pourvues de motifs suffisans, soit par les peines qu'elles préviennent, soit par les avantages qui en naissent, ne seroit-il pas superflu d'y ajouter des motifs artificiels ? Le Législateur ne doit intervenir que pour suppléer à l'insuffisance des motifs naturels.

4°. Où en seroit-on, si les choses étoient autrement ? s'il falloit inviter les hommes au travail, à la probité, à la bienfaisance, à tous les devoirs de leurs conditions respectives, par l'attrait des récompenses factices ? Les rémunérations pécuniaires sont évidemment impossibles. Reste l'honneur : mais comment créer un fonds d'honneur pour la généralité des actions humaines ? La valeur de ces récompenses est dans leur rareté. Dès qu'on les prodigue, elles ne sont plus rien.

Il y a ici, comme en tout, une analogie entre

---

(1) L'auteur, maladroit comme tous les ascétiques, blesse la religion qu'il voudroit servir. Quel argument ne pouvoit-il pas tirer de cet heureux accord entre la morale pratique et le bonheur ; pour y manifester l'intention du Législateur suprême !

le système pénal et le système rémunératoire: leur imperfection commune est de n'appliquer leurs sanctions qu'à des actes distincts et saillants: de n'exercer qu'une influence éloignée et indirecte sur les habitudes, sur les dispositions internes qui teignent de leur couleur tout le cours d'une vie. Ainsi on ne peut pas plus instituer des récompenses pour la bonté paternelle, la fidélité conjugale, la foi dans les promesses, la véracité dans le discours, la reconnoissance et la commisération, qu'on ne peut assigner des peines légales à l'ingratitude, à la dureté de cœur, à la violation des secrets de l'amitié, à la malice, à l'envie, en un mot, à toutes ces dispositions vicieuses qui font tant de mal, ayant d'avoir éclaté dans ces délits, qui appellent l'intervention des tribunaux. Les deux systêmes sont des balances imparfaites qui ne peuvent servir qu'à de gros poids; et comme on punira d'une peine afflictive, pour un seul larcin, tel individu dont la vie entière a été moins coupable que celle d'un homme dur et d'un cœur faux, on sera de même dans la nécessité de récompenser tel service éclatant dans une vie d'ailleurs très-peu estimable.

Ainsi quant aux vertus morales qui constituent le fonds de la conduite journalière, il n'y a point de récompense à leur appliquer par une institution générale. Tout ce qu'on peut faire, se borne à saisir occasionnellement des actions d'éclat, faciles à constater, et qui tiennent à des circonstances peu communes.

Ces récompenses ne peuvent pas être périodiques: les traits éminens n'arrivent point à des époques régulières. Ce qui doit amener le prix, c'est l'acte, et non la date du calendrier. L'Académie françoise avoit un prix à distribuer chaque année, pour la plus belle action dans la classe indigente. Les Juges avoient toujours un prix à donner, et n'en avoient qu'un. Ils pouvoient éprouver le regret de laisser sans récompense des actions d'un mérite égal, ou d'en récompenser d'un mérite commun. D'ailleurs, le retour périodique faisoit rentrer ce prix dans les objets de routine, qui ne frappent plus.

On m'objectera la Rosière de Salency. Mais une institution villageoise est d'un autre genre. Plus une société est limitée, plus il est facile de la rapprocher du gouvernement domestique, où nous avons vu que la récompense pouvoit s'appliquer presqu'à tout. C'est ainsi qu'on peut établir des prix annuels pour l'agilité, pour l'adresse, pour la force, pour d'autres qualités qu'on veut encourager, et dont le fonds subsiste toujours. Il n'y a pas de village Suisse qui pour des exercices militaires, n'ait des prix de cette nature : c'est un art de convertir en fêtes les devoirs et les services des citoyens. Genêve, dans son existence républicaine, avoit son roi de la navigation, son roi de l'arquebuse, son commandeur de l'arc, son roi du canon ; le vainqueur jouissoit pendant son règne d'un an, de quelques privilèges fort peu onéreux à l'Etat : la joie publique marquoit le retour de ces exercices nationaux qui mettoient tous les citoyens sous les yeux de la bonne patrie. La Rosière de Salency, destinée à honorer des vertus qui doivent se perpétuer, et se renouveler de génération en génération, pouvoit avoir un retour périodique, comme les roses du printemps.

La société établie en Angléterre, sous le nom de *Société humaine*, pour donner des secours aux noyés, distribue des prix à ceux qui ont sauvé un individu. Il ne s'agit point là, comme dans le prix de l'Académie françoise, de la classe indigente exclusivement. L'homme du premier rang se feroit honneur de recevoir la médaille où cette belle action seroit consignée. D'ailleurs, on n'a pas dramatisé ces récompenses ; on agit plus simplement avec la modeste vertu ; on ne l'appelle pas à une scène publique, qui l'étonne ou qui l'humilie : mais on auroit pu, ce me semble, sans rien donner à l'effet théâtral, ajouter à son éclat, en instituant qu'il en seroit fait un rapport officiel au Roi, et aux deux Chambres du Parlement.

Une institution du même genre pour des services rendus dans des incendies, dans les naufrages, dans toutes les casualités possibles, ajouteroit un nouveau moyen à la culture de la bienveillance : et ces belles actions, placées de même sous les yeux des Législateurs, consignées dans leurs régistres, acquerroient une publicité bien moins importante pour l'individu honoré que pour la société en général.

En effet, quoique la récompense ne s'applique qu'à une action particulière, l'objet principal est de cultiver une disposition. Or, une disposition se forme et s'étend par l'instruction—par la notoriété de l'exemple—par l'estime publique, ou le sentiment de l'honneur.

Lorsque les Romains élevèrent un temple sur les ruines d'une prison où s'étoit passé un bel acte de piété filiale, ils donnoient un grand exemple: ils proclamoient leur respect pour une des vertus fondamentales de leur république (1).

Indépendamment de ces actions éminemment méritoires et toujours rares, le Gouvernement pourroit se servir de la *publicité* pour perfectionner un grand nombre de services où l'accomplissement des devoirs réguliers est plus important que des vertus extraordinaires. Comment réaliser ce projet? Par un tableau comparatif des administrations subordonnées, des villes, des cantons, ou des provinces: ce tableau seroit re-

---

(1) Humilis in plebe et ideo ignobilis puerpera, supplicii causâ carcere inclusâ matre, cum impetrasset aditum, a Janitore semper excussa, ne quid inferret cibi, deprehensa est uberibus suis alens eam. Quo miraculo matris salus donata pietati est, ambæque perpetuis alimentis, et locus ille eidem consecratus Deæ. C. Quintio M. Acilio Coss. templo Pietatis extructo in illius carceris sede.---*Plin.* Lib. VII. c. 36.

nouvelé à des époques fixes, et l'on y verroit, quels sont les districts qui ont été les plus exacts dans le payement des contributions—ceux où il s'est commis le plus petit nombre de crimes—ceux qui ont formé des institutions utiles—ceux qui ont fait des efforts généreux pour réparer des calamités—quels hôpitaux ont donné la preuve de la meilleure administration sous le rapport de l'économie et de la plus courte durée des maladies(2):—quels tribunaux ont terminé plus de procès et ont donné lieu à moins d'appels—quels soins ont été rendus efficaces pour écarter d'un district telle cause particulière d'insalubrité, de mendicité, de contrebande, de vice et de misère.

Ces rapports officiels, outre leur utilité politique pour le Gouvernement, auroient sans étalage, tous les bons effets de la récompense, de cette récompense en honneur, qui ne coûte rien à l'Etat, et maintient la force des ressorts moraux. Tous les services distingués trouveroient leur place dans ces annales : et les peuples, avec leur disposition naturelle à s'exagérer la vigilance et les moyens d'information du Gouvernement, seroient bientôt persuadés que leur Souverain, semblable à la Providence, a les yèux ouverts sur

(1) Voyez dans le *Rapport sur l'Hôtel-Dieu* par Bailli, le *tableau de la mortalité des différens hôpitaux*, et le procédé de ce calcul.

tout, et que cette inspection continuelle n'a pas seulement pour objet les fautes, mais les actions méritoires.

Ce projet n'est emprunté ni de la république de Platon ni de l'Utopie de Morus. Il est même inférieur à ce qui a été exécuté de nos jours dans un Empire composé de plus de cent départemens; (1) et ces tableaux qui présentent par colonnes tous les résultats de l'administration civile, économique, rurale et commerciale, ont été faits avec plus de facilité et de promptitude que n'en pourroit trouver tel seigneur Russe, de la part de ses intendans, s'il vouloit obtenir d'eux l'état de ses domaines..

Si l'on établit des récompenses pour la vertu par rapport aux classes indigentes de la société, il n'y faut pas chercher l'éclat, ni supposer des sentimens de vanité qui agissent peu sur des hommes accoutumés à la dépendance, et au calcul continuel de leurs besoins. Les institutions propres à de petites communautés doivent être appropriés aux circonstances locales, et aux habitudes

---

(1) Je veux parler de *l'analyse des procès-verbaux des conseils de département* : ouvrage in-4to. publié en France en 1802. ---Le travail fut fait uniformément d'après une série de questions adressées à chaque département par le ministre de l'Intérieur.

Ces tableaux ont été discontinués. Voilà le fait; je ne remonte pas à la cause.

populaires. Dans un village ou un bourg, il pourroit être convenable par exemple d'assigner aux vieillards une place distinguée dans l'église ; cette distinction unie à un sentiment religieux, et accordée avec choix, n'auroit pas l'apparence d'une vanité flattée, mais d'un respect rendu à l'âge, et au souvenir d'une vie honorable. Il existe en Angleterre quelques institutions de charité pour des gens de métier qui ont essuyé des revers (*decayed Tradesmen*). On leur procure une situation plus douce que dans des hôpitaux ; ils ont leur habitation séparée, un jardin, une petite pension annuelle. Ces retraites ne sont données que par élection à des individus recommandables ; et la plaque de métal qu'ils portent sur leur habit n'est pas considérée comme une disgrâce, mais comme une distinction. (1)

Diverses sociétés d'agriculture donnent une récompense pécuniaire aux domestiques qui sont restés attachés au service du même maître, un certain nombre d'années ; ce qui est considéré avec raison comme une preuve de fidélité et de bonne conduite.

Ces sociétés donnent aussi une récompense pécuniaire aux journaliers, aux simples ouvriers des campagnes qui ont élevé un certain nombre d'enfans sans avoir eu recours aux fonds de la paroisse. C'est un encouragement à l'économie, et

---

(1) J'en ai vu une de ce genre à Woodbridge en Suffolk.

à tous les vertus habituelles qu'elle suppose. Mais ce moyen comme remède est bien foible contre les inconvéniens du système établi pour le soulagement des pauvres.

Dans ces deux cas, la récompense est en argent, mais l'argent est joint à l'honneur ; la publicité des *Rapports* devient un certificat pour l'individu dans son district particulier.

En examinant tout ce qui s'est pratiqué à cet égard en Hollande, en Suisse, en Angleterre et ailleurs, on auroit un assortiment de moyens rémunératoires, pour telle ou telle classe de la société. Mais tout dépend de l'application. Le Gouvernement ne sauroit se charger de ce soin. Il n'y a qu'une inspection locale qui puisse connoître les circonstances, et surveiller les détails.

Après tout, le plus puissant, le plus général de tous les motifs rémunératoires, c'est l'estime publique juste et éclairée, c'est-à-dire, dirigée par le principe de l'utilité. Qu'une nation estime une vertu, c'est une plante dont la culture sera toujours heureuse : que cette vertu cesse d'être dans la même estime, elle déclinera dans la même proportion. Le caractère d'un peuple est le climat moral qui tue ou vivifie les semences du bien.

Examiner pourquoi dans telle époque, dans tel Gouvernement, une vertu jouit d'une considération particulière, pourquoi les vertus d'un *Curtius*, d'un *Fabricius*, d'un *Scipion* devoient éclorre et se développer dans Rome, pourquoi d'autres temps et d'autres pays ne comportent guère que des courtisans, des flatteurs, des beaux esprits, des hommes polis et aimables, sans énergie et sans patriotisme ; c'est une analyse historique et morale qui exige une étude approfondie des constitutions politiques, et des circonstances particulières d'un peuple. On y verroit en dernier résultat que les qualités nécessaires pour *réussir* sont toujours les qualités généralement estimées.

Mais l'estime publique est libre, essentiellement libre, indépendante de l'autorité suprême, qu'elle cite même à son tribunal. Voilà donc, ce semble, le plus grand trésor des récompenses soustrait au Gouvernement ! Non : il lui est facile de s'en emparer. L'estime publique ne se laisse pas forcer, mais elle se laisse conduire. Il ne faut à un Souverain vertueux qu'un peu d'art pour appliquer cette haute paye d'estime au genre de service qu'il a besoin de créer.

Il y a une considération déjà toute acquise pour la richesse, les honneurs et le pouvoir. Si le Souverain, dispensateur de ces dons, ne les accorde qu'à des qualités utiles, s'il joint ce qui est déjà estimé, à ce qui doit être estimable, son succès est infaillible. La récompense opère comme une proclamation qui notifie son suffrage, et signale telle ou telle conduite comme méritoire à ses yeux.—Son premier effet est celui d'une instruction morale.

Le même service, sans la récompense, n'auroit pas eu la même notoriété. Il se fût perdu dans le vague des bruits publics, et confondu avec les prétentions plus ou moins fondées entre lesquelles l'opinion s'égare. Muni de cette patente du Souverain, il est authentique, il est visible: ceux qui ignoroient sont instruits: ceux qui doutoient sont décidés: les ennemis, et les envieux deviennent plus timides: la réputation se fixe, et devient permanente—Le second effet de la récompense est dans cet accroissement de durée et d'intensité de l'estime publique.

Aussitôt tous ceux qui ont des vues d'intérêt, qui aspirent aux honneurs ou à la fortune, ceux qui aiment le bien public, mais qui l'aiment comme des hommes ordinaires, non comme des héros ou des martyrs, se jettent avec empressement dans une carrière où le Souverain a consolidé l'intérêt privé avec l'intérêt public. Ainsi une bonne dispensation des grâces fait tourner au bien de l'Etat toutes les passions individuelles; et celles mêmes qui sont comme neutres entre le vice et la vertu, viennent se ranger du côté qui leur promet le plus d'avantage.

Telle est la puissance des Souverains. Il faut être bien malhabile dans la distribution des honneurs, pour les séparer de l'estime publique qui a tant de penchant à s'unir avec eux. Toutefois rien n'est plus commun. On voit des Cours où les décorations splendides, les ordres, les étoiles en diamant à double et à triple étage, ne forment pas même dans l'opinion publique, un préjugé favorable à ceux qui en sont revêtus. C'est un signe de crédit, mais non une preuve de mérite.

" Les honneurs entre les mains des Princes ressemblent à ces talismans dont les Fées font présent dans nos contes à leurs favoris. Ces talismans perdoient leur vertu, sitôt qu'on en faisoit un mauvais usage. (1)

(1) *Lettre d'Helvétius au Comte de Shouvaloff.*

CHAPITRE XVII.

Autres Emplois de la Matière de la Récompense.

Apres avoir vu comment la matière de la richesse est appliquée à la récompense, il nous reste à montrer d'autres usages qu'on en tire pour des services publics, et qui ne sont pas rémunératoires.

La notion de la récompense sera d'autant plus claire qu'on l'aura ainsi distinguée et séparée de ces usages accessoires qui ont certains rapports avec elle.

1°. *Le salaire de pure subsistence.* Il faut faire subsister les employés durant leur service, et il y a des cas où il faut les entretenir avant que ce service commence. Si la paye qu'on donne ne va point au delà, comme dans le cas du soldat, partout où les enrôlemens sont forcés, ce salaire de pure nécessité n'est point récompense.

2°. *L'instruction des Employés.* Il est des branches de service qui requierrent des avances du Gouvernement pour cet objet. Si cette instruction exige beaucoup de temps, il est naturel qu'elle commence dès le bas-âge, et alors elle s'appelle *éducation*. Dans quel cas faut-il que l'Etat prenne cette dépense sur son compte? Lorsque le nombre des individus qui veulent en courir les frais, n'est pas suffisant. C'est ce qui a eu lieu presque partout pour l'Eglise, pour la Loi, pour la Médecine, pour l'Art militaire. Le Gouvernement contribue tout au moins à l'entretien des Instituteurs et des Professeurs.

3°. *L'équipement.* Pour mettre l'individu en état de rendre le service, il faut lui fournir les provisions nécessaires : au guerrier, il faut ses instrumens de guerre ; au chymiste, son laboratoire, au mécanicien, ses machines ; au naturaliste, ses collections d'histoire naturelle ; au botaniste, son jardin de plantes : à l'agricole expérimental, un fonds de terre à faire valoir.

4°. *L'indemnité.* Veut-on des services ? il faut se rappeler que l'individu à qui on les demande, pèse, comme dans une balance, les frais qu'il encourt et les avantages qu'il attend. Tout ce qui est nécessaire pour amener les deux bassins à l'équilibre, appartient au chef de l'indemnité. La récompense proprement dite commence où l'indemnité finit.

5°. *La garantie contre les tentations.* Dans les places qui donnent du pouvoir et les moyens d'en abuser, les appointemens qu'on donne à l'Employé, doivent avoir une certaine proportion avec les séductions auxquelles il est exposé. Il faut qu'il ait plus à perdre à agir en fripon qu'en honnête homme ; ou du moins, qu'on le mette à l'abri des tentations les plus dangereuses en lui donnant de quoi subsister selon le rang qu'on lui confère. Le salaire proportionnel aux besoins a, pour ainsi dire, une vertu anti-septique.

6°. *Le maintien de la dignité.* Cette considération ne regarde que les grandes places. Le bien du service peut exiger qu'on y attache ce degré de respect qui appartient à l'opulence, et que le pouvoir seul ne donneroit pas. Sans examiner ici quelle est la cause de cette disposition si générale à honorer la richesse, à lui accorder une déférence presque involontaire et qui prévient le jugement, il suffit que ce préjugé existe pour ne pas refuser son secours en faveur de certains emplois où l'on a besoin de tous les moyens d'influence, et de toutes les forces de l'opinion.

7°. Un autre emploi de la matière de la récompense est d'*exciter l'allégresse*: j'entends par là une disposition habituelle à faire avec plaisir ce qu'on fait. Plus on jouit de cette satisfaction intérieure, plus aussi les idées sont vives et rapides, plus on fait d'ouvrage dans un temps donné. L'esprit dans un état de bien-être, compose et décompose avec une toute autre facilité que dans un état de chagrin, ou dans cette situation moyenne où il n'est poussé que par l'habitude. Et même pour les travaux du corps, qui ne sait combien la force des muscles dépend de la vigueur de l'âme? Quelle comparaison entre le travail des esclaves, et celui des hommes libres! Des prisons, des fouets, des chaînes, des colliers garnis de pointes de fer, un inspecteur impitoyable qui rôde sans cesse, en un mot, toute la puissance de la douleur et de la terreur n'obtiennent pas du malheureux Nègre, la moitié des efforts que l'espoir d'une gratification modique fait soutenir gaiement au robuste Irlandois, qui franchit la mer pour louer son travail durant la moisson aux fermiers d'Angleterre : et cependant l'esclave, en travaillant mal, excède ses forces, hâte sa vieillesse, et dépérit de bonne heure. L'homme libre, bien payé et bien nourri, fait beaucoup de travail et le supporte long-temps. Telle est la différence que l'invincible nature a attachée aux efforts accompagnés de tristesse ou d'allégresse.

Une récompense promise ne suffiroit pas toujours, pour exciter ce sentiment de plaisir. L'état d'attente où l'on se trouve, en agissant d'après une promesse, est un état mixte et incertain, où dominent tour-à-tour l'espérance et la crainte. Il y a donc des cas où une gratification préalable est nécessaire.

Les gratifications préalables et les grands salaires ont certainement l'effet de produire l'allégresse : mais il en peut résulter des diversions très-peu favorables au travail : voilà le danger. Cette abondance suggère des désirs d'amusement, et en fournit les moyens. La marche des idées sera accélérée, soit : mais si ces idées ne sont pas celles qu'il importe d'exciter : si les idées lentes et constantes du travail sont remplacées par les idées rapides de spectacles et de plaisirs !

Il faut connoître le caractère de l'individu pour juger de l'effet qu'aura sur lui une gratification préalable, si son industrie en sera excitée ou ralentie, s'il s'en servira selon les vues du bienfaiteur ou pour se livrer à d'autres goûts, si la reconnoissance a plus de force sur lui que l'espoir. Mais en tout état de cause, il faut bien se garder d'épuiser en gratifications préalables, tout ce qu'on destinoit à la récompense.

Je finis par un avertissement nécessaire. Il ne faut pas abuser de ces distinctions analytiques pour grossir de tous ces *items* la récompense ou le salaire, ou appliquer à chacun d'eux une somme distincte. La même somme peut faire face à tout. Ce qui sert à l'équipement, au maintien de la subsistence, et des besoins de la condition, suffit dans les cas ordinaires pour garantir l'individu contre les tentations, pour l'indemniser de ses avances, et pour lui inspirer l'allégresse nécessaire à ses devoirs.

LIVRE II.

Des Salaires.

CHAPITRE PREMIER.

Le Salaire est-il Récompense?

L'ÉTAT ne se maintient que par une suite de services constans et réguliers. La condition politique de ceux qui sont tenus de les rendre, s'appelle *charge, place, office* ou *emploi*. Le mode de rétribution n'est pas toujours le même ; mais par plusieurs raisons, la rétribution pécuniaire est celle qui a prévalu. Si ce payement est une somme fixe, et qu'il soit périodique, le total s'appelle *salaire*.

Le salaire est-il *récompense* pour les services? S'il est récompense, il doit agir de la même manière et dans les mêmes proportions : or, comme les plus grandes récompenses produisent les plus grands efforts, les services les mieux payés doivent être les mieux exécutés.

Le raisonnement paroît exact, mais l'expérience n'y répond pas. Examinons les faits. Là, vous verrez des salaires très modérés, et des services très-bien remplis : là, des salaires considérables, et des services très-négligés. Là, d'échelon en échelon, à mesure que le salaire augmente, le service empire. Où est l'erreur ? Il ne sauroit y en avoir dans les faits ; c'est donc le raisonnement qui est faux.

Voici la solution de cette difficulté : le salaire n'est pas récompense. Il n'est pas même le mobile qui porte l'employé à remplir ses devoirs : car qu'il les remplisse bien ou mal, il reçoit toujours la même somme. Pour que le salaire fût récompense, il faudroit que l'accomplissement du service en fût la condition préalable. Des émolumens conditionnels seroient récompense, des émolumens fixes ne le sont pas.

Qu'un maître d'école s'avisât, pour exciter la diligence de ses écoliers, de leur donner périodiquement à tous, paresseux et laborieux sans distinction, un certain nombre de coups de fouet, que diroit-on de cette politique ? Il se conduiroit cependant envers ses écoliers comme le fondateur de l'école s'est conduit envers les maîtres, si dans la vue d'animer leur diligence, il s'est borné à leur assurer un salaire.

Puisqu'un salaire n'est pas une récompense par rapport aux devoirs de détail, comment faut-il le considérer ? La réponse est bientôt faite. S'il s'agit d'une charge dont l'acceptation fût libre, le salaire est précisément la récompense de cette acceptation. Car cette acceptation a des inconvéniens : l'employé aliène sa liberté, il s'expose aux peines attachées aux omissions, ou autres malversations dont il pourroit se rendre coupable dans son emploi : l'entreprise de la charge est un service qu'il n'auroit pas rendu sans la récompense.

Ce n'est point là une subtilité, une distinction purement verbale : c'est, au contraire, une notion fondamentale qui doit influer continuellement sur la pratique. Si le salaire attaché à une charge étoit une récompense par rapport aux services de détail, plus on augmenteroit le salaire, plus on auroit la chance d'augmenter les efforts de l'employé, et de porter le service à la plus grande perfection possible. Formons-nous l'idée d'un thermomètre moral. Si cinquante livres sterling font monter le zèle et l'assiduité d'un Curé de paroisse au degré cinq, cinq mille livres sterl. feroient monter ces mêmes vertus dans un Archevêque au degré cent. Mais observe-t-on que les proportions soient nécessairement dans ce rapport? Appliquez la même mesure à toutes les charges. Vous verrez souvent que la grandeur du salaire, fournissant une occasion toujours renaissante de distractions qui rivalisent avec les devoirs, peut tourner contre le service, s'il n'y a pas d'autres motifs pour contrebalancer ses mauvais effets.

Que le salaire oblige l'employé à remplir ses devoirs jusqu'à un certain point, c'est ce qu'on ne nie pas : puisqu'il peut le perdre par des omissions trop marquées, des négligences trop manifestes. Mais s'il n'a d'autre motif que le salaire, tout se bornera à sauver les apparences, autant qu'il le faut pour n'être pas en prise. Or, c'est là ce qu'on observe dans tous les offices où le Gouvernement, n'ayant compté que sur la force de ce moyen, n'a pris aucune autre mesure pour unir l'intérêt avec le devoir. La plupart des services, n'étant pas susceptibles d'être déterminés avec précision, dépendent beaucoup de la libre volonté des employés. Au milieu d'un mouvement qui ressemble au travail, on se livre à mille distractions inutiles que l'inspecteur le plus diligent ne sauroit noter. L'absence marque, mais l'oisiveté ne marque pas. La lenteur produite par l'ennui et le dégoût, n'a point de caractère qui la distingue de celle qui naît du défaut de capacité ou de la difficulté des travaux. Le service exige-t-il le concours de plusieurs individus ? l'absence d'un seul pallie ou nécessite la suspension de toutes les affaires. Un inspecteur en chef exerce une grande influence, mais il redoute le rôle d'un censeur pointilleux, il se lasse de remontrances inutiles ; et s'il n'a lui-même d'autre motif que le salaire, tout s'arrange aisément ; une intelligence secrète s'établit entre le chef et les subalternes, en sorte que plus les choses vont mal, moins le mal paroît. C'est là ce qui explique ce vice interne de tant d'établisssemens où règnent la langueur et l'impéritie, où l'on opère si peu avec de si grands moyens, où les employés, eux-mêmes, attachés à une routine servile et oiseuse, opposent les plus puissans obstacles à toutes les réformes. Tous ces abus deviennent, entre les intéressés, des secrets de franc-maçonnerie. Celui qui oseroit les révéler ou les combattre, seroit l'ennemi commun, et son dévouement l'exposeroit à une sorte d'excommunication.

Je ne nie pas l'influence des sentimens d'honneur et de probité, surtout dans les situations élevées qui placent un homme en vue. Mais ces motifs sont étrangers au salaire : dès qu'il est toujours le même pour des services bien ou mal rendus, il est clair que s'ils sont bien rendus, ce n'est pas au salaire qu'il faut l'attribuer.

CHAPITRE II.

Règles à observer sur les Salaires ou autres Emolumens d'Offices.

Avant d'entrer dans le détail des règles à observer pour le salaire, je dois dire en général que leur application dépend de la nature du service et des circonstances locales. C'est en observant la pente des abus dans tel ou tel office, qu'on découvre l'espèce de préservatif qui convient au mal particulier. Les règles ne sauroient former un système parfait, parce qu'il est impossible de faire un catalogue complet de toutes les erreurs, et d'anticiper tous les abus. Mais il faut au moins se précautionner contre ceux dont on a fait l'expérience ; il faut mettre un signal sur les écueils connus par des naufrages. Parmi les règles que nous allons donner, quelques-unes paroîtront superflues par leur évidence même ; mais si on peut montrer que dans la pratique, on est tombé dans différentes erreurs pour l'avoir oubliée, la règle, quoique trop simple pour prétendre au mérite d'une découverte, est nécessaire comme avertissement : elle n'enseigne rien de nouveau, mais elle rappelle un principe qu'il est bon d'avoir constamment et clairement sous les yeux.

Règle I. *Les Emolumens doivent être attachés à la Charge de la manière qui produit la Liaison la plus intime entre le Devoir des Employés et son Intérêt.*

1°. Voyons d'abord l'usage de cette règle pour assurer l'assiduité de la part des employés en général.

La plupart des charges ont une circonstance commune: c'est d'exiger, pour que les devoirs soient remplis, que l'employé se trouve en certain temps dans un certain lieu. Dans bien des cas, assurer la résidence et l'assiduité, c'est assurer, au moins en partie, l'exécution du service. Que le Clerc soit à son bureau, le Juge à son tribunal, le Professeur à son école, il est probable qu'ils n'y resteront pas oisifs. Or, la meilleure chance de les y rendre assidus, par le moyen du salaire, c'est de le faire recevoir chaque jour à l'heure marquée, sur le lieu même. Dès-lors les émolumens deviennent récompense; chaque contravention, sans forme de procès, est suivie d'une diminution de paye qui a toute l'efficacité de la peine sans en avoir la rigueur: l'intérêt de l'employé est d'accord avec son devoir; et la Loi s'exécute toute seule.

C'est ainsi qu'étoient payés les membres de l'Académie Françoise et de l'Académie des Sciences. Et quels sont les employés qui ne doivent l'être de la même manière ? Si l'orgueil a un scrupule légitime, c'est celui de recevoir le prix d'un travail qu'on n'auroit pas fait. Quant à l'objection qui pourroit naître du morcellement du salaire, il est aisé de la lever par des jetons donnés jour à jour, et réalisés à époques fixes.

Dans l'acte infructueux du Parlement pour l'établissement des maisons de pénitence, on avoit adopté cette manière d'assurer l'assiduité des Surintendans. Pour tout émolument, ils devoient recevoir chacun leur quote-part d'une somme de cinq guinées a partager, chaque jour de séance, entre ceux qui s'y seroient trouvés.

On a un exemple plus ancien de cette police dans la *Société incorporée* de Londres pour les *Assurances sur les vies.* Les Directeurs ne reçoivent leurs modiques appointemens que de cette manière. On l'a également adoptée pour les Commissaires des banqueroutes, et pour différentes associations.

Ces exemples, faute d'avoir été rapportés à un principe général, n'ont pas eu toute l'influence qu'ils devoient avoir. Que de fois n'a-t-on pas entassé réglemens sur réglemens sans aucun succès ! Combien de décrets inutiles en France pour assurer la résidence des Bénéficiers et des Evêques ?

En Angleterre, on n'a pas été plus heureux, c'est-à-dire, plus habile : on a fait des lois, on a établi des peines, une amende fixe, par conséquent trop forte ou trop foible. A défaut de partie publique pour la poursuite du délit, il a fallu s'en rapporter à un délateur de hasard qu'on tâche d'acheter avec le produit de l'amende. L'amour du gain n'est pas assez fort pour vaincre l'infamie de la délation. Ce motif reste impuissant, jusqu'à ce qu'il soit renforcé par quelque animosité personnelle.

Ces cas qui arrivent tout au plus une ou deux fois en dix ans, ne font point exemple; le délit ne diminue point; la peine inutile n'est qu'un mal de plus. D'ailleurs, quelle loi, quel moyen qui ne sert que d'instrument à la vengeance, qui ne rapproche que des ennemis! Toutes les fois qu'il seroit à désirer qu'un Bénéficier vécut avec ses paroissiens, c'est-à-dire, quand ils sont en bonne intelligence, la Loi est une lettre morte: elle n'est mise en vigueur que dans les cas où les deux parties sont irréconciliables, c'est-à-dire, dans les seuls cas où l'utilité de la loi est problématique, où il seroit à désirer qu'elle admit une exception. Le retour de l'Ecclésiastique dans sa paroisse est un triomphe pour ses ennemis, et une humiliation pour lui même.

Si les salaires des Professeurs dans les Universités angloises, avoient été entrelassés de cette manière avec le service, on peut bien être sûr que ces places auroient continué d'être en activité: au lieu que dans l'état actuel des choses, être Professeur dans une Université angloise, c'est avoir un titre, une pension, et aucune fonction obligatoire d'enseignement.

Le salaire payé jour à jour a un avantage de plus que d'assurer l'assiduité : il rend agréable un service qui, avec un salaire annuel, paroîtroit purement onéreux. C'est une manière de faire aimer les travaux que d'appliquer la récompense aux portions successives, au lieu de la donner en totalité. En Angleterre, les journaliers dans l'agriculture sont payés, comme les autres ouvriers, par semaine et argent comptant ; et ce travail se fait bien et avec plaisir. Il est des pays en Europe, où les laboureurs sont payés par des maisons et des pièces de terre qui leur ont été données une fois pour toutes. C'est une partie de régime féodal ; chacun sait que ce travail est fait avec la plus grande négligence, et avec toute la tristesse de la servitude.

Seconde Section.

Autres Applications de la Première Règle.

L'union entre le devoir et l'intérêt sera encore plus intime, si le salaire est payé de manière à se proportionner non-seulement à l'assiduité, mais encore à la bonté du service.

S'agit-il d'une maison de force, d'un hôpital de malades, d'une maison d'orphelins ? au lieu de donner aux Inspecteurs un salaire fixe, toujours le même, quel que soit la différence de leurs soins et le degré de leur attention, il sera bon de le faire dépendre en partie de la manière dont ils remplissent leurs devoirs, en jugeant de leurs efforts par leur succès. Calculez la proportion moyenne de ceux qui meurent, par an, dans l'établissement en question.—Cent, par exemple: donnez à l'Inspecteur une somme, pour chacun d'eux—dix livres sterling.—Mais à condition que pour chaque mort, il vous rendra une somme pareille. Il est clair qu'ayant un profit net sur toutes les vies qu'il conserve, vous n'avez presque pas besoin d'autre précaution contre les mauvais traitemens, la négligence et les abus de pouvoir qui peuvent tendre à abréger l'existence (1).

Dans le service naval, les lois d'Angleterre accordent tant pour chaque vaisseau pris ou détruit, tant pour chaque homme capturé. Pourquoi le même encouragement ne s'étendroit-il pas à l'autre branche du service militaire, avec les modifications que la nature de la chose demande?

---

(1) " Les Administrateurs de l'Hôtel-Dieu portoient en compte la valeur de cinquante livres pour chaque malade, ou mort, ou guéri. M. de Chamousset et sa compagnie offroient de gérer pour cinquante livres seulement par guérison. Les morts alloient, par-dessus le marché et étoient à sa charge. La proposition étoit si belle, qu'elle ne fut point acceptée. On craignit qu'il ne pût la remplir. Tout abus qu'on veut réformer est le patrimoine de ceux qui ont plus de crédit que les réformateurs."---Quest. Encycl. art. *Charité*.

S'agit-il de prolonger la défense d'une place assiégée ? faites monter graduellement la paye du Gouverneur, et surtout celle des soldats, à proportion du temps qu'ils la défendent.

Ce qu'on vient de proposer pour les prisonniers et les enfans trouvés, pourroit-il s'appliquer aux corps militaires en garnison ou en campagne ?

Le Général ou le Colonel ont un si grand intérêt à la conservation de ces machines vivantes, instrumens de leurs succès, ils doivent si bien sentir qu'un soldat, tant qu'il est malade, est moins bon que rien, que les recrues peuvent manquer, et qu'elles sont long-temps inférieures à des vétérans : ces motifs sont si palpables qu'il semble inutile de les appuyer par une récompense pécuniaire. Mais quand il s'agit d'un objet si essentiel, il ne faut rien négliger. Le Général employé comme *assureur* des vies de ses subordonnés, deviendroit l'émule d'Hippocrate pour la science, et de Howard pour la philantropie. Quelle attention pour ses campemens ! Quelle vigilance sur les fournisseurs ! quel soins pour les hôpitaux ! Comme il perfectionneroit cette discipline contre les vices d'une armée, non moins destructifs quelquefois que le fer de l'ennemi ! (1)

Pourquoi n'établiroit-on pas le même usage

---

(1) On se borne à un simple aperçu : les détails meneroient trop loin. Le Général peut être assureur pour ceux qui meurent de maladie, mais non pour ceux qui sont tués.

dans un vaisseau de guerre, où les négligences sont si dangereuses, et où les règles générales sont si faciles à observer? L'Amiral ou le Capitaine auroient un intérêt immédiat dans la conservation de chaque matelot. L'exemple admirable du Capitaine Cook, qui fit le tour du globe, et parcourut tant de climats opposés, tant de mers nouvelles, sans perdre un seul homme, ne seroit plus infructueux. On n'auroit pas à craindre que ses instructions sur la diète, le renouvellement de l'air, et la propreté fussent négligées. Il est vrai que la marine angloise est bien perfectionnée à cet égard; mais qui peut savoir jusqu'où l'on iroit, en joignant à tous les motifs actuels, le ressort constant d'un intérêt qui ne nuit à aucune vertu, et qui les supplée quand elles manquent?

Je vois bien des difficultés de détail dans l'application du principe. Seroient-elles insurmontables? c'est aux gens du métier à répondre.

Dans le traité que fit le Landgrave de Hesse-Cassel, relatif aux troupes qu'il mettoit aux gages de l'Angleterre pour servir en Amérique, il avoit stipulé que, pour chaque homme non-rendu à sa patrie, il lui seroit payé trente livres sterling. J'ignore si cette stipulation étoit d'usage. Qu'elle le fût ou non, rien de mieux imaginé, soit pour l'intérêt fiscal du Souverain prêteur, soit pour l'intérêt personnel des individus prêtés. Les déclamateurs qui trouvèrent cette clause horrible, comme si elle eût donné au Prince un intérêt parricide à la mort de ses sujets, se livroient sans examen à l'esprit de parti : car si quelque chose pouvoit contrebalancer les mauvais effets du contract, c'étoit cette condition pécuniaire. Elle donnoit à ces étrangers une espèce de sauvegarde contre la négligence ou l'indifférence des emprunteurs qui auroient pu les exposer plus volontiers que leurs propres sujets : le prix attaché à leur perte étoit comme une caution du soin qu'on prendroit de les conserver.

J'ai ouï dire qu'il y avoit des pays où les émolumens du colonel croissent à proportion du nombre des non-effectifs : c'est-à-dire, qu'il reçoit toujours la même paye, quoiqu'il ait moins d'hommes à payer. Si cela est, cet arrangement est précisément le contrepié de celui que je viens de recommander. Le nombre des non-effectifs grossissant par la mort, le colonel gagne en argent ce qu'il perd en hommes. Chaque denier qu'on lui laisse acquérir de cette manière est une récompense offerte, sinon pour le meurtre, au moins pour la négligence.

[*Note.*] Ces vues de M. Bentham sont susceptibles d'une grande diversité d'applications. Je me persuadai que j'en avois découvert une très-praticable, dans le temps où M. Whitbread avoit proposé son bil pour l'établissement des écoles, et je la développai dans une lettre à Sir Samuel Romilly: en voici l'extrait. On verra que tout y est fondé sur les principes exposés dans ce chapitre.

" M. Whitbread a bien senti la nécessité d'une surveillance sur les maîtres—et il propose de la confier aux Recteurs et aux Juges-de-paix. mais il n'est pas difficile de prévoir que cette surveillance onéreuse seroit très-peu efficace. On ne fera rien de bon, à moins qu'on ne parvienne à lier l'intérêt du maître avec son devoir, d'une manière permanente, et qui s'applique à tous les détails. L'unique moyen pour cela, c'est de faire dépendre la récompense de ses succès, de ne point donner de salaire fixe, de lui allouer une somme pour chaque enfant, mais seulement quand il saura lire, de le payer en un mot comme on paye un manufacturier, pour l'ouvrage fait.

" Avec un salaire fixe, le maître n'a plus qu'un intérêt très-foible aux progrès des élèves. S'il fait assez bien pour n'être pas renvoyé, c'est tout ce qu'il lui faut.

" S'il n'obtient la récompense qu'après le service, il a un intérêt constant à son prompt accomplissement. Il ne peut se relâcher dans ses efforts qu'à ses propres dépens. Il n'y a plus guère besoin d'inspection. Il cherchera de lui-même à exciter l'émulation, à perfectionner les méthodes. Il sera disposé à écouter les conseils, et à profiter de l'expérience des autres.

" Avec un salaire fixe, chaque nouvel écolier ajoute à la peine du maître, diminue ses efforts, ou le dispose à se plaindre. Avec la méthode que je propose, c'est lui qui excitera les parens négligens, c'est lui qui deviendra le ministre de la loi. Au lieu de se plaindre d'avoir trop d'élèves, il ne se plaindra que d'en avoir trop peu. En eût-il trois ou quatre cents, et même autant que M. Lancaster, il trouveroit le moyen, comme lui, de suffire à tout, il se serviroit des plus forts pour instruire les plus foibles, etc.

" Si un maître est négligent ou incapable, il sera forcé de quitter sa place. Substituez à cela des examens, des jugemens, des dépositions, et voyez où cela mène.

" Les moyens d'exécution sont faciles. Il suffit, à deux ou trois époques par année, que le Recteur et quelques Juges-de-paix ou autres notables, disposés à concourir à une œuvre si utile, se transportent pour quelques heures dans l'école. L'examen de chaque écolier ne demande pas une demi-minute. Le maître lui-même ne présentera que ceux qui peuvent soutenir l'épreuve : et à sa récompense en argent se joint le motif de l'honneur, par la publicité du succès.

" Ce qu'il convient d'allouer par tête est facile à déterminer. On n'a qu'à calculer le prix moyen qu'il en coûte aux parens dans les villages pour chaque enfant à l'école, et qu'à comparer avec le prix moyen de celle de M. Lancaster. On commenceroit par une somme plus forte qu'on réduiroit graduellement. Cette dépense, aujourd'hui si onéreuse pour les campagnes, seroit bientôt réduite au quart ou au cinquième.

" M. Whitbread a limité l'enseignement à la lecture ; il a eu ses raisons pour aller par degrés : mais l'expérience a prouvé que les deux enseignemens, lecture et écriture, s'aident l'un l'autre. Les enfans commençant à tracer les lettres sur le sable, et ensuite sur l'ardoise, se familiarisent avec les formes, et ne les oublient plus : qui ne sait pas écrire sait rarement lire avec facilité, au moins l'écriture de main ; et cette branche de l'art est pour les affaires usuelles aussi importante que l'autre, etc., etc."

CHAPITRE III.

Des Droits Casuels.

On s'est fréquemment servi d'un autre expédient pour payer les employés publics. Je veux parler des *honoraires, étrennes, épices, droits casuels* qu'on les autorise à percevoir pour leur propre compte, de la part de ceux qui requièrent leur service.

Cet arrangement renferme un avantage apparent et un danger réel. L'avantage apparent est que la récompense semble ainsi se proportionner exactement et directement à la quantité d'ouvrage qu'ils font. Le danger réel est dans la tentation qu'on leur donne de grossir leurs émolumens, en vexant ceux qui ont besoin de leur ministère. Les abus s'introduisent avec la plus grande facilité. Il est très-naturel, par exemple, qu'un particulier, servi avec une expédition extraordinaire, ajoute quelque gratification à l'honoraire fixe. Or, cette récompense, moyen d'expédition pour une première occasion, devient infailliblement une cause de retard pour toutes celles qui suivent. Les heures réglées du bureau seront employées à ne rien faire, ou à faire le moins possible, afin de pouvoir être payé extraordinairement pour ce qu'on fait dans les heures libres. On comprend que l'industrie de tous les employés consiste à multiplier les profits de leur place, en se prêtant mutuellement leur secours, et que les chefs connivent au désordre, soit pour avoir leur part du bénéfice, soit par complaisance pour leurs subalternes, soit par la crainte de les mécontenter.

Les inconvéniens sont plus grands encore là où il s'agit d'un genre de service couvert d'un voile mystérieux, que le public ne sauroit lever. Tel est celui de la loi. Les longueurs inutiles et accablantes dans les procédures résultent de causes très-compliquées : mais on ne peut douter qu'une des plus considérables ne soit l'intérêt privé des gens de loi, qui ont multiplié à leur gré les incidens et les questions, pour multiplier les occasions de recevoir des honoraires.

Les offices publics dans lesquels il n'y a point de *Casuel*, conservent plus aisément leur intégrité. Un droit légitime sert souvent de prétexte à une extorsion. La distinction entre le permis et le défendu n'est, dans bien des cas, qu'une nuance assez fine ; et combien de tentations de profiter de l'ignorance des gens étrangers aux affaires, ou des circonstances qui assurent l'impunité ! L'évidence du délit est un grand frein. Dans les cas où l'on admet des droits casuels, il faut au moins que leur tarif, affiché dans le bureau-même, serve de sauvegarde, aux employés contre les soupçons, au public contre les vexations.

Ce mode de payer les services suppose que c'est aux individus qui en ont besoin à soutenir les frais de l'établissement : ce qui n'est vrai que dans les cas où le bénéfice en est uniquement pour eux ; hors de-là, les droits casuels seroient une taxe inégale et très-injustement répartie. Nous aurons occasion d'en parler bientôt.

CHAPITRE IV.

Seconde Règle pour les Salaires.

II. *Les Salaires doivent être fixés au taux le plus économique possible, sans nuire au service.*

Le vrai prix de toute *marchandise*, c'est le plus bas auquel le vendeur peut la céder en continuant à la produire.—Le vrai prix d'un *service* est de même le plus bas auquel on puisse l'obtenir, de sorte qu'en le payant plus cher, il ne seroit pas mieux fait, ou que la différence en qualité n'équivaudroit pas au surplus de dépense. Dans ce prix juste et nécessaire, il faut faire entrer tout ce qui est requis pour mettre l'individu en état d'exécuter, et de continuer le service ; et pour l'indemniser du sacrifice qu'il fait, en renonçant aux chances avantageuses que d'autres services peuvent lui offrir.

Dans l'institution d'une charge, il est assez difficile d'estimer au juste ce que doit être le salaire : il faut agir au hasard comme pour une denrée qu'on porteroit au marché pour la première fois. On jugera, d'après le nombre et l'espèce des postulans, si le salaire offert est suffisant pour être accepté par des personnes propres au service.

D'après cette règle, le salaire des Juges Anglois qui paroît considérable, ne l'est point assez ; puisque, comme nous l'avons vu, il ne suffit pas pour attirer les sujets qu'on auroit le plus d'intérêt à voir revêtus de cet office.

La France, avant la Révolution, ne donnoit presque point de salaire à ses Juges : c'est qu'ils n'étoient pas tirés de la classe des avocats, et qu'ils n'avoient aucun sacrifice à faire en entrant dans leur emploi. D'ailleurs, en Angleterre où le nombre des Juges est fort petit, chacun d'eux est censé, dès le premier jour, capable de toutes ses fonctions : il ne doit pas arriver là pour faire son noviciat, mais pour y montrer d'abord tous les résultats d'une longue étude. En France, où la magistrature étoit fort nombreuse, et où chaque tribunal avoit ses Nestors, on pouvoit être plus facile sur l'admission ; un novice avoit peu de poids, il n'étoit pas chargé des affaires importantes, et il pouvoit garder aussi long-temps qu'il vouloit le silence pythagoricien.

C'est une bonne règle d'économie d'employer dans les offices publics de vrais travailleurs, qui ne soient point au-dessus de leur état, et qui, au contraire, s'en tiennent pour honorés. Il n'y a que de la perte et de la dépense à se servir d'hommes qui veulent être payés selon leur condition et leurs prétentions vaniteuses, plutôt que selon leur travail. Il ne faut pas employer des fleuristes Hollandois pour cultiver des pommes-de-terre.

Il est des offices publics où les occupations réglées ne durent que trois ou quatre heures de la journée. C'est en général une mauvaise économie. Que peuvent faire du temps qui leur reste des commis qui n'ont pas moins aliéné leur liberté pour une portion du jour que pour la journée entière ? Ce loisir est une véritable augmentation faite à leurs besoins : l'ennui, fléau de la vie, n'est pas moins le fléau de l'économie. Moins on est occupé, plus on se rapproche de la classe qui dépense et qui jouit. Aussi est-ce parmi ces demi-travailleurs qu'on trouveroit le plus d'hommes mécontens de leurs salaires.

Disons un mot du Clergé par rapport à cet objet. La totalité de son revenu en Angleterre n'est peut-être pas excessive ; elle ne seroit peut-être pas même suffisante pour une bonne répartition. Mais l'inégalité est extrême. C'est un mal reconnu de tout le monde ; et malheureusement plus facile à voir qu'à corriger.

Cette excessive inégalité a un effet très-désavantageux par rapport au grand nombre des Ecclésiastiques. La comparaison qu'ils font de leur état avec celui des grands bénéficiers, diminue encore à leurs yeux la valeur de ce qu'ils reçoivent. Une récompense aussi inégale pour des services égaux, dégrade ceux qui n'ont que leur portion congrue. Le tout présente une apparence de loterie, de faveur et d'injustice, qui s'accorde mal avec le caractère moral de cette vocation.

Dans les salaires des autres emplois, le superflu n'est ordinairement qu'inutile : dans l'Eglise, il est pernicieux. Il a une tendance naturelle, trop forte pour être souvent surmontée, à inspirer le dégoût des devoirs pénibles de ce Ministère (1).

---

(1) L'auteur a donné beaucoup d'étendue à ces considérations, et a développé d'autres inconvéniens résultant de ce système. Cette dissertation n'étoit pas achevée.-- Je me borne aux principes les plus généraux.

CHAPITRE V.

Troisième Règle pour les Salaires.

III. *La valeur nominale des Salaires doit être comme leur valeur réelle.*

En d'autres termes, on ne doit rien prendre sur la valeur réelle d'un salaire, sans réduire d'autant sa valeur nominale.

Ce qui a fait songer à cette règle, c'est l'usage qui s'est introduit en Angleterre, d'attaquer les salaires (et les pensions) par des réductions qui laissent aux appointemens toute leur grandeur nominale, tandis qu'on diminue leur valeur réelle. On a enveloppé les employés publics (au moins la plupart) dans la taille foncière, ce qui leur enlève quatre sous par livre (quatre schelings par livre sterling) : on a ajouté ensuite un autre demi-sou par livre : enfin, il y a d'autres déductions casuelles moins apparentes que celles-là. Plusieurs ne reçoivent pas plus des deux tiers du montant nominal. Tout le Corps diplomatique est dans ce cas, de même que tous les pensionnaires de l'Etat.

Il n'en résulte aucun bien : mais les inconvéniens sont réels. C'en est un, d'abord, que de répandre une idée exagérée des sacrifices du public, et de ce qu'il en coûte pour salarier les fonctionnaires du Gouvernement. C'en est un plus grand, par rapport à ceux-ci, d'avoir un revenu apparent fort au-dessus de leur revenu réel. Une notion erronée sur leurs facultés leur impose, par une certaine tournure de l'opinion publique, une sorte de bienséance de luxe. Sous peine du déshonneur attaché à l'avarice, ils sont forcés d'être prodigues. Il est vrai que le public sait en gros que les salaires ou les pensions sont soumis à des retenues, mais on n'en connoît qu'une partie ; et d'ailleurs, en pareil cas, on ne s'amuse guère à calculer.

Ainsi, cette différence entre le salaire apparent et le salaire réel, est comme une augmentation de besoins pour les employés. Avec deux cents livres sterling, par exemple, qui ne s'appeleroient que deux cents, ils seroient plus à leur aise. Les cent livres sterling nominales qui les accompagnent, ne sont qu'une décoration coûteuse. Or, un besoin sans moyen d'y subvenir, est un motif de corruption pour ceux qui peuvent faire des profits indirects : et c'est pour tous une cause de détresse.

Le remède est aussi simple qu'efficace : le changement ne seroit que dans les mots.

CHAPITRE VI.

Règle quatrième sur les Salaires.

IV. *Les frais des Salaires doivent être supportés par ceux qui retirent le fruit des services attachés à l'Office.*

L'auteur de *la Richesse des Nations*, en examinant (Liv. v.) la répartition des frais des services. a montré dans quels cas ils doivent être assis sur le public, et dans quels cas ils doivent porter exclusivement sur ceux qui en retirent le bénéfice. Il a montré aussi qu'il y avoit des cas mixtes où les services devoient être défrayés en partie par l'Etat, et en partie par les individus qui en retirent l'avantage le plus immédiat. Telle est *l'instruction* publique.

La règle que nous avons posée n'a pas besoin de preuve. Elle peut être violée de trois manières : 1°. Le payement d'un service rendu à un individu peut être rejeté sur un autre individu : (je ne me rappelle aucun exemple qui se rapporte à ce cas). 2°. Le payement d'un service rendu à un certain nombre d'individus peut être rejeté sur le public : (par exemple, des acteurs entretenus aux frais de l'Etat). 3°. Le payement d'un service rendu au public peut être rejeté sur un individu.

Quant à ce troisième cas, les exemples n'en sont que trop abondans.

1°. Nous en trouverons d'abord dans l'administration de la Justice. Au premier coup-d'œil on croiroit que celui qui retire le principal ou même l'unique avantage d'un jugement, c'est le particulier en faveur duquel ce jugement a été rendu, et qu'en conséquence, il est équitable de lui faire payer une contribution séparée pour les Officiers de la Justice. Ce tribunal vous à conservé votre propriété attaquée: payez pour son entretien, comme vous payez le médecin qui vous soigne dans vos maladies.—Voilà le premier aperçu; et c'est sous ce point de vue que Smith lui-même a envisagé cet objet (Liv. v. S. 2.) Mais qu'on examine de plus près, et l'on découvrira dans ce raisonnement une méprise capitale. C'est ce particulier précisément, sorti vainqueur d'un procès, qui est moins avantagé qu'aucun autre: car mettant à part les frais de Justice, combien ne reste-t-il pas d'autres dépenses, de perte de temps, de fatigues, d'inquiétudes, d'ennuis que la nature de la chose rend inévitables! C'est donc lui qui, au prix de tous ces embarras, achète la protection que les autres ont pour rien.

Que sur un million de personnes, il y ait, par exemple, mille procès par an. Sans ces procès, sans les jugemens qui les décident, l'injustice marcheroit la tête levée; elle n'auroit d'autre frein que la force défensive des individus. Il y auroit peut-être un million d'iniquités commises dans le même espace de temps. Or, comme avec ces mille jugemens, on prévient un million d'injustices, c'est la même chose que si chaque plaignant à lui seul en prévenoit mille. Pour un service si important, qui l'expose lui-même à tant de hasards, de soins et de dépenses, faut-il encore lui imposer un tribut? C'est comme si on choisissoit les milices qui défendent la frontière, au moment d'une invasion, pour leur faire supporter les frais de la campagne.

"Quel est le militaire?" demande Saint Paul, "qui sert l'Etat à ses dépens?" Ce militaire, c'est le pauvre plaideur qui fait la guerre à l'injustice, qui la poursuit à ses risques devant un tribunal, et que nous faisons payer, pour le service qu'il nous rend.

Dans les cas où ces frais sont rejetés sur le défendant traîné en Justice sans cause légitime, c'est encore pis. Loin d'avoir rien fait en sa faveur, on l'a soumis à une grande vexation; et pour le mal qu'on lui a fait, on le met à l'amende.

Si on vouloit rejetter ces frais en entier sur la partie qui se trouve en tort (quoique bien souvent, vu l'obscurité du fait ou des lois, il n'y ait de tort d'aucun côté), c'est une opération qui ne pourroit avoir lieu qu'à la fin du procès. Mais alors un pareil jugement seroit une peine. Or, c'est un hasard si cette peine est méritée; un autre hasard, si l'individu est en état de la supporter ; un autre hasard, si elle ne seroit pas trop grande ou trop petite (1).

2°. On peut citer comme une autre violation de cette règle ce qui se passe dans plusieurs douanes, et ce qui étoit porté jusqu'au plus grand abus dans celles d'Angleterre, avant la réforme introduite par M. Pitt. Plusieurs des employés n'ayant qu'un salaire insuffisant pour leur entretien, y suppléoient par les droits casuels, perçus à leur profit, outre ceux qui l'étoient pour le compte du public. Cet usage avoit une apparence de raison. " Nous faisons passer vos marchandises à la douane, disoient-ils, c'est un service que vous devez payer." Mais cette raison étoit illusoire. " Sans la douane," pouvoient répliquer les négocians, " ces marchandises auroient passé en droiture. Ce n'est pas pour notre profit qu'on établit ce dépôt coûteux ; c'est pour les besoins de l'Etat. Quant à vos prétendus services nous serions trop heureux d'en être dispensés."—Mais, dira-t-on, puisque l'entretien des Douaniers est une dépense nécessaire, pourquoi ne tomberoit-

(1) Il y auroit bien d'autres considérations à faire sur les taxes relatives aux actes judiciaires : mais elles n'appartiennent pas à ce sujet. Sous le chef de la procédure, on feroit voir combien ces taxes nuisent aux fins de la Justice : sous le chef de la finance, combien c'est une mauvaise ressource financière. Je renvoye les lecteurs à un écrit publié par M. Bentham en 1793, " *A Protest against Law Taxes.*"

elle pas sur les négocians et les voyageurs, aussi bien que sur toute la société en général ? Pourquoi ? parce que c'est un impôt très-inégal. Un impôt sur les marchandises est proportionnel à leur valeur. Cet impôt abusif ne l'étoit point du tout. Il ne pesoit pas sur un grand négociant qui s'en dédommageoit dans le prix de la vente. Pour les voyageurs et les particuliers qui ne pouvoient se dédommager sur personne, cette seconde contribution qu'il falloit payer à un commis, après avoir payé le fisc, leur paroissoit avec raison une vexation d'autant plus odieuse qu'elle étoit souvent fort arbitraire.

3°. Enfin pour dernier exemple de la violation de cette règle, nous prendrons le salaire des Ecclésiastiques en tant qu'il consiste en dîmes. Leurs services sont utiles partout, ou ils ne le sont nulle part. S'ils contribuent au maintien de la morale du peuple, et de l'obéissance aux lois, ils font du bien même à ceux qui ne font aucun usage personnel de leur ministère. Ainsi tout le monde doit contribuer à l'entretien de cette milice religieuse : et le fardeau des émolumens ne doit pas être réparti de manière qu'il paroisse tomber inégalement sur les différentes classes de la société. Dans le système des dîmes, chaque propriétaire foncier voit trop à découvert ce qu'il paye, et à qui il le paye. Au lieu de s'envisager sous des rapports de bienveillance, le curé et les Paroissiens se considèrent mutuellement comme des créanciers et des débiteurs. Cette institution qui ne peut point avoir d'objet plus désirable que le maintien de l'harmonie, n'est que trop souvent un principe d'inimitiés, qui anéantissent l'influence du Pasteur sur son troupeau. Comment n'a-t-on pas senti l'inconvénient d'exposer un ministère de paix, de charité, d'exhortations paternelles à cette lutte odieuse d'intérêts pécuniaires ? Outre le grand avantage de prévenir ces dissentions scandaleuses, il y en auroit un autre à tirer les émolumens de l'eglise de la source générale du trésor public. On pourroit plus aisément proportionner les revenus aux différens degrés de travail, au lieu de les laisser flotter, comme à présent, au gré du hasard, entre trente livres sterling et quinze mille (1).

---

(1) La dîme considérée comme impôt a d'autres inconvéniens qui appartiennent à l'économie politique, et qui sont parfaitement développés dans la *Richesse des Nations.*

Mais l'abolition de la dîme lorsqu'elle est établie, entraîneroit les plus grandes difficultés. M. Howlett a présenté sur ce point des observations qui méritent bien d'être pesées.

CHAPITRE VII.

Cinquième Règle pour les Salaires.

V. *Dans les Emplois qui exposent le fonctionnaire public à des tentations particulières, il faut que le salaire soit suffisant pour le garantir contre la corruption.*

Abstraction faite du bonheur de l'individu, l'intérêt du service exige qu'on le mette au dessus du besoin, dans tous les emplois qui lui donnent des moyens d'acquérir, par des voies préjudiciables au public. Si on néglige cette précaution essentielle, peut-on s'étonner que des hommes, pressés par des besoins toujours renaissans, abusent des pouvoirs de leurs places ? S'ils se rendent coupables de concussion et de péculat, il faut moins le leur reprocher qu'au Gouvernement, qui a tendu à leur probité un piége presque inévitable. Placés entre la nécessité de vivre, et l'impossibilité de subsister honnêtement, ils doivent regarder l'extorsion comme un supplément légitime, tacitement autorisé par les chefs de l'Etat. Les exemples de cette économie mal entendue, et des inconvéniens qui en résultent, sont plus fréquens en Russie que dans aucun autre Gouvernement.

« M. de Launay (Fermier général de Fré-
« déric II), représenta au Roi que ses commis-vi-
« siteurs avoient des appointemens trop foibles

" pour vivre, et qu'il étoit de sa justice d'augmenter leur salaire : il ajouta qu'il osoit répondre à Sa Majesté que chacun alors rempliroit mieux ses devoirs, et que la recette dans tous ses bureaux en seroit beaucoup plus forte à la fin de l'année.—Vous ne connoissez pas mes sujets, lui dit Frédéric ; ils sont tous frippons, quand il s'agit de mes intérêts : je les ai bien étudiés, et je vous réponds qu'ils me voleroient sur l'autel. En les payant plus cher, vous affoiblirez mes revenus, et ils ne m'en voleront pas moins."—" Sire, répliqua M. de Launay, comment pourroient-ils ne pas vous voler ? vous ne leur donnez pas de quoi payer leur chaussure ! Une paire de bottes leur coûte les appointemens d'un mois : cependant la plupart sont mariés ; et d'où peuvent-ils tirer de quoi se nourrir, eux, leurs femmes et leurs enfans, si ce n'est de leur connivence avec les fraudeurs ? Il y a, Sire, une maxime bien essentielle que l'on perd trop facilement de vue, surtout en matière d'administration : c'est qu'en général les hommes ne demandent pas mieux que d'être honnêtes, mais qu'il faut toujours leur en laisser la possibilité. Que Votre Majesté consente à faire l'essai que je lui propose, et je lui garantis une recette plus forte de plus d'un quart." La maxime de morale avancée par M. de Launay, parut au Roi ce qu'elle étoit, juste et belle en elle-même, et d'autant

« plus admirable dans la bouche d'un financier, « que les gens de cette robe ne sont pas réputés « en connoître beaucoup de semblables. Il au- « torisa l'essai, les gages des employés furent aug- « mentés de moitié, et les revenus de Sa Majesté « de plus d'un tiers, sans nouvel impôt.» (1)

Le salaire proportionnel au besoin est donc une espèce d'*antiseptique* moral, ou de préservatif. Il assure la probité de l'individu contre l'influence des motifs séducteurs : et la crainte de le perdre est plus qu'équivalente aux tentations ordinaires des profits illégitimes.

Mais dans le calcul des besoins, il ne faut pas se borner au nécessaire absolu. Il ne faut pas se régler sur les Fabricius et les Cincinnatus. Considérez l'état actuel de la société. Prenez vos mesures sur la probité commune. Un fonctionnaire public possède-t-il un certain rang ? on exige de lui, n'importe par quelle raison, une dépense à peu près pareille à celle des personnes d'un rang égal. S'il est réduit à contrevenir à cette loi de l'opinion, il déroge, il s'expose au mépris : peine d'autant plus affligeante que le rang est plus élevé. Ainsi les besoins croissent avec la dignité. Dépourvue des ressources légitimes pour se soutenir, la dignité fournit un motif de malversation, et la puissance en fournit les moyens. Ou-

(1) *Thiébault. Mes Souvenirs de Berlin.* Tome IV. p. 126.

vrez l'histoire, et vous verrez les crimes qui en ont été le résultat.

Si on cherche une raison justificative du salaire extraordinaire que l'usage accorde aux Magistrats suprêmes, qu'on appelle *Rois*, on la trouvera dans ce que nous venons de dire. Les Américains, en nommant le chef de leur Etat, *Président*, ont pu lui donner des appointemens bien foibles, en comparaison de ce que la nation Angloise paye au sien. Pourquoi ? Parce que la dignité présidentale se mesure par comparaison avec les autres offices de la République : au lieu qu'en Europe, la dignité d'un Roi se mesure par une espèce de comparaison avec les autres Rois. S'il ne pouvoit soutenir une certaine pompe, au milieu de l'opulence de ses courtisans, il se croiroit avili. Charles II, trop gêné par l'économie du Parlement, se vendit à un Monarque étranger qui offrit de fournir à ses profusions. L'espoir de sortir des embarras où il s'étoit plongé, le jeta, comme un particulier perdu de dettes, dans des ressources criminelles. Cette misérable parcimonie valut aux Anglois deux guerres et une paix plus funeste, peut-être, que ces guerres. On opprima un allié nécessaire, au lieu de contenir l'ambition d'un rival qu'il fallut combattre ensuite avec moins d'avantage. Ainsi, l'établissement de la *Liste civile*, quoique la somme puisse paroître excessive, est une mesure de sûreté générale.

Il est vrai qu'on ne peut pas trop savoir ce

qu'il auroit fallu donner à un Charles Second pour l'empêcher de se vendre. Il faudroit plus ou moins de cet anti-septique, selon qu'un fonctionnaire public seroit plus ou moins accessible à la corruption. Tout ce qu'on peut faire à cet égard, c'est de calculer d'après les individus dont on a fait l'expérience.

CHAPITRE VIII.

Sixième Règle pour les Salaires.

Assurer des pensions de retraite, surtout pour les emplois qui ne sont payés qu'au courant des besoins absolus (1).

Les pensions de retraite sont de la part du Législateur des actes d'humanité, de justice, et même de bonne économie. C'est de plus un moyen d'assurer la bonté du service, et la responsabilité des employés.

1°. Il y a bien des cas où il n'est point à désirer qu'un fonctionnaire public prolonge ses services au delà du terme où son activité et sa capacité diminuent. Mais si les infirmités de l'âge augmentent ses besoins, ce n'est pas le moment où il peut retrancher de ses facultés pécuniaires, et il sera porté, par cette considération, à se traîner avec douleur, et peut-être même avec disgrâce, dans une carrière que, dans sa maturité, il avoit remplie avec plaisir et avec honneur. Attendre qu'il la quittât de lui-même, c'est compter sur une espèce de suicide ; la lui ôter sans équivalent,

---

(1) Je dois avertir que n'ayant trouvé dans les MS. qu'un seul mot en *memorandum*----*Pensions of retreat*, je me borne à la plus simple exposition d'un sujet qui meneroit trop loin pour les détails.

c'est, selon l'état de ses facultés, une espèce d'homicide. La pension de retraite concilie tout : elle acquitte envers un serviteur public la dette de l'humanité.

2°. Au moyen de ces pensions, la classe la plus nombreuse des salaires peut rester à un taux plus modéré, sans aucun inconvénient pour la bonté du service. C'est un supplément que l'individu fait entrer dans son calcul : et cependant, le Gouvernement obtient de tous, à un prix plus bas, des services dont le dédommagement ultérieur, par les casualités de la vie humaine, n'échoit qu'à un certain nombre. C'est une loterie où tout l'avantage est pour lui.

3°. Dans tous les emplois amovibles à volonté, la pension de retraite, à raison de la proximité de l'époque où elle sera due, ajoute une valeur croissante à celle du salaire, et augmente la responsabilité de l'employé. S'il avoit la tentation de malverser, il faut que le prix de cette malversation compense avec sûreté, non-seulement la perte du salaire annuel, mais encore la perte de la pension viagère : elle assure ainsi sa fidélité jusqu'au dernier moment de son service.

4°. Il ne faut pas oublier le bonheur des employés, résultant de la sécurité qu'on leur donne contre l'époque de la vie la plus menacée de foiblesse et d'abandon. Delà une disposition habituelle à remplir leurs devoirs avec plus de plaisir, à se considérer comme dans un état fixe, où ils doivent appliquer toutes leurs facultés à un seul objet, sans en être détourné par ces inquiétudes vagues de l'avenir, et par ce désir d'améliorer son sort, qui porte les individus à essayer successivement de divers états. Autre gain pour le Gouvernement qui, au lieu d'être mal servi par des novices, possède un corps d'employés plus expert et plus digne de confiance.

Il faut des règles fixes pour ces pensions : autrement, elles deviendroient une source d'abus ; on donneroit fréquemment l'emploi pour la retraite, au lieu de donner la retraite pour l'emploi. Il faut aussi qu'elles varient selon la durée du service, en laissant toujours un motif en faveur du travail, sans quoi l'on perdroit par la vétérance les hommes qu'on a le plus d'intérêt à garder.

CHAPITRE IX.

De la Vénalité des Charges.

1°. Si c'est un bien que les employés se contentent d'un modique salaire, c'est un plus grand bien qu'ils servent gratuitement, et un plus grand bien encore s'ils consentent à payer pour obtenir l'emploi, au lieu d'être payés eux-mêmes. Voilà un raisonnement très-simple, mais très-concluant en faveur de la vénalité des charges, considérée abstraitement. Reste ensuite à examiner les argumens contraires.

2°. La vénalité fournit une plus grande responsabilité qu'un salaire de même valeur. Perte de salaire est simplement cessation de profit ; perte d'une charge achetée est perte positive d'un capital qu'on a possédé. Ces deux pertes font sur l'esprit une impression différente. Cesser de gagner est un mal beaucoup moins senti que celui de perdre. Le gain, qui vient du dehors, a toujours quelque chose de précaire, sur quoi l'on ne compte pas avec une entière certitude. Une charge acquise à mes dépens est un bien sur lequel je compte, absolument ; elle est l'équivalent d'une partie de mes biens originaires sur lesquels j'ai toujours compté.

3°. La vénalité est une présomption d'aptitude à l'emploi. Y-a-til des émolumens? Ils sont peut-être le seul motif qui le fasse désirer. N'y en a-t-il point? on n'est déterminé que par le goût pour les fonctions, ou par l'honneur et le pouvoir attachés à l'emploi. Il est vrai qu'on peut désirer une charge sans émolumens apparens, pour en tirer quelque profit caché, préjudiciable au public: mais c'est-là un cas particulier dont l'existence a besoin d'être constatée par des preuves.

Au reste, il faut avoir égard à plusieurs circonstances pour juger si la vénalité de tel emploi s'accorde avec la bonne économie. S'agit-il d'une de ces charges purement honorifiques, de ces places de parade sans profits comme sans fonctions, où est le mal de les vendre? La vanité paye un tribut au public. C'est un marché pareil à celui des sorcières de Laponie qui vendoient des ballons pleins de vent.

Mais quand il s'agit d'une charge lucrative dont les droits levés sur le public ou sur les individus sont *casuels* et *incertains*, on peut d'après cette incertitude, présumer que le marché sera désavantageux au public. L'acheteur calcule ses avantages, et le prix qu'il est disposé à donner doit être au dessous des profits moyens de la charge.

Dans les temps où la science fiscale étoit au berceau, où tout étoit mystère dans les impôts et dans l'administration, combien de fois les Gouvernemens n'ont-ils pas aliéné à vil prix des branches considérables de revenu? L'appât d'un gain actuel les entraînoit à des concessions dont ils ne soupçonnoient pas l'étendue. L'histoire des finances françoises en particulier est remplie de traits pareils. Une douane d'Orléans, achetée autrefois par un Duc d'Orléans pour soixante mille francs, rapportoit à sa postérité plus d'un million de revenu.

La vénalité des charges dans ce royaume avoit créé un système infiniment complexe, et par conséquent infiniment vicieux. La vénalité de celles qui conféroient la noblesse héréditaire étoit surtout abusive, en ce que la noblesse jouissoit de plusieurs exemptions. Les nobles ne payoient pas la taille. Ainsi toute création de noblesse étoit un impôt égal à la valeur de cette exemption, rejetée sur les contribuables.

Si la charge est vendue non au profit du public, mais au profit d'un chef de département, on peut considérer le prix de ces ventes comme une partie de son salaire—et il reste à examiner si ce salaire ainsi accru est trop fort. S'il ne l'est pas, le public gagne à l'opération, puisqu'en supprimant la vente, on seroit obligé d'augmenter le salaire.

Section II.

Considérations sur la Vénalité dans les Départe-partemens respectifs.

L'opinion publique n'est point favorable au systême de vénalité. On le condamne surtout dans les trois grands départemens de la Justice, de la Guerre, et de l'Eglise. Il est possible qu'on ait été prévenu contre ce systême par le mauvais emploi que quelques Gouvernemens en ont fait ; mais sans recourir à cette explication, le mot *vénalité*, mot consacré à une imputation obscure et odieuse, rend compte de l'antipathie générale.

Celui qui a acheté le droit de juger, vendra la justice. Voilà un argument bannal. Ce prétendu argument n'est qu'une épigramme (1). De ce qu'un homme achetoit un siége dans un Parlement de France, il ne s'ensuivoit en aucune façon qu'il fût prêt à se vendre, ni qu'il pût le faire impunément. La plupart de ces Parlemens avoient une parfaite réputation d'intégrité. On pourroit citer au contraire tel pays où, sans avoir acheté leur place, les Juges vendent la justice. La pureté ou la corruption des tribunaux dépend

(1) Vendere jure potest, emerat ille prius.

de circonstances tout à fait étrangères à celle-là. Que les lois soient claires, que les transactions des Juges soient publiques, que la peine d'une injustice en surpasse évidemment le profit ; et les Juges seront intègres, quoiqu'ils aient acheté leur office.

En Angleterre, il y a des places de Greffier que les Chefs-Juges vendent, quelquefois ouvertement, quelquefois avec mystère. Les Greffiers gagnent sur les plaideurs tout ce qu'ils peuvent gagner. Mais gagneroient-ils moins s'ils n'avoient rien payé ?

2°. Dans l'armée, les Anglois ont adopté le systême de la vénalité. Les commissions militaires se vendent depuis l'Enseigne jusqu'au Lieutenant-Colonel exclusivement, sauf aux acheteurs de revendre. Ici le bon mot qu'on fait tomber sur les Juges, ne s'applique pas. La plainte commune, est que le patrimoine du mérite est envahi par la richesse. Mais il faut considérer que, dans cette carrière respectable, le mérite, c'est à-dire, ce mérite supérieur qui appelle les préférences, n'a pas occasion de se déployer tous les jours. Les grands talens, les services distingués ne se manifestent que dans des cas extraordinaires : et qu'un officier eût fait des actions d'éclat, les moyens de l'avancer sont toujours faciles. D'ailleurs, si la richesse envahit d'un côté le patrimoine du mérite ; de l'autre, elle resserre le champ de la faveur, divinité plus diffamée que la richesse. Ce qui doit surtout recommander cette vénalité aux politiques soupçonneux, c'est qu'elle diminue l'influence du Gouvernement. Tout le terrein qu'elle possède est autant de conquis sur le pouvoir ministériel. C'est une corruption, si l'on veut : mais qui sert de contre-poison à une autre corruption que l'on craint davantage..

3°. Mais c'est la vente des emplois ecclésiastiques qui a excité les plus fortes réclamations. On en a fait un péché particulier, et delà une espèce de délit auquel on a donné le nom de *Simonie*. *Simon* étoit un Samaritain, magicien de son métier, qui perdit toutes ses pratiques, dès que le Diacre Philippe, député par les fidelles de Jérusalem, fut arrivé à Samarie. Ce charlatan, regardant les Apôtres, comme des rivaux plus heureux ou plus habiles, crut pouvoir acheter de Pierre et de Jean, comme un secret de l'art, le don de conférer le Saint-Esprit. Il proposa son marché : mais sur la forte réprimande qui lui fut faite, ce magicien aussi souple qu'intriguant, demanda pardon ; et c'est-là que finit son histoire. Il n'est pas dit qu'il fut puni (1).

L'Eglise Catholique fondée sur ce récit, à converti en péché la Simonie, c'est-à-dire, l'acte

(1) *Actes des Apôtres*, ch. viii.

d'un homme qui achète ou qui vend un bénéfice à prix d'argent ; et ce péché, les lois l'ont converti en délit. L'Eglise Catholique, étant infaillible en pays Catholique, a pu dire que cet acte étoit un péché. Je n'examine en ceci que le délit légal, et je vois d'abord qu'il n'a rien de commun avec l'action de Simon Mage. Recevoir un bénéfice ecclésiastique, ce n'est point recevoir le Saint-Esprit. Si l'objet de la loi est d'assurer l'exclusion des sujets indignes, il y auroit des moyens directs aussi naturels qu'efficaces, tels que des examens publics pour vérifier la doctrine et le savoir du Candidat, ou la liberté donnée publiquement d'objecter contre ses mœurs. La capacité intellectuelle et morale étant constatée ; pourquoi ne lui seroit-il pas permis d'acheter son emploi ou de le remplir gratuitement ? Un malhonnête homme peut acquérir un bénéfice de cette manière, mais c'est par l'oubli de quelque précaution qu'on auroit dû prendre : le marché en lui-même ne prouve rien contre celui qui le fait.

Quant aux lois prétendues anti-simoniaques, à quoi servent-elles ? Un prêtre ne peut pas acheter un bénéfice pour lui-même, mais son ami, prêtre ou laïque, peut l'acheter pour lui. Ces lois ne semblent faites que pour aiguiser la fraude. Blackstone gémit de leur inexécution ; il auroit dû gémir de ce qu'on placoit si souvent les Ecclésiastiques dans un défilé dangereux entre le mensonge et l'intérêt (1).

---

(1) Je ne crois pas qu'on puisse coutester les avantages que l'auteur attribue à la vénalité—mais comme il n'est entré dans aucun détail, comme il n'a point indiqué les exceptions nécessaires pour laisser au mérite et aux services l'espoir d'un avancement gratuit, enfin comme il n'a pas répondu à différentes objections que l'on peut élever contre ce système, il ne produit pas, ce me semble, une conviction complette. Mais il est actuellement occupé d'un ouvrage où ce sujet sera traité avec plus d'étendne.

CHAPITRE X.

Des Qualifications.

Nous avons vu que le salaire pouvoit servir à assurer la responsabilité de l'employé, et le garantir de la corruption. Mais si le fonctionnaire public possède par lui-même une mesure suffisante de cette matière de la richesse que nous considérons comme un anti-septique, il n'est plus nécessaire que l'Etat se constitue en frais pour la lui donner. S'il y a des emplois qui, par l'attrait du pouvoir et de la dignité, attirent un nombre de candidats gratuits, tel qu'on ait à choisir, l'Etat peut et doit souvent y attacher une condition pécuniaire, c'est-à-dire, déclarer inéligibles tous ceux qui ne posséderoient pas un certain revenu. C'est ce qu'en Angleterre, on appelle une *qualification*.

Une qualification, par sa tendance même à donner du relief à l'emploi, attire peut-être un plus grand nombre de candidats qu'elle n'en repousse.

Les charges les plus importantes auxquelles on a attaché des qualifications pécuniaires sont celles de *Membres du Parlement* et de *Juges-de-Paix*. Il faut, pour être *Juge-de-Paix*, posséder au moins cent livres sterling de rente en fonds de terre. Il n'y a rien à objecter contre cette loi. Cette magistrature n'exige qu'une certaine éducation et une capacité commune. On peut limiter le nombre des aspirans, sans craindre de manquer de sujets capables : et cependant les pouvoirs qu'elle donne sont tels qu'on ne doit les confier qu'à des individus d'une responsabilité connue.

Pour être éligible au Parlement, la Loi exige une qualification du même genre, un revenu foncier de trois cents livres sterling pour un député de bourg, de six cents pour celui d'un comté. Ce cas est différent de l'autre. Pour faire exécuter des lois établies, il ne faut que des talens que beaucoup d'hommes possèdent. Pour proposer des lois nouvelles, pour être le guide ou le censeur de l'administration, il faut des talens et des connoissances rares ; et il est dangereux d'établir un principe d'exclusion qui peut écarter précisément tel ou tel individu de la capacité la plus éminente. Qu'il n'y ait point de rapport entre les dons de la fortune et le génie, chacun le sait ; mais ce n'est pas tout : pour se livrer à l'étude, il faut des motifs, et pour se livrer à l'étude de la politique et de la législation, il faut des motifs d'autant plus forts que cette étude est plus difficile. Il faut des passions ardentes et persévérantes qu'on ne trouve que rarement dans le sein de la molesse et de l'opulence. Il faut un enthousiasme généreux, nourri par une tendre compassion sur les maux de l'humanité, sentiment qu'on n'éprouve point dans la dissipation du monde, et dans le tourbillon de ses plaisirs. Cet homme qui, dès le berceau, a été flatté, prévenu, amusé, qui n'a pas eu le loisir de désirer, ni le besoin de penser, se livrera-t-il dans une retraite austère à des recherches laborieuses ? Le Sybarite deviendra-t-il Crotoniate ? Voulez-vous des hommes vraiment laborieux, des penseurs ? il faut les chercher parmi ceux qui ne sont rien, parmi ceux qu'opprime le sentiment de leur nullité, que tourmente l'ambition de se faire un nom, de conquérir un rang dans le monde, parmi ceux que l'expérience des maux et des privations a rendus plus humains et plus sages. Il faut les chercher parmi les Cyrus et non les Sardanapales. Dans le nombre des Sénateurs qui n'ont vu dans leur emploi que la décoration de leur oisiveté, ou l'accroissement de leur crédit personnel, combien peu ont eu le courage de parcourir sur les pas des Montesquieu, des Beccaria, des Smith, les routes que ces grands hommes avoient applanies ? La science des lois leur devra-t-elle de nouveaux progrès, quand ses progrès actuels sont au-dessus de leur portée ? Est-ce eux qui ont imaginé ces qualifications pécuniaires pour écarter des athlètes supérieurs, et se dérober à des comparaisons humiliantes ? Est-ce une invention de l'aristocratie contre le mérite ?

Non. Les motifs de ces qualifications sont d'une toute autre nature, et ils sont plausibles.

Une certaine propriété est un garant d'indépendance ; et à quel état l'indépendance convient-elle mieux qu'à celui d'un député appelé à défendre les intérêts du peuple contre les Ministres du Pouvoir suprême, armés de tant de moyens de séduction ? Voilà ce qu'on allègue, et qu'on ne cesse de répéter avec autant de confiance que si on n'avoit pas continuellement sous les yeux l'influence des places et des pensions, sur des hommes d'une fortune bien supérieure aux qualifications requises.

Une telle loi est faite pour être éludée : aussi l'est-elle en effet : et l'on observe que parmi les hommes qui ont joué le plus grand rôle en Parlement, plusieurs n'ont pu y entrer que par une évasion de cette loi : non qu'il n'y eût des moyens parfaitement sûrs, pour la faire exécuter : mais heureusement en cette occasion, comme en tant d'autres, le même voile qui dérobe à des regards superficiels, les inconvéniens éloignés des mauvaises lois, leur cache aussi les mesures nécessaires pour les rendre effectives.

Il y a quelques années, qu'un député dont les bonnes intentions n'étoient pas douteuses, proposa de rehausser les qualifications pour les bourgs, de trois cents livres sterling à six cents. La motion, après avoir fait un progrès considérable, tomba tout d'un coup. Je ne sais si ce fut par la conviction de son peu d'utilité, ou par un de ces accidens qui, dans cette carrière scabreuse, menacent également les projets les plus salutaires comme les plus nuisibles.

Il ne s'agit pas en ceci d'aristocratie ou de démocratie. Que la loi des qualifications existe ou n'existe pas, les choses n'iront guère autrement qu'elles ne vont. Mais n'étant bonne à rien, elle présente une idée d'exclusion mal fondée; et peut-être a-t-elle empêché de songer à d'autres précautions plus sages pour s'assurer une bonne représentation.

CHAPITRE XI.

De la Ferme et de la Régie.

Le premier point, avons-nous dit, est d'établir la liaison la plus étroite entre l'intérêt d'un Fonctionnaire et son devoir, et de s'assurer de sa capacité pour le remplir : après cela, il ne reste plus qu'à réduire les frais à leur plus bas terme. Si quelque individu digne de confiance, c'est-à-dire en état de tenir ses engagemens, se présente au Gouvernement et dit : " Ce service qui vous coûte aujourd'hui telle somme, j'entreprendrai de l'exécuter à moins de frais," peut-il y avoir quelque bonne raison pour rejeter cette offre ? Je n'en saurois découvrir aucune. Voilà donc deux systêmes opposés, l'un par lequel le Gouvernement s'arrange pour le service en question avec un *Entrepreneur* ou un *Fermier :* l'autre par lequel il le fait exécuter par ses *Commissaires* ou ses *Régisseurs.*

De ces deux systêmes, lequel doit être préféré ? Les raisonnemens généraux, à cet égard, ne peuvent jamais être concluans. Il faut savoir de quel service particulier, de quel département il s'agit. Tel service sera mieux exécuté par la *Ferme*, tel autre par la *Régie.*

A s'en tenir aux principes généraux, on décideroit pour la *Ferme* contre la *Régie*. Car sous le systême de la Ferme, les intérêts auxquels l'employé veille sont devenus, par le contrat qu'il a fait, les siens propres : tandis que sous le systême de la Régie, les intérêts auxquels l'employé veille, restent les intérêts de l'Etat, c'est-à-dire, les intérêts d'autrui. Dans le premier cas, les sous-employés sont les serviteurs même de l'employé principal ; dans l'autre cas, ils ne sont que les serviteurs du public. Or, " les serviteurs du maître le plus négligent," dit M. Smith, " sont mieux surveillés que les serviteurs du Prince le plus vigilant." Si cette observation n'est pas une règle infaillible, elle peut passer au moins pour une règle générale.

Cependant l'opinion publique est peu favorable au systême de la Ferme. Les épargnes qui en résultent pour l'Etat ne sont point en vue, tandis que les profits faits par les Fermiers sont visibles, et très-susceptibles d'être exagérés. Ainsi c'est un point sur lequel le peuple et les philosophes, ceux qui jugent d'après le sentiment, et ceux qui font profession de juger d'après l'examen, sont assez d'accord. Les objections contre les Entrepreneurs et les Fermiers (car elles portent plus sur les personnes que sur la chose), sont spécieuses.

1°. *Les Fermiers sont opulens.*—S'ils le sont trop, il ne faut pas s'en prendre au systême même, mais aux conditions du marché qu'on fait avec eux.

2°. *Les Fermiers sont fastueux et orgueilleux.*—Qu'importe ? De tels maux inappréciables, ou pour mieux dire, imaginaires, ne sont pas de ceux que l'on doit admettre dans les calculs politiques. Leur faste appelle beaucoup d'individus à partager leur fortune : leur orgueil trouve son contrepoids et sa punition, dans l'orgueil de ceux qu'il incommode.

3°. *Les Fermiers excitent l'envie du peuple.*—Autre mal incertain, et toujours exagéré. Contre la peine d'envier, mettez le plaisir de médire. D'ailleurs, ces sentimens d'antipathie, s'ils existent, supposent des fortunes rapides et extraordinaires qui ne peuvent guère avoir lieu, si la concurrence est ouverte à tous, si l'administration ne fait pas dans ses marchés de grandes fautes, par faveur, par corruption, ou par ignorance.

4°. *Les Fermiers sont durs et sans entrailles. Pour assurer le recouvrement des impôts dont ils sont chargés, ils font établir des lois cruelles.*—Si les lois sont cruelles, c'est aux Législateurs qu'il faut s'en prendre, et non aux Fermiers. Que les impôts soient en ferme ou en régie, il importe également au Souverain d'établir pour leur recouvrement les lois les plus efficaces, et certainement les plus sévères ne seront pas les plus efficaces. Pourquoi des lois cruelles seroient-elles plus nécessaires à la Ferme qu'à la Régie ? Il me semble, au contraire, qu'elles le seroient moins. Mieux la Loi est exécutée, c'est-à-dire, plus la peine est certaine, moins elle a besoin d'être sévère. Or, la Loi sera probablement mieux exécutée sons l'inspection d'un Fermier qui a un intérêt si fort à la tenir en vigueur, que sous l'inspection de quelque Officier de la Couronne, ou de quelque bureau qui n'a qu'un intérêt beaucoup plus foible, ou même, selon la façon commune de parler, qui n'a point d'intérêt à la chose. Sur ce point, je ne saurois voir comment deux intérêts peuvent être mieux liés que ceux du Fermier et ceux de l'Etat. Il importe au Fermier que les contribuables soient punis, quand ils sont coupables: cela importe également à l'Etat: mais est-il de l'intérêt du Fermier que les innocens soient vexés? Ce seroit le moyen de soulever contre lui le peuple entier. De toutes les injustices, c'est peut-être la moins faite pour trouver des spectateurs tranquilles.

Smith, après avoir adopté toutes ces objections peu faites, ce semble, pour figurer dans un ouvrage comme le sien (1), cherche ensuite à prouver que le systême de la Ferme ne doit pas rapporter plus que celui de la Régie. Si cela est vrai, voilà une raison concluante pour ne jamais affermer les impôts, et il est inutile d'en chercher d'autres. Quand on a une démonstration de fait, on doit se dispenser des probabilités et des conjectures.

---

(1) *Richesse des Nations*, Liv. v. Ch. ii.

Je conviens avec lui que, sans l'espérance d'un bénéfice, le traitant ne feroit pas les avances nécessaires pour affermer un impôt. Mais d'où doit provenir ce gain des Fermiers ? Voilà ce que Smith n'examine pas. Il suppose que l'Etat pourroit le faire également avec le système de la Régie. Mais cette supposition me paroît bien douteuse. L'intérêt du Ministre est d'avoir autant d'employés, c'est-à-dire, autant de dépendans qu'il est possible ; multiplier les agens, c'est multiplier ses créatures ; leur donner de grands salaires, c'est les attacher d'autant plus à leur protecteur ; et il n'a point de motif pour les surveiller de bien près, parce qu'il ne perd rien à leur négligence. L'intérêt du Fermier est au contraire de réduire ses sous-employés au plus petit nombre possible, de leur allouer le plus foible salaire, et de les rendre laborieux et exacts, parce que la moindre négligence du serviteur est une perte pour son maître. Ainsi le Fermier remplit son but avec plus d'économie. Le peuple ne paye pas davantage. L'Etat ne retire pas moins : mais le traitant peut se promettre une épargne sur le recouvrement des impositions. Il se fait servir à meilleur marché, et mieux que l'Etat : voilà une source naturelle de profits.

Smith avoit attaqué, avec autant de force que de raison les préjugés populaires contre les marchands de blés si suspects et si odieux sous le nom d'accapareurs. Il avoit fait voir qu'il règne une intime liaison entre l'intérêt de l'Etat et l'intérêt naturel de cette classe de commerçans. La même raison auroit dû lui faire étendre sa protection sur les Fermiers-Généraux, aussi injustement décriés par un effet de l'envie.

Dans la carrière politique, et surtout dans un champ aussi vaste que celui qu'il a embrassé, il est presqu'impossible de tout examiner de ses propres yeux, et on se repose toujours en quelque point sur l'opinion commune : entraîné par un cri général, il a oublié de porter la sonde au fond de ce préjugé. Je m'étois laissé surprendre de la même manière, et j'avois écrit, il y a quelques années, contre les traitans, un essai que j'ai jeté au feu, lorsque des instructions puisées dans le propre ouvrage de Smith m'ont conduit à reconnoître cette erreur.

CHAPITRE XI.

Des Réformes.

Les idées d'abus dans les dépenses, d'excès dans les salaires, conduisent naturellement à celles de réforme. Mais c'est ici qu'il faut placer un fanal qui éclaire cette route dangereuse. Ce fanal est le principe de la *sûreté* ; si on y porte atteinte, le remède se convertit en poison, et le réformateur fait l'office de bourreau (1).

Il y a une condition indispensable sans laquelle toute réforme est un plus grand abus que ceux qu'on prétend corriger, condition prescrite également par la justice, la prudence et l'humanité : celle *d'un dédommagement complet accordé à ceux dont on diminue les appointemens, ou dont on supprime les charges.* Le seul bénéfice légitime d'une opération de cette espèce se borne, en un mot, *à la conversion de rentes perpétuelles en rentes viagères.*

" Dira-t-on que la suppression immédiate de " ces places est un gain pour le public ? ce seroit " un sophisme. La somme en question seroit sans " doute un gain, considérée en elle-même, si elle

(1) Voyez *Traités de Législation,* Tom. II. ch. vii. *De la Sûreté,* ch. x. *Analyse des Maux résultant des Atteintes à la Propriété.*

" venoit d'ailleurs, si elle étoit acquise par le
" commerce, etc. mais elle n'est pas un gain
" quand on la tire des mains de quelques indivi-
" dus qui font partie du même public. Une fa-
" mille seroit-elle plus riche parce que le père
" auroit tout ôté à l'un de ses enfans pour mieux
" doter les autres? Et même dans ce cas, le dé-
" pouillement d'un fils grossiroit l'héritage de ses
" frères, le mal ne seroit pas en pure perte, il pro-
" duiroit un bien quelque part. Mais quand il
" s'agit du public, le profit d'une place supprimée
" se répartit entre tous, tandis que la perte pèse
" toute entière sur un seul. Le gain répandu sur
" la multitude se divise en parties impalpables : la
" perte est toute sentie par celui qui la supporte à
" lui seul. Le résultat de l'opération, c'est de ne
" point enrichir la partie qui gagne et d'appau-
" vrir celle qui perd. Au lieu d'une place sup-
" primée, supposez-en mille, dix mille, cent
" mille. Le désavantage total restera le même.
" La dépouille prise sur des milliers d'individus
" doit se répartir entre des millions. Vos places
" publiques vous présenteront partout des Ci-
" toyens infortunés que vous aurez plongés dans
" l'indigence: à peine en verrez-vous un seul qui
" soit sensiblement plus riche en vertu de ces
" opérations cruelles. Les gémissemens de la
" douleur, et les cris du désespoir éclateront de
" toutes parts. Les cris de joie, s'il y en a de
" tels, ne seront pas l'expression du bonheur,

" mais de l'antipathie qui jouit du mal de ses
" victimes.

" Que fait-on pour se tromper soi-même, ou
" pour tromper le peuple sur ces grandes injus-
" tices? On a recours à certaines maximes pom-
" peuses qui ont un mélange de faux et de vrai,
" et qui donnent à une question simple en elle-
" même un air de profondeur et de mystère po-
" litique. L'intérêt des individus, dit-on, doit
" céder à l'intérêt public. Mais ici qu'est-ce que
" cela signifie? Chaque individu n'est-il pas par-
" tie du public autant que chaque autre? Cet in-
" térêt public que vous personnifiez n'est qu'un
" terme abstrait: il ne représente que la masse
" des intérêts individuels. Il faut les faire tous
" entrer en ligne de compte, au lieu de consi-
" dérer les uns comme étant tout, et les autres
" comme n'étant rien. S'il étoit bon de sacrifier
" la fortune d'un individu pour augmenter celle
" des autres, il seroit encore mieux d'en sacrifier
" un second, un troisième, jusqu'à cent, jusqu'à
" mille, sans qu'on puisse assigner aucune li-
" mite: car quel que soit le nombre de ceux que
" vous avez sacrifiés, vous avez toujours la même
" raison pour en ajouter un de plus. En un mot,
" l'intérêt du premier est sacré, ou l'intérêt d'au-
" cun ne peut l'être.

" Les intérêts individuels sont les seuls inté-
" rêts réels. Prenez soin des individus. Ne les
" molestez jamais, ne souffrez jamais qu'on les

" moleste; et vous aurez fait assez pour le
" public.

" Dans une foule d'occasions, des hommes
" qui souffroient par l'opération de quelque loi,
" n'ont pas osé se faire entendre ou n'ont pas été
" écoutés, à cause de cette obscure et fausse no-
" tion que l'intérêt privé doit céder à l'intérêt
" public. Mais si c'étoit une question de généro-
" sité, à qui convient-il mieux de l'exercer? A
" tous envers un seul, ou à un seul envers tous?
" Quel est donc le pire égoïste, celui qui désire
" de conserver ce qu'il a, ou celui qui veut s'em-
" parer, et même par force, de ce qui est à un
" autre?

" Un mal senti et un bienfait non-senti,
" voilà le résultat de ces belles opérations où l'on
" sacrifie des individus au public (1)."

Cette règle est bonne, dira-t-on, pour les charges et les pensions à vie: mais les charges et les pensions qui ne sont accordées que *sous le bon plaisir,* et que par conséquent on a toujours le droit de révoquer, ne peut-on pas les réformer tout d'un coup sans équivalent?

Non: car cette différence n'est que verbale, dans tous les cas où il est d'usage que ces places *sous bon plaisir* soient réellement des places à vie. D'ailleurs le possesseur, soumis par la durée de sa

---

(1) Ce passage est extrait des *Traités de Législation,* Tom. II. c. XV.

charge à la volonté de son supérieur, n'avoit à craindre qu'une seule cause d'infortune: et cette cause, il étoit en son pouvoir de la prévenir. "Mon supérieur, se dit-il, est bien le maître de "me congédier: je le sais. Mais je me promets "bien de ne rien faire qui m'expose légitimément "à perdre sa faveur: me voilà donc pourvu pour "la vie." Ainsi la réforme sans indemnité est dans ce cas un mal aussi grand, aussi imprévû, aussi injuste que dans l'autre.

A cette raison de justice et d'humanité se joint une considération de prudence. Cette indemnité réconciliant l'intérêt particulier avec l'intérêt public, donne au dernier une plus grande chance de succès. Rassurez les intéressés: ils seront les premiers à faciliter les réformes quand ils ne craindront plus d'en souffrir. En écartant ainsi le grand obstacle des intérêts contraires, l'homme d'Etat prévient ces oppositions clandestines ou ces sollicitations privées qui arrêtent si souvent les meilleurs projets.

C'est ainsi que procéda Léopold, Grand Duc de Toscane:—"Malgré la quantité de réformes "faites par Son Altesse Royale depuis son avénement au trône, il n'y a pas eu en Toscane un "seul individu réformé duquel on puisse dire "qu'il n'ait pas été replacé à un autre emploi "(*il faut entendre, sans doute, équivalent au premier*), ou qu'il n'ait obtenu à titre de pension "les mêmes sommes qu'il recevoit à titre d'ap-

" pointemens (1)." A cette condition le plaisir de la réforme est pur. On ne donne rien au hasard, et ne fit-elle aucun bien, du moins on a mis en sûreté l'objet principal, on n'a porté atteinte au bonheur de personne.

---

(1) Indication sommaire des règlemens de Léopold, Grand Duc de Toscane. Bruxelles 1778.

LIVRE III.

De l'Encouragement des Arts et des Sciences.

CHAPITRE I.

Division des Arts et des Sciences.

Les Arts et les Sciences, n'ont point entr'eux de démarcation bien précise. Dans l'usage ordinaire, *Art* est le mot propre quand il s'agit des opérations pratiques : *Science* quand il s'agit des principes spéculatifs, des connoissances intellectuelles : mais il seroit difficile de trouver un art sans mélange de science, ou de science sans mélange d'art.

Les Arts et les Sciences pris collectivement, et envisagés dans leur rapport avec le bonheur se rangent sous quatre grandes divisions ; 1°. Arts et Sciences d'*agrément*—2°. de *curiosité*—3°. d'*utilité immédiate*—4°. d'*utilité éloignée.* Ces quatre branches des connoissances humaines demandent des soins différens de la part des Administrateurs.

Sous le nom d'arts agréables, je désigne ceux qu'on nomme ordinairement *beaux-arts* : la musique, la poésie, la peinture, la sculpture, l'art dramatique, l'architecture, et l'art des jardins (considérés dans leurs parties ornamentales), etc. : je ne chercherai pas à completter cette énumération ; il faudroit entrer dans des discussions métaphysiques qui nous détourneroient du but principal. Les *jeux* pourroient être compris sous cette classe.

Quoique l'usage ait, pour ainsi dire, forcé de distinguer les arts *agréables* d'avec les arts *utiles*, il ne faut pas regarder les premiers comme dépourvus de toute utilité : au contraire, il n'en est point dont l'utilité soit plus incontestable. A quoi en effet accordera-t-on le caractère d'*utile* sinon à ce qui donne du plaisir ? Tout ce qu'on peut alléguer en diminution de leur utilité, c'est qu'elle se borne au plaisir présent : ils tendent à satisfaire le besoin d'amusement, mais ils sont nuls pour tous les autres besoins de l'homme : sans aucune valeur pour ceux qu'ils n'amusent pas, ils n'ont de prix que relativement à ceux qu'ils amusent.

2°. Par les Arts et les Sciences de *pure curiosité*, j'entends, il est vrai, des arts agréables, mais auxquels on seroit tenté de refuser d'abord cette qualité, parce qu'elle se cache sous une écorce séche et rebutante. Ce n'est pas que ces arts *curieux* ne puissent donner autant de plaisir à ceux qui les aiment que les beaux arts : mais le nombre de leurs amateurs est plus petit, et par conséquent leur goût paroît extraordinaire ou même bizarre. Tels sont le blazon, la science des médailles, la pure chronologie, la connoissance de ces langues antiques ou barbares qui n'offrent que des amas de mots, espèces de clés qu'on s'amuse à dérouiller, et qui n'ouvrent rien ; enfin l'étude des antiquités, sans aucun rapport ni à la politique, ni à la morale, ni à d'autres connoissances agréables ou utiles, etc.

L'utilité, le mérite de tous ces arts est exactement en proportion du plaisir qu'ils donnent. Toute autre prééminence qu'on voudrait établir entr'eux seroit fantastique. Préjugé à part, le jeu d'épingles, à plaisir égal, vaut la poésie. S'il amusoit autant, il seroit préférable. Le jeu d'épingles est à la portée de tout le monde. La poésie ne plaît qu'à un petit nombre d'élus. Le jeu d'épingles est toujours innocent. Qui osera donner le même éloge à la poésie? Elle est l'ennemie naturelle de la vérité. Morale fausse, physique fausse, religion fausse, toujours le poëte a besoin du faux. Travaille-t-il sur un fonds vrai? il y met la broderie de l'exagération qui est le faux en fait de degré. S'il excelle en quelque chose, c'est à embellir, à mettre en œuvre, à enflammer les passions dominantes, les préjugés populaires. La vérité, l'exactitude en tout genre est mortelle à la poésie. L'intérêt de son art oblige le poëte à tout revêtir de couleurs mensongères. Je sais qu'il y a eu des esprits supérieurs auxquels la poésie et la philosophie ont eu des obligations à peu près égales ; mais ces exceptions ne détruisent pas ce que j'ai dit des dangers de cet art magique. Cependant la poésie conservera toujours la prééminence sur des amusemens moins susceptibles d'abus, parce qu'elle amuse des personnes plus difficiles à amuser.

Les Arts et les Sciences d'agrément, comme emplois innocens du loisir, ont une utilité morale qui, pour être un peu cachée, n'en est pas moins réelle ni moins importante. Ils rivalisent avec des goûts dangereux. A mesure qu'ils prévalent, ils remplacent les inclinations malfaisantes, les passions nuisibles qui naissent du désœuvrement et de l'ennui. C'est un heureux antidote contre l'intempérance des liqueurs fortes, la médisance, et les jeux de hasard (1).

Voyez dans Tacite les effets de l'oisiveté chez les Germains. Ses observations s'appliquent à toutes les peuplades sauvages. Les hommes se faisoient la guerre, à défaut d'autre occupation. C'étoit un divertissement plus animé que la chasse. Un chef qui projetoit une expédition guerrière, au premier son de la trompette, rangeoit sous ses drapeaux une foule d'oisifs, pour qui la paix étoit un état forcé de langueur et d'ennui. La gloire n'avoit qu'un objet ; l'opulence ne connoissoit que le luxe guerrier ; il falloit avoir des

---

(1) *Traités de Législation*, T. III. ch. iv. *Moyens indirects de prévenir les délits.*

combats à livrer ou à raconter. Les femmes mêmes, dans l'ignorance des arts agréables qui multiplient les moyens de plaire, et prolongent le charme de la beauté, devenoient les rivales des hommes pour le courage, et s'endurcissoient avec eux dans le tumulte farouche d'une vie toute belliqueuse.

Ce parti d'opposition qui existe de nos jours contre la guerre, c'est aux beaux arts qu'on le doit : ils l'ont créé en fournissant des occupations et des plaisirs qui font aimer la paix. Les arts agréables ont, pour ainsi dire, enrôlé sous leurs paisibles enseignes une armée d'oisifs qui sans cela n'auroient eu d'autre amusement que les jeux sanglants de la guerre.

Voilà le genre d'utilité qui appartient en commun à tous les arts agréables : raison unique, mais raison suffisante pour souhaiter de les voir indistinctement fleurir et se répandre.

Si ces principes sont vrais, on saura ce qu'il faut penser de ces critiques plus ingénieux qu'utiles qui, sous prétexte d'épurer le goût, s'efforcent d'enlever successivement aux hommes une partie plus ou moins considérable des objets qui les amusent. Ces modestes arbitres de l'élégance et du goût se regardent de bonne foi comme des espèces de bienfaiteurs du genre humain, quoiqu'ils ne soient réellement que les perturbateurs du plaisir, des hôtes importuns qui se mettent à table pour diminuer par leur prétendue délicatesse l'appétit des autres convives. Ce n'est que par préjugé qu'en matière de goût, on parle de *faux* et de *vrai ;* et ce préjugé ne fait que du mal. Il n'y a point de bon goût qui mérite cette épithète d'approbation, à moins que ce ne soit le goût pour ces emplois du temps qui, au plaisir actuel, ajoutent quelque utilité contingente ou future : point de mauvais goût qui mérite cette épithète de blâme, à moins que ce ne soit le goût pour quelque occupation d'une tendance nuisible.

Le célèbre et ingénieux Addison s'est distingué dans cet art de ridiculiser des plaisirs en leur attachant l'idée fantastique de *mauvais goût*. Voyez dans le *Spectateur* quelle guerre impitoyable il déclare à toute la famille du faux bel-esprit. Acrostiches, calembourgs, pantomimes, jeu de marionettes, bouts-rimés, stances en forme d'œufs, stances en forme d'ailes, poésie burlesque toute entière, enfin mille autres petites muses également innocentes tombent écrasées sous le poids de sa massue. Et tout fier d'avoir établi sa domination sur les ruines de ces troupes légères de la littérature, il se regarde comme le législateur du Parnasse ! Cependant quel étoit l'effet de ces lois nouvelles ? Le premier étoit d'ôter autant de sources de plaisir à ceux qui se laissoient entraîner par ce despotisme : le second, de livrer au mépris de leurs voisins tous ceux qui ne s'y soumettoient pas.

Hume lui-même, avec sa fière et indépendante philosophie, a fléchi sous ce préjugé de littérateur.

“ Par une seule pièce, dit-il, le Duc de Buckin-“ gham rendit à son siècle un grand service, et fut “ le réformateur du goût.” Qu'étoit-ce donc que ce service si important ? Il avoit fait une comédie (*the Rehearsal*) dont l'objet étoit de dégoûter le public des pièces de théâtre les plus courues. Cette critique eut le succès le plus complet : mais quel en étoit le fruit ? Les amateurs avoient autant de plaisir de moins : et une foule d'auteurs couverts de ridicule et de mépris, pleuroient à la fois la perte de leur réputation et de leur fortune (1).

Je pourrois citer tel pays où parmi les amusemens est un jeu de cartes *solitaire*. Dans le nombre des amateurs de ce jeu singulier à plus d'un titre, on comptoit un des Ministres d'Etat les

---

(1) Je ne saurois adopter la proposition de l'auteur qu'en matière de goût littéraire, il n'y a ni vrai ni faux, même avec la restriction qu'il lui donne, quoiqu'elle pût mener fort loin. Mais sans entrer ici dans une discussion métaphysique, étrangère au sujet, j'avoue qu'en fait de bonheur, je ne vois pas trop en quoi la perfection du goût y contribue. Les mauvaises pièces de Hardi et de Garnier n'ont-elles pas donné autant de plaisir dans leur temps que celles de Corneille et de Racine ? Chapelain, en martelant la poésie française dans sa Pucelle, a été plus heureux que Virgile en composant l'Enéide. C'étoit l'opinion de Boileau lui-même.

Un sot, en écrivant fait tout avec plaisir.
Il n'a point en ses vers l'embarras de choisir ;
Et toujours amoureux de ce qu'il vient d écrire,
Ravi d'étonnement, en soi-même il s'admire.

plus accrédités et les plus actifs. Je vois un sourire de mépris sur les lèvres de bien des lecteurs qui ne seroient point étonnés qu'on jouât du matin au soir, pourvu que ce fût en compagnie. J'avoue qu'on pourroit imaginer des délassemens plus convenables à un homme chargé des intérêts d'une nation. Cependant, quelle comparaison entre ce jeu solitaire et les jeux de société, si souvent anti-sociaux dans leurs suites! Le premier est le jeu pur et simple, dépouillé de tout ce qui peut nuire, exempt de passion, de cupidité, de perte et de regrets: c'est le jeu ramené par quelques individus heureux au point où le Législateur doit souhaiter, sans l'espérer, qu'il soit ramené par tout le monde. Qu'il étoit mieux occupé, ce Ministre (2), que si, l'Illiade à la main, il eût fomenté dans son cœur les semences de cette passion féroce qui ne se nourrit que de sang et de larmes!

Les hommes, en vieillissant, perdent le goût des amusemens simples de l'enfance. Est-ce une raison de s'enorgueillir? Oui, si c'est un avantage d'être plus difficile à amuser, de faire dépendre son bonheur de moyens plus dispendieux et plus compliqués. L'enfant qui élève des châteaux de cartes est plus heureux que ne l'étoit Louis XIV en bâtissant Versailles. Architecte

---

(1) Potemkin.

et maçon tout ensemble, maître de son terrein et de ses matériaux, il change, il renverse à son gré,

Diruit, ædificat, mutat quadrata rotundis.

Et tout cela ne coûte ni gémissemens ni dépenses : il ne faut point fouler de provinces, ni dessécher de marais, ni détourner des rivières, ni causer la mort à des milliers d'hommes, pour avoir ensuite l'honneur d'être *inamusable*, et de périr d'ennui dans la triste enceinte d'un palais immense. L'expression proverbiale des *jeux de Princes* renferme une grande raison pour aimer et regretter les *jeux d'enfans.*

Un Empereur fit annoncer une récompense pour qui enrichiroit d'un nouvel article le fonds des plaisirs : et parce que cet Empereur s'appeloit *Néron* ou *Galigula*, on lui en a fait un crime : comme si tout Souverain, tout particulier même qui encourage les beaux-arts ne se rendoit pas complice de ce crime. L'emploi des critiques dont j'ai parlé est de diminuer le fonds subsistant de nos plaisirs. L'effet naturel de l'âge est de nous rendre plus ou moins insensible à tous. Ceux qui blâment en ce point l'Empereur Romain, doivent remercier ces critiques, et regarder la vieillesse comme la perfection de la vie.

A ces critiques on peut joindre les satyristes, ces hommes généreux qui, sans autre récompense que le plaisir d'humilier et de déchirer tout ce qui ne leur plaît pas, s'établissent réformateurs du genre humain. La seule satire que je pusse lire sans dégoût et sans aversion, seroit une satyre contre ces libellistes eux-mêmes. Toute leur occupation est de fomenter la médisance, d'exhaler ses poisons dans le monde en lui fournissant des prétextes pour verser le mépris sur tout ce qui peut occuper ou intéresser les hommes. A force de tout noircir et de tout exagérer (car ils ne subsistent que par l'exagération), ils faussent l'esprit et le jugement des lecteurs : occupations innocentes, foiblesses ridicules, fautes légères, crimes, caprices, forfaits, ils confondent tout, ils répandent sur tout le même venin. Leur emploi est précisément d'oblitérer toutes ces lignes démarcatives, toutes ces distinctions essentielles que tracent avec tant de peine le philosophe et le Législateur. Pour un trait de vérité dans leurs ouvrages, on trouve cent hyperboles odieuses. Ils ne cessent d'exciter la malveillance et l'antipathie. Sous leurs auspices, ou du moins sous l'influence de la passion qui les anime, les langues même deviennent des satires. On ne trouve presque plus de mots neutres pour exprimer les motifs qui déterminent les actions humaines ; ces mots, tels qu'*avarice, cupidité, ambition, orgueil, gourmandise, paresse*, et tant d'autres, ajoutent constamment, à l'idée du motif même, l'idée importune et étrangère de désaprobation : en sorte que la simple mention de ces motifs implique une censure dans les cas mêmes où les actions qui en résultent sont les plus innocentes ; et la nomencla-

Pure morale, teinte de ces préjugés, ne se prête qu'avec la plus grande difficulté et de longues circonlocutions, à représenter nuement et simplement, sans blâme ni louange, les motifs qui gouvernent le genre humain. Aussi nos langues, bien commodes pour la haine, sont bien quinteuses et bien revêches pour la raison. Tel est le mal qu'ont fait ou qu'ont accru les auteurs satyriques.

Quant aux arts et aux sciences de *pur agrément*, j'ai déjà dit pourquoi, chez les nations riches et prospères, il ne faut point constituer le public en frais pour les récompenser. Les particuliers leur donneront toujours un degré d'encouragement proportionné aux plaisirs qu'ils en retirent. Ce n'est pas que le Souverain doive se refuser la satisfaction de récompenser aussi l'amusement qu'il veut puiser dans des sources si pures : mais ce qu'il fait en ce genre, il doit le faire plutôt comme particulier que comme homme public.

Puisqu'on obtient sans frais les arts agréables, il faut encore moins se constituer en dépenses pour les arts curieux.

Quant aux arts et aux sciences *immédiatement* utiles, et à ceux dont l'utilité est plus ou moins *éloignée*, il ne seroit pas nécessaire, ni peut-être possible de conserver entre ces deux classes une ligne exacte de démarcation. *Théorie* et *pratique*, cette distinction s'applique à tous également. Or, du côté de la théorie, c'est-à-dire, des propositions préliminaires ou générales, il n'est aucun art, même de ceux dont le service est continuel, qui ne semble s'éloigner de nous, et passer de la classe des arts immédiatement utiles à celle des arts d'une utilité éloignée. C'est ainsi que la médecine et la législation (ces arts si pratiques), considérés sous un certain aspect, paroîtront dans le même éloignement par rapport à l'utilité, que les sciences spéculatives de la logique et des mathématiques. Dailleurs, il est telle branche de science, qui, après avoir resté long-temps parmi les objets de pure curiosité, cultivée par des mains industrieuses, présentera des caractères d'utilité immédiate. L'électricité qui, dans sa naissance, ne sembloit destinée qu'à amuser quelques philosophes par la singularité de ses phénomènes, a été employée avec succès au service de la médecine, et sert à protéger nos habitations contre ces calamités terribles, auxquelles l'antiquité ignorante et consternée ne savoit trouver de cause suffisante que dans la colère spéciale des Dieux.

Ce que l'Etat doit faire pour les arts et les sciences utiles peut se rapporter à trois choses : 1°. Favoriser leur avancement ; 2°. contribuer à leur diffusion ; 3°. lever les découragemens qui les gênent.

CHAPITRE II.

De l'Avancement des Sciences.

QUOIQUE les découvertes dans les sciences soient le fruit du génie ou du hasard, et que les plus importantes aient été produites par des individus sans aucune aide publique, il est possible toutefois au Gouvernement d'y contribuer et d'en hâter les progrès. Pour encourager les recherches de *pure théorie*, ce premier degré dans l'invention, le moyen le plus nécessaire comme le plus simple, est d'appliquer à chaque science des fonds destinés aux expériences particulières qu'elle exige.

Il semble d'abord assez superflu de le recommander, puisqu'il est peu d'Etats qui n'aient approprié quelque somme à cet emploi, et que les Gouvernemens, à mesure qu'ils s'éclairent, paroissent plus disposés à placer ces dépenses parmi les besoins publics. Mais quand les fonds destinés à cet objet seroient aussi considérables qu'ils devroient l'être, il resteroit à examiner les moyens d'en tirer le parti le plus efficace.

Il faudroit que les fonds appliqués à une science, par exemple, à la chymie, fussent remis aux savans eux-mêmes, mais qu'ils le fussent sous la forme de récompense; ainsi le chymiste qui, sur un sujet donné, auroit fait la meilleure dissertation de théorie, seroit mis en possession de ces fonds, à condition de les employer rigoureusement aux expériences qu'il avoit indiquées. Quelle récompense plus naturelle, plus utile, peut-on offrir à un savant, que de le mettre à portée de satisfaire, avec honneur pour lui-même, un goût ou une passion qui, par l'insuffisance de sa fortune, auroit été son tourment plutôt que son plaisir? N'est-ce pas offrir à un amant la possession de sa maîtresse? On récompense ses talens en lui donnant de nouveaux moyens de les augmenter. Des gratifications d'un autre genre ont souvent un effet contraire; elles peuvent distraire, séduire et faire naître des goûts d'un genre opposé.

Si ce moyen, si propre à pousser les recherches de théorie, a été négligé, c'est que la liaison qui existe entre les sciences et les arts, entre la théorie et la pratique, n'est bien connue que des savans eux-mêmes; et l'utilité des sciences ne frappe la plupart des hommes qu'au moment où on les applique à un usage immédiat. Les ignorans sont toujours prêts à humilier les savans, c'est-à-dire, à venger leur amour-propre, en accusant les sciences d'être plus curieuses qu'utiles. "Tous vos livres d'histoire naturelle sont fort beaux," disoit une femme à un philosophe, "mais vous n'avez pas encore sauvé une feuille de nos arbres de la dent des insectes." Tel est le jugement frivole des gens du monde. Cependant il est telle découverte, inutile en elle-même, qui en enfantera tôt ou tard mille autres de l'utilité la plus grande. La chymie est particulièrement dans ce cas. Trouve-t-on un nouvel air, une nouvelle terre, un nouveau sel, un nouveau métal? d'abord cette découverte n'est bonne qu'à donner du plaisir à un petit nombre d'amateurs: peu à peu les observations se multiplient: des faits éloignés se rapprochent: de nouveaux rapports se découvrent: on applique cette matière nouvelle à divers usages. Mais malgré cela, on entendra toujours la présomption et la paresse déclamer contre les recherches de théorie. Ici les ignorans sont les incrédules. Les savans seuls se laissent conduire, dans ce monde intellectuel, par la foi et par l'espérance.

CHAPITRE III.

De la Diffusion des Sciences.

Les sciences, comme les plantes, ont un accroissement en deux sens, en superficie et en hauteur. Pour les plus utiles, ce qui les répand vaut encore mieux que ce qui les avance. D'ailleurs, plus le nombre de ceux qui les cultivent est grand, plus il est probable qu'elles s'enrichiront de nouvelles découvertes. Elles profiteront de mille hasards qui se perdroient dans un pays où les connoissances seroient rares ; et la subdivision dans les travaux de l'esprit, conséquence naturelle du grand nombre d'hommes éclairés, sera un puissant moyen de perfectionnement.

En supposant un Etat divisé, pour les sciences, en districts de cinquante mille de diamètres, je voudrois placer les établissemens suivans dans la ville la plus centrale de chaque province.

1°. Chaire de médecine.

2°. Chaire de chirurgie et de l'art d'accoucher.

3°. Hôpital.

4°. Chaire d'art vétérinaire.

5°. Chaire de chymie.

6°. Chaire de mécanique, et de physique expérimentale.

7. Chaire et jardin de botanique, et d'horticulture expérimentale.

8°. Chaire pour les autres branches de l'histoire naturelle.

9°. Ferme expérimentale.

Le premier bon effet de ce plan seroit de fournir à chaque district un praticien instruit dans toutes les branches de l'art de guérir. Un hôpital nécessaire en soi-même, servira de plus aux démonstrations des Professeurs de cette science.

L'art vétérinaire, l'art de guérir, appliqué aux animaux de service, exige une partie des mêmes études que l'art de guérir appliqué à l'espèce humaine. Cet art, cultivé en France, est entièrement négligé en Angleterre. La langue angloise, en général si abondante, n'a pas même de terme pour le désigner. Quelques particuliers zélés ont commencé un ou deux établissemens pour cet objet, mais le Gouvernement n'en a pas senti l'importance. Ainsi le cultivateur reste sans secours contre les pertes si fréquentes auxquelles est sujette la partie la plus précieuse de ses fonds (1).

Ceux qui ont quelques notions de chymie savent combien d'usages domestiques on peut en

---

(1) Je laisse subsister ceci comme fait historique. Cela n'est plus vrai : le Gouvernement a établi, à Londres, un Professeur de l'art vétérinaire ; et cet établissement, dans lequel il s'est déjà formé beaucoup d'élèves, a le plus grand succès.

tirer. Le célèbre Bergman a fait un petit traité sur l'application de cette science au service familier de la vie (1). Dans les cours que je propose, on s'attachera principalement à cette partie pratique : on l'appliquera, par exemple, aux travaux de la laiterie, à la conservation des grains, et autres produits de l'agriculture ; aux moyens de conserver les provisions de toute espèce, de se garantir de la putridité, cette ennemie si cruelle de la santé de l'homme et des parties corruptibles de ses richesses ; aux soins nécessaires pour se préserver des poisons si sujets à se mêler dans les matières alimentaires et dans les ustensiles qui les préparent ; à tous les métiers qui travaillent sur les métaux, aux brasseries, à la préparation des suifs, des cuirs, des savons, etc.

La botanique, nécessaire jusqu'à un certain point à la médecine, a de grands rapports avec la chymie et les arts qui en dépendent. Les recherches combinées du botaniste et du chymiste perfectionneront la connoissance des matières végétales et de leurs usages : c'est à eux qu'il faut s'adresser pour trouver, s'il est possible, des matières qui fournissent à moindres frais ou à un degré plus fort, la tenacité du chanvre et du lin

(1) Ce traité fut traduit en anglois par M. Bentham. L'ouvrage de M. *Chaptal*, sur le même sujet, présente les résultats des connoissances acquises depuis le temps où le savant Suédois a donné le sien.

pour les toiles, le cordage et le papier ; la qualité astringente de l'écorce de chêne pour la préparation des cuirs ; la qualité colorante de la garance, des galles, des lichens et ainsi à l'infini. Enfin c'est le botaniste qui enseigne à l'agriculteur à distinguer dans les gramens et autres herbes, celles qui ont des qualités plus ou moins utiles pour les bestiaux.

Le Professeur d'histoire naturelle fourniroit bien son contingent de service. C'est lui qui apprendroit au cultivateur à distinguer dans toutes les provinces du règne animal ses alliés d'avec ses ennemis. C'est lui qui, en faisant connoître les demeures de tant d'insectes dont les ravages trompent si souvent les espérances de l'année, leur manière d'être, leurs métamorphoses, indiqueroit les moyens les plus efficaces de leur faire la guerre. C'est lui qui enseigneroit quel est l'oiseau qui dévore le fruit des campagnes, et tel autre qui attaque incessamment les insectes. Si nous savions l'histoire de tous les animaux, nos concitoyens inférieurs, qui partagent avec nous la surface de notre planète, nous trouverions peut-être qu'il n'en est point dont l'existence soit indifférente à la nôtre.

J'ai mis au dernier rang l'institution d'une ferme expérimentale, non qu'elle fût moins utile, mais ses fonctions sont plus facilement remplacées par les soins des individus. Dans un pays riche et cultivé comme l'Angleterre, il n'est point de district où l'on ne trouve des propriétaires qui font leur objet principal du perfectionnement de l'agriculture. Il ne leur manque qu'un dépôt pour donner à leurs expériences toute la publicité nécessaire. L'ouvrage de M. Young a rempli long-temps cet objet jusqu'à un certain point: mais un recueil d'instructions éparses et accidentelles ne remplace pas un systême de recherches régulières, ni un établissement central qui recevroit des informations de toute part, et les répandroit avec méthode (1).

En faisant la revue des sciences propres à être répandues dans la masse du peuple, je ne dois pas oublier la connoissance des lois, ces fruits les plus mûrs et les plus précieux de la morale. Mais malheureusement, il s'en faut bien que le systême des lois ne soit assez simple, assez méthodique, enfin assez intelligible pour être mis à la portée du peuple. Quand les lois seront ce qu'elles peuvent être, elles formeront à peine une science. Malheur au Législateur qui laisse dans l'enceinte du langage des expressions plus faciles à entendre que les siennes! Il est bien singulier que la Loi en plusieurs pays se réserve des façons de parler surannées et obscures, des mots techniques ou bar-

---

(1) Un établissement de cette nature existe à présent, dans le bureau général d'agriculture, fondé sous l'administration de M. Pitt: on le doit à l'activité et aux sollicitations de Sir John Sinclair.

bares, une sorte de *langue morte*, comme si on craignoit qu'elle ne fût trop bien comprise du vulgaire. Si les principes que j'ai posés sont vrais, si l'application que j'en ai faite au Code Pénal y est conforme, je puis me flatter d'avoir mis en évidence que les lois peuvent être rendues intelligibles aux esprits les plus communs.

C'est surtout par le système complet de ces instructions, qu'il faudroit préparer cette classe d'employés publics qu'on pourroit rendre si utiles à l'Etat, je veux dire les Ecclésiastiques. Alors, dans les bornes étroites de chaque paroisse, dans les provinces les plus reculées, dans les lieux les plus pauvres et les plus sauvages, il se trouveroit au moins un homme de confiance, instruit de tout ce qu'il importe le plus de savoir. Quel avantage! et surtout dans les pays où les connoissances sont rares ou inégalement disséminées. D'ailleurs, plus les Prêtres pourroient tirer leur influence et leur considération de vrais services, moins ils seroient portés à la chercher dans des moyens dangereux. Ces connoissances, qui sont la gloire et le salut de l'esprit humain, les préserveroient du fanatisme qui en est la honte et le fléau. Placés au milieu de leurs paroissiens, comme de bons pères de famille, leurs guides et leurs oracles dans toutes les circonstances difficiles, ils s'appliqueroient à rectifier les préjugés nuisibles: ils combattroient leurs funestes habitudes dans l'éducation physique et morale de leurs enfans. Un cours élémentaire de physico-théologie vaudroit bien d'autres instructions religieuses. Peu à peu, sous les yeux d'un homme éclairé, d'un chef aimé et respecté, cette portion du peuple si négligée acquerroit plus d'intelligence dans ses travaux, plus de douceur dans toutes ses habitudes, et en perdant sa grossièreté, deviendroit plus respectable aux yeux des classes supérieures.

Je n'ai compris, dans ces établissemens, que les connoissances qui exigent l'instruction de vive voix : il en est d'autres pour lesquelles les livres valent mieux, telles que la législation, la logique, la métaphysique, la grammaire, la rhétorique, l'histoire dans toutes ses branches et la morale. Les secours publics doivent se donner principalement aux premières. Les instituteurs, pour les autres, ne sont utiles que pour fixer l'attention des élèves, ou pour leur épargner la fatigue solitaire de la lecture. Le Gouvernement peut toutefois donner un encouragement direct à ces sciences, en fondant dans chaque ville où il auroit placé les différens colléges, une bibliothèque croissante affectée à ces branches. Ce seroit à la fois un secours pour les étudians, et une récompense pour les auteurs.

Beaucoup de personnes rejeteront ce projet d'instruction comme chimérique, parce que ces sciences sont trop abstruses pour les jeunes gens. Leur entendement n'est point encore formé, dira-t-on, pour des études si profondes.

L'opinion commune sur la difficulté des sciences, en comparaison des langues mortes, est un préjugé qui doit son origine à l'ordre dans lequel on se livre à leur étude, et au petit nombre de personnes qui les cultivent. Ce qui n'est connu que de peu de gens paroît toujours plus difficile à savoir ; et comme on n'entre dans ces sciences qu'après avoir fini le cours classique, on en a conclu que ces diverses études avoient été placées selon la gradation de leur difficulté. Mais, usages et préjugés à part, la carrière des sciences est plus facile et plus agréable, même pour les plus jeunes élèves que celle des langues mortes. Dans l'étude des sciences, on ne s'adresse à la mémoire et aux autres facultés intellectuelles que par le canal des sens. La curiosité, passion qui se développe avec tant de force, dès l'enfance même, y trouve des jouissances continuelles. Dans l'étude des langues, au contraire, tout est abstraction, tout est ennui ! point d'objets sensibles pour soulager la mémoire : point de variété : toute l'énergie de l'esprit se consume sur des mots auxquels on ne voit ni utilité ni application. Aussi les cours les plus détaillés sur les sciences dont nous avons parlé, ne prennent pas tous ensemble une portion de temps égale à celle qu'absorbe le Latin seul, qu'on oublie si communément au sortir du collége. Une langue en elle-même n'est bonne à rien ; son utilité ne se rapporte qu'au service qu'on peut en tirer pour la conversation ou pour la lecture. Mais on n'a rien écrit dans les langues mortes qu'on ne trouve, sur le même sujet, des ouvrages plus instructifs dans les langues modernes. D'ailleurs, au moyen des traductions, on a fait passer dans nos idiômes vulgaires toute la substance des anciens auteurs. Que les orateurs et les poëtes aient des beautés supérieures dans l'original, est-ce un avantage assez grand pour l'acquérir aux dépens de tout ce qu'on pourroit apprendre dans une jeunesse bien employée ? A quoi se réduit-il pour les érudits eux-mêmes ? A leur fournir un fonds d'allusions et d'ornemens dans leurs conversations ou leurs livres : dédommagement assez foible des idées fausses et confuses que la coutume nous force à puiser dans ces sources, en négligeant les vérités utiles que l'industrie heureuse des modernes a fait éclorre. Que ceux qui trouvent de l'amusement dans ces études frivoles en fassent leur principal objet, que des poëtes étudient la langue d'Homère et de Virgile, c'est un plaisir innocent, et précisément utile à proportion du plaisir qu'il leur donne. Mais qu'on livre ces études, comme la peinture et la musique, au goût de chaque individu, qu'on cesse d'en tourmenter la jeunesse, aux dépens des instructions dont l'utilité seroit permanente et le profit toujours croissant (1).

Trois causes concourent à fortifier l'attachement et le respect pour les langues mortes. La première est l'utilité réelle qu'elles ont eu autrefois à l'époque du réveil de l'esprit humain ; littérature, philosophie, histoire, tout étoit renfermé dans les ouvrages Grecs et Latins ; ces langues étoient la clé du seul dépôt où l'on pût trouver ce qui existoit alors de science : et comme on ne sauroit fixer l'époque où cette utilité a cessé, on a cru, par habitude, qu'elle duroit toujours.

Une seconde raison, c'est la peine et le temps qu'il en coûte pour les apprendre. Le prix d'une chose se règle non-seulement sur son utilité, mais aussi sur la difficulté de l'acquérir. On ne veut pas avouer qu'on a consumé une partie de sa vie à apprendre ce qui ne valoit guere la peine d'être appris. On cherche, au contraire, à rehausser la valeur de ce qu'on possède. Bien des gens qui savent le Grec et le Latin ne savent pas autre

(1) On ne peut pas disconvenir qu'il n'y ait un degré d'utilité réelle dans la connoissance des langues mères, relativement à la connoissance de celles qui en sont dérivées, et à cette branche de la métaphysique qui s'applique à la grammaire générale, et de là aux syntaxes particulières. Le procédé de l'esprit humain dans la mécanique du langage ne peut être bien connu que par l'étude réfléchie du Grec et du Latin. Mais cette utilité est beaucoup trop bornée pour justifier cette étude comme base principale de l'éducation.

chose. Conviendront-ils de l'inutilité de leur conquête ? C'est demander à un Chevalier errant qu'il convienne de la laideur de sa maîtresse (1).

En troisième lieu, ces langues sont réputées

---

(1) « En effet, la plupart de ces Savans ne sentent plus les choses en elles-mêmes. Ils sont comme ces imaginations foibles qui, subjuguées par l'éclat des dignités et des richesses, admirent dans la bouche d'un Grand ce qu'ils trouveroient pitoyable dans celle d'un homme du commun. Ainsi, l'ancienne réputation et les langues savantes leur imposent et changent tout à leurs yeux. Telle pensée qu'ils entendent tous les jours en François, sans y prendre garde, les enlève s'ils viennent à la rencontrer dans un auteur Grec. Tout pleins qu'ils en sont, ils vous la citent avec emphase, et si vous ne partagez pas leur enthousiame, ah ! s'écrient-ils, si vous saviez le Grec ! Il me semble entendre le héros de Cervantes qui, parce qu'il est armé Chevalier, voit des enchanteurs, où son Écuyer ne voit que des moulins.

« Tel est l'inconvénient ordinaire de l'érudition, et il n'y a que les esprits du premier ordre qui puissent l'éviter. L'ignorance, me dira-t-on, n'a-t-elle pas aussi ses inconvéniens ? Oui, sans doute, mais on a tort d'appeler ignorans ceux même qui ne sauroient ni Grec ni Latin. Ils peuvent même avoir acquis en François toutes les idées nécessaires pour perfectionner leur raison, et toutes les expériences propres à assurer leur goût. Nous avons des philosophes, des orateurs, des poëtes : nous avons même des traducteurs où l'on peut puiser toutes les richesses anciennes, dépouillées de l'orgueil de les avoir recueillies dans les originaux. Un homme qui, sans Grec et sans Latin, auroit mis à profit tout ce qui s'est fait d'excellent dans notre langue, l'emporteroit sans doute sur le Savant qui, par un amour déréglé des Anciens, auroit dédaigné les ouvrages modernes." La Mothe, *Réflexions sur la Critique.* p. 148.

nécessaires comme marque distinctive d'une éducation régulière. Cette nécessité, pour être de pure convention, n'en est pas moins réelle tant qu'elle subsiste. Le degré de considération qu'on y attache est une raison suffisante pour les faire acquérir à la jeunesse distinguée. Il n'appartient pas à un seul individu de changer à cet égard des lois établies par l'opinion publique. Tout ce qui lui convient, c'est de resserrer dans les moindres bornes possibles une étude comparativement stérile, pour avoir plus de temps à donner à celles d'une importance supérieure.

Mais si le Souverain fondoit pour les sciences réelles les divers établissemens dont nous avons parlé, on verroit bientôt se former une nouvelle opinion qui rivaliseroit d'abord avec le préjugé classique, et ensuite le subjugueroit.

On pourroit encore atteindre le même but par un autre moyen, moins coûteux, mais nouveau, et par conséquent alarmant. Il consisteroit à prescrire ces différens cours de Sciences comme une condition nécessaire pour obtenir de certaines charges, et en particulier, les emplois honorifiques. Ceux qui auroient completté leurs cours, recevroient un diplôme d'honneur qui, dans les cérémonies publiques, donneroit un droit de préséance.

Dans les temps de barbarie féodale, la guerre étant la seule occupation de tout ce qui n'étoit pas peuple ou clergé, les rangs étoient nécessairement militaires. Le Chevalier étoit le guerrier assez riche pour combattre à cheval: l'Ecuyer, étoit celui qui, sans être aussi riche que le Chevalier, avoit assez de crédit pour être le premier de ses valets : en voilà ce qui constituoit la noblesse.

Il est possible que le Savoir donne les rangs en Europe, comme l'apparence du Savoir les donne depuis long-temps à la Chine. La richesse, puissance réelle, indépendante de toute convention, influera toujours sur ce qui détermine le respect. Le savant, à son titre d'honneur, réunira l'idée d'une personne assez opulente pour soutenir la dépense d'une telle éducation. Etre dans la classe des lettrés, ce sera être dans la classe des riches. Le savoir vrai ou présumé sera la marque distinctive des classes supérieures, comme l'est à la Chine la longueur des ongles.

Mais, dira-t-on, pour apprendre ce qu'on enseigne dans des cours de sciences, il ne suffit pas d'y assister : or, tout ce que vous pouvez obtenir des élèves, par cette loi, c'est l'assiduité et non pas l'étude.

S'il s'agissoit de former de vrais savans, cette objection seroit solide. Mais quel but se propose-t-on ? Celui de donner une autre direction à l'enseignement, de changer une mesure de savoir inutile contre une mesure égale de savoir utile. Et quand on aura substitué des objets intéressans et agréables à des études infructueuses et insipides, il est certain que la jeunesse n'étudiera pas moins qu'elle ne fait aujourd'hui ; le nombre des éducations manquées ne sera pas, à beaucoup près dans la même proportion que sous le système actuel.

Je sais quelle émulation on pourroit exciter parmi les élèves, en les soumettant à des examens publics : mais je n'ai garde d'étayer, par des supplices, une institution que sa nouveauté ne rend que trop effrayante. Ce projet un peu romanesque n'a pas besoin d'être surchargé d'un accessoire dont l'aspect est repoussant, et l'utilité problématique.

Les disciples les plus inappliqués, et même les plus stupides, ne peuvent guère assister à un long cours, sans y recevoir quelque teinture d'instruction. Ils se familiariseront du moins avec les termes des sciences qui en forment non-seulement la première, mais la plus grande difficulté. Ils se formeront une idée générale des grandes divisions du pays qu'ils auront parcouru : et si dans la suite, il leur prend fantaisie d'en examiner de plus près quelque domaine particulier, ils connoîtront la route pour y revenir. Comme tout le monde s'occupera de ces sciences, ou fera semblant de s'en occuper, on aura honte d'une ignorance absolue par rapport aux objets des conversations générales.

Rien n'est plus facile que de donner une direction nouvelle aux idées de tout un peuple par des institutions positives. Voyez la Russie: la noblesse de race n'y vaut plus rien. On ne l'a pas anéantie par des lois formelles ; mais on a tourné la considération vers le rang attaché au service. Tout cela s'est fait par des réglemens assez simples. A moins d'être officier, un gentilhomme, quel que soit sa naissance ou sa fortune, n'a pas droit de voter ni même de siéger dans l'assemblée de la noblesse. Aussi, tout le monde s'empresse à entrer au service. Ceux qui ne veulent pas en faire un état, y restent tout le temps nécessaire pour atteindre le grade qui leur donne ce privilége (1).

---

(1) Si l'auteur avoit consenti à reviser des MS. faits depuis trente ans, il auroit modifié plusieurs de ses observations qui paroîtront un peu surannées en Angleterre, et beaucoup plus en France.

En Angleterre, il s'est fait, dans cet intervalle, un changement sensible dans l'opinion publique sur l'importance comparative des langues mortes et des vraies connoissances. Les études classiques sont fort respectées: mais c'est un respect plus apparent que réel; on ne les regarde plus, hors du collége, que comme un accessoire; et les pères les plus éclairés gémissent qu'elles soient encore l'unique objet d'enseignement dans les écoles publiques.

Il n'y a pas vingt ans que l'*Institution Royale* a été fondée: l'Etat n'a rien fait pour elle. Ce sont des individus qui l'ont établie, et des souscriptions annuelles qui la soutiennent. D'autres établissemens se sont formés sur ce modèle. C'est une mère entourée d'enfans. Le même esprit s'est répandu dans plusieurs villes où l'on n'avoit vu régner jusqu'à présent que des idées de manufacture et de commerce. Il y a une avidité générale à participer aux connoissances réelles. Les femmes mêmes qui ont tant de mérite à s'instruire parce qu'elles sont déterminées uniquement par le goût, ont montré une ardeur persévérante à profiter de ces nouveaux moyens d'instruction. Les livres élémentaires se sont multipliés à proportion de l'accueil que leur a fait le public ; et entre les nombreux ouvrages qui composent la bibliothèque de la première jeunesse, il en est plusieurs qui ont mis à sa portée les principes de toutes les connoissances utiles.

Quant à l'éducation publique, il est plus aisé de créer que de réformer. Un bon établissement seroit la meilleure critique des mauvais. Si on fondoit à Londres deux ou trois grandes écoles assorties aux besoins des classes les plus nombreuses, destinées aux arts, aux métiers, au commerce, dans lesquelles on enseignât non le Grec et le Latin, parfaitement inutiles à toutes ces vocations, mais la langue nationale toujours négligée, avec toutes les branches de connoissances sinon absolument nécessaires, du moins toujours utiles et toujours agréables, on verroit bientôt ces nouveaux séminaires attirer la foule de la jeunesse, et forcer même les anciennes écoles à corriger leur système pour se soutenir. Les écoles particulières y suppléent, dira-t-on. Mais quel supplément ! Quelle différence d'un établissement public aux établissemens particuliers pour le choix des maîtres, pour l'uniformité de l'enseignement, pour la régularité de la discipline, pour les exercices du corps, pour l'émulation des élèves, pour la perfection des méthodes, pour le zèle qu'on peut exciter dans les Instituteurs ! Toute éducation domestique ne peut réussir que par une suite d'heureux hasards. Dans l'éducation publique, on maitrise un grand nombre de circonstances. D'ailleurs, l'enseignement domestique est limité aux riches ; l'enseignement public est adapté aux fortunes les plus médiocres.

LIVRE IV.

Des Encouragemens par rapport à l'Industrie et au Commerce.

N. B.—Ce quatrième Livre ne faisoit pas originairement partie du Traité des Récompenses, je l'ai tiré d'un MS. de M. Bentham, intitulé : *Manuel d'Economie Politique*, qui n'est pas achevé. Cet ouvrage est le même, pour le fonds et les résultats, que celui de Smith, mais le dessein et la forme sont très-différens.

Le philosophe Ecossois, ayant à traiter un sujet nouveau qui offroit à chaque pas une controverse, a senti qu'il devoit commencer par l'exposition des faits. Son ouvrage est principalement historique. Il décrit, d'une manière admirable, les progrès de la société depuis son état de pauvreté primitive jusqu'à son opulence actuelle : il trace la marche de l'industrie dans son cours naturel, de l'agriculture aux manufactures, des manufactures au commerce, et du commerce intérieur au commerce étranger. Au milieu de ces grands et intéressans tableaux, la partie didactique n'est qu'incidente, il semble avoir craint de former trop tôt un systême : il a rassemblé les connoissances élémentaires, et il a laissé à la fermentation du temps le soin de mûrir et d'extraire les conséquences.

L'objet de Smith comportoit une heureuse diversité ; il a choisi la méthode la plus ornée et la plus facile ; mais elle n'est ni la plus courte ni la plus favorable à l'enseignement. Son mouvement n'est point progressif : il revient souvent sur ses pas ; les esprits vifs lui reprochent une argumentation diffuse, et prétendent que tous ses chapitres sont autant de traités séparés.

M. Bentham s'étoit fait une carrière plus difficile et plus étroite : il n'a considéré son sujet que sous le rapport de la législation, et s'est attaché uniquement à la partie pratique.—Ce que la Loi doit être sur tel ou tel point—ce qu'il faut faire, et surtout ce qu'il ne faut pas faire pour que la prospérité nationale atteigne au plus haut degré possible—voilà son objet. La marche a toute la rigueur didactique. Il va toujours des définitions aux principes, et des principes aux conséquences.

Cette différence dans le but n'est pas la seule. M. Bentham a simplifié le sujet, en rapportant tout à un même principe, savoir : la *limitation de l'industrie et du commerce par la limitation du capital :* principe qui ramène tous les raisonnemens dans un très-petit cercle, et qui sert à lier le faisceau des observations sur lesquelles on a bien peu de prise quand elles sont éparses. Ce n'est point là une découverte. Ce principe est répandu, et, pour ainsi dire, infusé partout dans Smith : mais il ne l'a énoncé nulle part comme principe dominant ; il n'en a pas fait un emploi direct : s'il l'avoit eu nettement sous les yeux, il en auroit fait le centre où tout auroit abouti, et il se seroit épargné bien des répétitions et des détours.

Le *Manuel* de M. Bentham n'avoit point pour objet de dispenser de la lecture de la *Richesse des Nations*. La partie historique, en nous montrant l'origine des choses, en nous faisant réfléchir sur les phénomènes de la société, en décomposant la machine pour nous la montrer pièce à pièce, est la véritable base de la science. C'est ainsi que la connoissance de l'anatomie et de la physiologie doit précéder la médecine proprement dite.

J'ai pris de ce *Manuel* ce qui appartenoit à mon sujet, et que je n'aurois pu omettre sans y laisser en quelque façon une lacune. Mais ce n'est pas aux forts et aux savans que cette partie est destinée. Ils sont au-dessus de ces élémens. L'étude de l'économie politique est devenue commune et familière, en comparaison de ce qu'elle étoit, lorsque cet écrit fut composé. Cependant, on y attaque des erreurs qui sont bien loin d'être détruites, et qui ont une tendance continuelle à se reproduire. Les passions viennent sans cesse semer dans ce champ des ronces et des plantes vénéneuses qu'il faut sans cesse extirper. Ce petit extrait, qui a l'avantage d'être lu dans une demi-heure, place sous un nouveau jour les plus grands principes de l'ordre social, la sûreté, la liberté dans l'exercice de l'industrie, l'énergie des motifs attrayans et rémunératoires qui font travailler l'homme libre, la foiblesse comparative des motifs de contrainte qui font mouvoir tristement les bras de l'esclave. On y donne de nouveaux argumens pour combattre les jalousies nationales, l'ambition des établissemens lointains, et d'autres préjugés non moins funestes.

En résultat, l'économie politique est une science plutôt qu'un art. Il y a beaucoup à apprendre, et peu à faire.

Que faut-il faire de la part du Gouvernement pour accroître la richesse ? Très-peu de chose, et plutôt rien que beaucoup. Que faut-il faire pour la population ? Rien. Dans la plupart des Etats, quel seroit le meilleur moyen de favoriser l'augmentation de la richesse et de la population ? Ce seroit d'abolir les lois et les réglemens par lesquels on prétend les augmenter : bien entendu que cette abolition seroit graduelle et ménagée.

Voilà donc l'art réduit à peu de chose. *Sûreté, liberté,* c'est tout ce qu'il faut à l'industrie. La requête de l'agriculture, du commerce et des manufactures au Gouvernement, est aussi modeste, aussi raisonnable que celle de Diogène à Alexandre. *Ote-toi de mon soleil.* Nous n'avons pas besoin de faveur, il ne nous faut qu'une carrière libre et sûre.

A propos de cet écrit, je ne saurois passer sous silence une observation favorable à ceux des Philosophes qui se sont particulièrement occupés d'économie politique. Ils n'ont point eu de part à ces paradoxes atrabilaires et haineux contre l'inégalité des rangs, contre les progrès de la richesse et de la civilisation, contre les jouissances du luxe et des arts ; et c'est eux, au contraire, qui ont fourni les argumens les plus solides pour les réfuter, et pour justifier l'ordre social. Ils répondent à des déclamations par des argumens, à des tableaux d'imagination par des faits, à des conjectures par des calculs. Ils font voir que dans la société, il y a beaucoup plus d'intérêts communs que d'intérêts opposés ; que l'ignorance seule divise les hommes ; que plus ils s'éclairent, plus ils se rapprochent; et qu'il y a un progrès sensible de l'espèce humaine vers le bien, quoique cette marche soit irrégulière, et même sujette à des mouvemens rétrogrades.

Quelle réponse victorieuse à tant de plaintes sur la misère des classes indigentes parmi nous que le tableau réel de l'indigence universelle des sociétés primitives ! La pauvreté n'est pas une conséquence de l'ordre social. Pourquoi lui en faire un reproche ? c'est un reste de l'état naturel. La richesse est une création de l'homme:

la pauvreté est la condition de la nature. La division des propriétés, celle des travaux, l'invention des machines, l'application des élémens à l'industrie, ont centuplé les forces de l'espèce humaine, et ont tellement augmenté le fonds de l'abondance, que la famine, ce malheur presque habituel des peuplades sauvages, est inconnue chez les nations passablement bien gouvernées ; elles ont même assez de superflu pour entretenir des classes nombreuses qui consomment sans reproduire. A cette sécurité sur les subsistances, premier bienfait de l'ordre social, ajoutez ces plaisirs de l'acquisition graduelle, cette association si douce de l'industrie avec l'espérance, cet intérêt croissant de la vie lorsqu'on s'avance vers l'objet de ses désirs, ce charme de la propriété, l'aiguillon de la jeunesse et l'oreiller d'un âge avancé. Ce système de l'industrie est en même temps la base du système moral, des besoins réciproques, des liens de famille, des vertus publiques et privées.

L'objection la plus forte en apparence s'est heureusement trouvée la plus fausse. On a prétendu que les hommes ne pouvant s'enrichir qu'en se dépouillant tour-à-tour, étoient nécessairement ennemis, et vivoient comme des athlètes, par leur destruction réciproque. On a confondu l'industrie avec un jeu de hasard, où le gain des uns est toujours fondé sur la perte des autres. Mais au contraire, dans l'entreprise sociale, tous les coopérateurs peuvent trouver leur avantage, parce que, choses d'ailleurs égales, plus il y a de travail, plus il y a de produit. Le fonds de la richesse, si le Gouvernement n'est pas très-mauvais, va toujours croissant, ensorte que le nombre des heureux parmi les candidats de la fortune augmente toujours, et qu'il n'y en a point de nécessairement malheureux.

L'idée de ne voir dans ceux qui s'enrichissent que des spoliateurs plus adroits ou plus hardis que les autres, est aussi juste que celle d'un mysantrope qui regarderoit le Greffe criminel de la Justice comme le régistre des actions habituelles des citoyens. Mais sans réfuter ici en détail des exagérations si absurdes, indiquons seulement une preuve de fait claire et palpable. Que l'on considère l'Amérique septentrionale: on peut y voir en même temps la société dans presque tous ses âges; on peut y suivre de l'œil la formation de la richesse dans les sillons de l'agriculture, et sa distribution dans les canaux de l'industrie; l'industrie, comme une machine hydraulique, élève les eaux à mesure qu'elles sortent de la source, les verse, les repompe et les fait circuler sans cesse. Il n'y a point dans tout cela de dépouillement. La richesse des uns est si peu fondée sur l'appauvrissement des autres, qu'au contraire un capital formé, forme bientôt d'autres capitaux, et que le niveau de toutes les conditions s'élève en même temps.

Cet autre argument contre la civilisation, tiré de la force et du nombre de ces essaims de Barbares qui sortoient du Nord, est devenue, par un examen plus judicieux, une preuve directe en sa faveur. Pourquoi ces Barbares n'avoient-ils point de patrie ? Dépourvus de tout ce qui attache l'homme au sol qui l'a vu naître, ils ne savoient qu'envier ce qu'ils n'avoient pas su créer, et détruire au lieu d'imiter. Ces nombres innombrables qu'on avoit gratuitement supposés, se sont évanouis quand on a considéré que des hordes errantes dans des pays couverts de forêts, n'avoient pas pu se multiplier au-delà de leurs étroits moyens de subsistance. Depuis que la civilisation a pénétré dans ces contrées, les peuples plus heureux et plus nombreux ont pris des habitudes qui les attachent à la propriété du sol. La disette ne les force plus à se jeter comme des vautours sur les nations opulentes ; rassurés sur le premier des besoins, leurs mœurs se sont adoucies ; l'industrie a remplacé le pillage, et ils se sont incorporés à la grande famille dont ils étoient les fléaux.

Qu'on n'impute pas cependant aux admirateurs de l'ordre social une coupable insensibilité sur les maux qu'on n'a pas encore su prévenir. Si le bien s'opère par des causes naturelles et constantes, s'il l'emporte beaucoup sur le mal, s'il a une tendance à s'augmenter, leur admiration est justifiée. Le bien est nécessaire, le mal est accidentel. Le bien est dans l'ordre de la nature, le mal est dans l'ignorance des hommes. Le bien se multiplie par lui-même, et chaque succès en produit de nouveaux ; le mal porte avec lui son avertissement et sa peine ; il est son propre antidote. Ces considérations, loin d'attiédir le zèle en faveur de la partie souffrante de la société, ne laissent point d'excuse à ceux qui se rebuteroient de la servir ; car on pourroit sans crime détourner son imagination du spectacle affligeant de maux incurables, mais ceux auxquels on peut remédier rendent criminels tous les complices de leur durée. *Omnisque non solum cessatio ignavia est : sed etiam quœrendi defatigatio existimari debet turpissima, ubi id quod quœritur est pulcherrimum.* (1)

---

(1) Scaliger.

CHAPITRE PREMIER.

Notions préliminaires.

Je ne veux pas arrêter les lecteurs par un appareil de définitions : je me borne à quelques notions préliminaires.

Sous le nom général de *richesse*, on comprend tout objet qui, pouvant être désiré par les hommes, est susceptible d'entrer dans le cercle de leur possession, et qui est actuellement propre à leur usage, ou peut le devenir.

La richesse d'une communauté est le total des portions de la matière de la richesse, appartenant aux divers individus dont cette communauté est composée.

Toute richesse est le produit spontané de la terre, ou le résultat du travail humain employé soit immédiatement sur la terre, soit sur les matériaux qui en proviennent.

L'usage de la richesse se rapporte à quatre objets : 1°. *subsistance*, 2°. *jouissance*, 3°. *sûreté* ou *défense*, 4°. *accroissement*.

Comme la matière de la richesse ne peut être employée à aucun de ses usages sans consommation, le fonds existant à une époque donnée iroit toujours en diminuant, si on ne travailloit continuellement à l'augmenter.

La richesse, considérée comme arrivant

à des périodes successifs, est appelée *rente* ou *revenu.*

Celle qui est employée à l'objet de l'accroissement est ordinairement appelée *capital.*

Un homme qui s'emploie d'une manière quelconque à l'accroissement de la richesse doit avoir, 1°. des matériaux sur lesquels il travaille ; 2°. des instrumens pour travailler ; 3°. une place pour son travail ; 4°. le nécessaire pour sa subsistence. Tous ces objets sont compris sous la dénomination de *capital.*

Dans l'ordre historique, le travail précède les capitaux. De la terre et des bras, voilà l'origine de tout. Mais dans l'ordre actuel, il y a toujours quelque capital déjà produit, qui concourt avec la terre et les bras à la production des valeurs nouvelles. Qu'un article de production territoriale ou industrielle au lieu d'être consommé ou gardé pour l'usage de celui qui l'a fait ou fait faire, soit offert en échange, il devient alors un objet de commerce, une *marchandise.*

La richesse générale s'augmente :

1°. Par l'augmentation du nombre d'hommes en tant que travailleurs.

2°. Par l'augmentation de la masse des capitaux.

3°. Par l'emploi le plus avantageux des capitaux.

4°. Par l'augmentation de l'effet du travail.

5°. Par l'avantage du commerce.

Dans toutes les sociétés un peu avancées, il s'est formé une classe d'hommes qui achètent du faiseur pour revendre au consommateur.

Tout l'ensemble des opérations de fabrication et de vente peut être rendu par le terme général d'*industrie* et de *commerce.*

Les actes spontanés des individus, dans la carrière de l'industrie et du commerce, dépendent de trois conditions : l'*inclination*, la *connoissance*, le *pouvoir.*

L'*inclination*, pour augmenter la richesse par le travail et l'épargne, peut être en défaut dans quelques individus, mais elle prédomine dans l'espèce humaine, et ne demande d'autre encouragement que la sûreté légale pour les fruits de l'industrie. La *connoissance* est un résultat de l'inclination qui dispose naturellement les hommes à étudier, chacun dans sa partie, les moyens de conserver et d'augmenter leur richesse. Le *pouvoir*, j'entends celui qui consiste en capital pécuniaire, est en proportion de ce capital, et ne peut pas aller au-delà.

Par rapport à l'*inclination*, le Gouvernement n'a rien à faire, pas plus que pour augmenter le désir de boire et de manger.

Par rapport à la *connoissance*, il peut contribuer à la répandre, non-seulement par les moyens généraux d'instruction dont nous avons parlé, mais encore par des informations adaptées à tels ou tels faits, à telles ou telles branches de commerce et d'industrie, à telles ou telles découvertes récentes, au moyen des publications périodiques.

Par rapport au *pouvoir*, en tant qu'il consiste en capital pécuniaire, il ne peut pas le créer : tout ce qu'il donneroit à un individu seroit ôté à un autre : mais il y a une autre branche de pouvoir qui consiste en liberté d'agir ; et celui-là, le Gouvernement peut le donner sans aucun frais ; il suffit d'abroger des lois gênantes, d'écarter des obstacles, en un mot, de laisser faire.

Voilà les premières lignes d'un plan analytique qui a pour but de tracer un cercle autour du sujet.

CHAPITRE II.

I. *Que l'Industrie est limitée par le Capital.*

II. *Que les Individus intéressés sont les meilleurs Juges de l'Emploi le plus avantageux des Capitaux.*

I.—Il n'y a point de travail industriel de quelque importance sans capital—et il s'ensuit que la quantité de travail applicable à un objet, quel qu'il soit, est limitée par la quantité de capital qu'on peut y employer.

Si j'ai un capital de dix mille livres sterling, et qu'on me propose deux commerces qui me rapporteront vingt pour cent, il est clair que je puis faire l'un ou l'autre avec ce profit aussi longtemps que je me borne à un seul, mais qu'en faisant l'un, il n'est pas en mon pouvoir de faire l'autre, et que si je le partage entre les deux, je ne ferai pas plus de vingt pour cent, mais je risque de faire moins, et même de changer le gain en perte. Or, si cette proposition est vraie pour un individu, elle est vraie pour tous les individus de toute la nation. L'industrie est donc limitée par le capital.

Il y a une circonstance qui démontre que les hommes ne sont pas sensibles à cette vérité si manifeste en apparence. Quand ils recommandent d'encourager telle ou telle branche de commerce, ce n'est pas qu'ils prétendent qu'elles sont plus lucratives que telles autres, mais parce que ce sont autant de branches de commerce, et qu'on ne sauroit trop en avoir. En un mot, c'est le commerce en général qu'il faut encourager—comme si tout commerce ne portoit pas sa propre récompense, comme si un commerce improfitable valoit la peine d'être encouragé, comme si un commerce profitable avoit besoin de l'être—comme si enfin par ces opérations capricieuses on faisoit autre chose que transférer les capitaux d'une branche de commerce dans une autre branche.

II.—La quantité de capital étant donnée, l'accroissement de la richesse dans un certain période, sera en proportion du bon emploi de ce capital, c'est-à-dire, de la direction plus ou moins avantageuse qu'on aura su lui donner.

La direction avantageuse du capital dépend de deux choses: 1°. le choix de l'entreprise—2°. le choix des moyens pour la conduire.

La chance du meilleur choix à ces deux égards sera en proportion du degré d'intérêt qu'aura l'entrepreneur à le bien faire, et en proportion des moyens qu'il aura eu d'acquérir les connaissances relatives à son entreprise.

Mais l'instruction elle-même dépend en

grande partie des degré d'intérêt à s'instruire; celui qui a le plus grand intérêt est celui qui recherche avec le plus d'attention et d'application, tous les moyens de réussir.

L'intérêt qu'un homme prend dans les affaires d'un autre, n'est jamais aussi grand que l'intérêt de chacun dans ses propres affaires.

Considérez tout ce qu'il faut pour le meilleur choix de l'entreprise ou des moyens d'y procéder, vous verrez constamment que l'homme d'Etat, si disposé à s'immiscer dans les détails de l'industrie et du commerce, n'est supérieur en rien aux individus qu'il veut gouverner, et leur est nécessairement inférieur à plusieurs égards.

Un Premier Ministre n'a pas eu autant d'*occasions* pour acquérir des connoissances relatives au fermage qu'un fermier, à la distillerie qu'un distillateur, à la construction des vaisseaux qu'un constructeur de marine, à la vente des produits que ceux qui s'en sont occupés toute leur vie.

Il n'est pas probable qu'il ait donné son *attention* à ces objets aussi long-temps, ni avec le même degré d'énergie que ceux qui avoient un motif si pressant de les approfondir. Il est donc probable qu'en fait de connoissances relatives à ces professions, il est inférieur à ceux qui les cultivent.

Les hommes d'Etat avec moins d'occasions

de s'instruire, moins d'attention à la chose, moins de connoissances pratiques, ne sont donc pas en état de former un meilleur *jugement* que les intéressés eux-mêmes, ni pour le choix de l'entreprise, ni pour les moyens d'y procéder.

Que si, par hasard, un administrateur se trouvoit informé de quelque circonstance qui démontrât l'avantage supérieur de telle branche d'industrie ou de tel procédé, ce ne seroit pas une raison justificative d'employer l'autorité pour les faire adopter. La publicité seule produiroit cet effet : plus l'avantage est réel, plus l'exercice du pouvoir seroit superflu.

Pour justifier l'intervention réglémentaire du Gouvernement dans les affaires du commerce, il faut soutenir l'une ou l'autre de ces deux thèses — que l'agent du public entend mieux les intérêts des individus que les individus eux-mêmes — et que la quantité du capital en chaque nation étant infinie, ou que les nouvelles branches d'industrie n'exigeant aucun capital, toute la richesse produite par un commerce nouvellement favorisé est autant de gain clair et net par-delà ce qui auroit eu lieu, si on n'eût pas accordé des faveurs à ce commerce.

Ces deux thèses étant contraires à la vérité, il s'ensuit que l'interposition des Gouvernemens est toute erronée, qu'elle opère plutôt comme tacle que comme moyen.

Elle est nuisible d'une autre manière. En imposant des gênes à l'action des individus, elle produit des sentimens de peines : autant de liberté perdue, autant de bonheur retranché.

Ce n'est pas là, sans doute, une objection concluante contre ces lois, puisqu'on pourroit la faire contre les meilleures lois. Toutes sont coercitives, et c'est là une raison pour n'en faire aucune, à moins d'une utilité qui fasse plus que contrebalancer cet inconvénient.

Telle mesure du Gouvernement qui seroit injustifiable comme moyen d'augmenter la richesse nationale, peut être convenable comme *moyen de subsistence,* (par exemple, des frais d'entretien pour des magasins de blé) ou comme moyen de *défense,* (par exemple, des encouragemens donnés à tel genre de commerce considéré comme une pépinière de matelots), mais il est essentiel de savoir rapporter ce qu'on fait à son véritable but, de ne pas prendre un sacrifice pour un avantage, une perte pour un profit. Des encouragemens de cette nature n'en restent pas moins dans la classe des *choses qu'on ne doit pas faire,* hors des circonstances impérieuses qui font exception au principe général.

CHAPITRE III.

Prêt de Capital.

De tous les moyens par lesquels un Souverain peut donner une direction particuliere à l'industrie, le *prêt* d'un capital pécuniaire fait à des individus pour être employé dans quelque branche spéciale, est le moins sujet à objection.

Il s'en faut bien toutefois qu'il en soit exempt sous le rapport de la justice et de la prudence. Tout le trésor du souverain, d'où provient-il que des impôts, et des impôts levés par contrainte? (1) Prendre aux uns pour prêter aux autres, diminuer les jouissances actuelles des sujets, ou la portion qu'ils auroient mise en réserve, c'est faire un mal certain pour un bien incertain, c'est sacrifier la sûreté à l'espoir d'accroître l'opulence.

Si l'argent prêté de cette manière par le Souverain était toujours fidellement remboursé, l'injustice de la mesure seroit bornée à un certain période. Mettons que le capital ainsi employé soit cent mille livres sterling, et que la somme

(1) A moins que le revenu du Souverain ne soit le produit de ses propriétés territoriales, ou l'intérêt d'un capital formé d'une rente de cette espèce. Tel est en partie le fonds du Gouvernement de la République de Berne.

entière ait été levée dans une année, l'injustice de la mesure aurait commencé et fini dans la même année.—Et si l'argent ainsi prêté produit un surcroît d'industrie, c'est un avantage à mettre en balance contre le mal de l'impôt forcé.

Mais les capitaux dont on fait cet emploi ont une tendance naturelle à être mal appliqués, dilapidés ou volés. Les Souverains et ses Ministres sont aussi sujets à se tromper sur les avantages de tel ou tel commerce que sur le choix de tel ou tel individu. Celui qui réussit auprès d'eux prouve bien le talent de la persuasion ou du manège des Cours, mais ce n'est pas celui qui mène au succès de la chose. On voit dans la *Monarchie Prussienne* de Mirabeau, que Frédéric II, avec toute sa vigilance et sa sévérité, fut souvent trompé, par l'impéritie ou la mauvaise foi de ceux qui obtenaient de son avide crédulité des avances de cette nature. Ainsi, à la suite d'un premier impôt injuste pour former ce capital prêté, d'autres impôts seront nécessaires pour remplacer les vols ou les dilapidations qui en sont le résultat le plus fréquent.

Il est de plus très-probable que le capital ainsi employé ne sera appliqué qu'à faire valoir des branches d'industrie moins productives que celles auxquelles il se seroit porté naturellement de lui-même. Quel est l'argument de l'emprunteur? que le commerce qu'il veut établir est nouveau, ou qu'il faut soutenir un commerce établi : mais pourquoi faut-il que le Gouvernement s'en mêle, sinon parce que les individus qui calculent leurs intérêts, ne veulent pas s'en mêler ? La présomption est donc contre l'entreprise.

Supposez même que par hasard cet argent prêté ait pris la direction la plus avantageuse possible, le prêt n'est pas justifié par ce profit. Il n'étoit pas nécessaire. Pour placer ses capitaux de la manière la plus avantageuse, il ne faut que connoître ce placement. Si on les place moins bien, c'est qu'on ne sait pas les placer mieux. C'est la connoissance qui manque : et il faut informer et non prêter. Si le Gouvernement ne peut pas dire quelle est la manière la plus avantageuse de placer un capital, il peut encore moins le placer lui-même : s'il peut le dire, c'est tout ce qu'il faut. Si l'argent du Gouvernement n'avoit pas pris cette direction, celui des particuliers l'auroit prise, si on les eût éclairé et laissé libres.

Il y a toutefois des circonstances où ce mode seroit justifiable : lorsqu'il s'agiroit, non d'encourager des entreprises nouvelles, mais de donner des secours momentanés à quelque commerce qui souffre par des circonstances temporaires, et qui n'a besoin que d'être soutenu un moment pour traverser une crise de suspension ou de péril. Ce n'est pas une spéculation de la part du Gouvernement : il agit sur le principe de l'*assurance* contre une calamité qu'il s'agit de prévenir ou d'adoucir. Dans ce cas de détresse les particuliers ne viendroient pas d'eux-mêmes à l'appui des négocians dont les affaires périclitent : il faut donc qu'on y supplée. Ce n'est pas un régime, c'est un remède.

CHAPITRE IV.

Dons de Capital ou Capital prêté sans Intérêt.

Un *don gratuit*, en forme de capital, pour encourager une branche de commerce ou d'industrie, est une mesure qu'on croiroit fort bonne, si on en jugeoit par le nombre des cas où elle a été adoptée.

Ses inconvéniens sont les mêmes en espèce que ceux du prêt, mais ils diffèrent beaucoup en degré. Dans le cas du prêt, si le remboursement a lieu, la même somme remplira le même office une seconde fois et ainsi de suite. L'acte oppressif par lequel le Souverain s'est procuré le capital, n'a pas besoin d'être renouvelé : mais si au lieu de prêter, il donne ;—autant de fois qu'il réitère cette faveur, autant de fois faut-il réitérer l'exaction forcée de l'impôt : et à chaque fois, on peut dire que le produit de cet impôt est perdu, si on le compare à l'usage bienfaisant qu'on en auroit pu faire pour le soulagement du fardeau public.

Quelquefois le capital a été prêté dans cette vue sans intérêt ; quelquefois à un intérêt au dessous du taux ordinaire. Dans le premier cas, si le remboursement est fait avec intégrité, ce n'est pas le capital qui est perdu, mais seulement l'intérêt. Dans le second cas, ce n'est pas tout l'intérêt, mais seulement la différence entre ce taux inférieur et le taux ordinaire. C'est toujours la même fausse politique quant à l'espèce, et toute la différence est dans le degré.

On a observé que les dons gratuits étoient encore plus sujets à être dilapidés que les prêts, soit parce que dans ce dernier cas, il y a toujours une responsabilité, soit parce que l'argent reçu en don tend à faire un prodigue : comme il est venu sans peine, il paroît avoir moins de valeur.

On a quelquefois donné un capital non en argent, mais en nature, en avançant à un manufacturier, par exemple, les articles dont il avoit besoin pour completter ses moyens de travail.

Ce moyen aura bien quelque effet pour s'assurer que la chose en question sera employée à l'objet déterminé. Cependant, ces fournitures dont le Gouvernement se mêle sont ordinairement plus chères et de moins bonne qualité que celles que l'individu, avec une somme égale en argent, auroit pu se procurer à son propre choix. Ce n'est pas le meilleur moyen à prendre avec des hommes dignes de confiance : et il ne vaut guère mieux avec ceux auxquels on peut moins se fier : car après qu'on les a mis en possession, ils peuvent convertir ces articles en argent, et les dissiper. Il y auroit des mesures qui obvieroient à ce danger, la surveillance, les cautions, etc. mais quand il s'agit d'un moyen radicalement mauvais, il ne vaut pas la peine de discuter les nuances comparatives de tel ou tel mode par lesquels on peut en diminuer les risques.

CHAPITRE V.

Des Primes sur la Production.

Ce mode d'encouragement enjambe beaucoup sur les deux premiers dans la carrière de l'absurdité. En effet, dans les deux cas précédens, c'étoit une dépense, un risque, sans raison suffisante pour compter sur le succès, et même sans raison suffisante, en cas de succès. Mais la prime est une dépense encourue avec la certitude de ne pas atteindre l'objet qu'on se propose, et même parce qu'il est certain qu'on ne peut pas l'atteindre.

Dans le cas d'une prime sur la production, ce n'est pas seulement le but qui est absurde, mais encore le moyen, qui a ce caractère particulier de ne contribuer en rien au but.

C'est uniquement parce que le commerce en question est désavantageux qu'il faut donner de l'argent pour le maintenir, car s'il étoit avantageux, il se maintiendroit de lui-même. C'est parce que le fabricant ne peut pas obtenir pour sa marchandise, de la part de l'acheteur, un prix qui donne un profit ordinaire, qu'il doit recevoir du Gouvernement une gratification pour compenser la différence.

Que le genre de produit dont il s'agit soit avantageux ou non, la prime n'a point d'efficacité pour augmenter le *pouvoir* du producteur. Puisqu'elle est subséquente à la production, puisqu'il la reçoit quand la chose est faite, et non auparavant, il est évident qu'il a eu d'autres ressources pour la faire. La prime a pu influer sur son *inclination*, mais elle n'a pas contribué à son pouvoir.

On a donné des primes à tel ou tel commerce par toutes sortes de raisons, à cause de son ancienneté, à cause de sa nouveauté—parce qu'il étoit florissant, et parce qu'il tomboit en langueur—parce qu'il étoit avantageux—et parce qu'il étoit onéreux—parce qu'il y avoit des espérances de l'améliorer—et parce qu'il y avoit des craintes qu'il n'empirât: en sorte qu'il n'y a point de commerce au monde qui ne puisse, par l'un ou l'autre de ces motifs contraires, réclamer ce genre de faveur, dans tous les périodes de son existence.

C'est dans le cas d'un vieux commerce que le mal de cette mesure est le plus énorme (et dans celui d'un nouveau que son inefficacité est le plus saillante). Un commerce établi depuis long-temps est en général très-étendu: cette étendue fournit la meilleure raison à ceux qui sollicitent des faveurs pour le soutenir: et pour la faire valoir, il doit être représenté tout à la fois comme *gagnant* et comme *perdant* :—*gagnant*, pour disposer à le conserver ; *perdant*, pour disposer à le secourir (1).

Dans le cas d'une branche nouvelle de commerce ou d'industrie, la futilité de la mesure en est le trait principal. Ici point d'apologie qui porte le masque d'une apparente nécessité : point de descriptions pompeuses de son étendue. Tout ce qu'on peut alléguer, c'est qu'une fois établi, il seroit grand et lucratif, mais ce dont il a besoin, c'est de s'établir. Or, pour l'établir, que fait-on ? On prend des mesures qui ne peuvent avoir leur effet qu'après qu'il sera établi. Que le commerce en question soit en train, il aura un tel succès qu'il rapportera, par exemple, 50 pour cent : mais pour le mettre en train, il faut beaucoup d'avances : il en faut de si grandes qu'on a raison de douter qu'il y eut assez de capitalistes pour les faire, à cause des risques presque inséparables de toute nouvelle entreprise. Que fera le Gouvernement ? Donnera-t-il un capital ? Non, ce seroit folie. Prêtera-t-il ? Non, il courroit trop de risques. Il donnera une prime sur la chose

(1) Il est vrai que tel commerce auquel il ne vaudroit pas la peine de donner des primes dans une vue d'enrichissement, peut-être aidé comme moyen de *subsistence* et de *défense*. Il est encore vrai que ce qu'on ne devroit pas faire pour soutenir une branche d'industrie improfitable, on peut le faire pour prévenir la détresse des ouvriers actuellement employés dans cette carrière, mais ce sont là des objets parfaitement distincts.

quand elle sera fabriquée ; jusques-là, dit-il, nous ne donnons point d'argent. Ainsi, aux 50 pour cent que vous gagnerez en vendant votre marchandise, nous ajouterons une gratification de dix pour cent. Fort bien : et au moyen de ce raisonnement, dans quel période refusez-vous ce secours ? Vous le refusez tant qu'il peut être utile de le donner ; vous l'accordez pour obtenir qu'une chose se fasse, et vous ne le donnez que lorsqu'elle est déjà faite, par des moyens indépendans de vous.

La défiance et les courtes vues, une disposition soupçonneuse et une tête confuse sont très-susceptibles de s'allier. Pourquoi aime-t-on mieux donner des primes que faire des avances de capitaux ? Par la peur d'être dupé dans le dernier cas. Si nous donnons dix mille livres sterling, tout à la fois avant que la chose soit faite, elle ne se fera peut-être pas. Pour éviter ce risque, que font-ils ? ils donnent, quand la chose est faite, dix mille livres sterling par année qui ne leur rentrent jamais.

Au lieu de produire un bénéfice, la dépense de l'Etat devient plus onéreuse à mesure que ce commerce prend plus d'étendue. L'encouragement institué par une raison est continué par la raison contraire : d'abord, c'étoit pour l'obtenir ; ensuite, c'est de peur de le perdre. Ce qu'il falloit donner en première instance pour l'établir, étoit peu de chose : ce qu'il faut payer pour le maintenir, n'a point de terme.

Le capital donné à une nouvelle branche d'industrie, pour une expérience, est toujours comparativement une petite somme — mais ce qu'on donne comme prime est toujours, ou du moins on espère toujours que ce sera une somme considérable ; car à moins qu'il ne se fabrique et ne se vende une grande quantité de cette marchandise, et par conséquent à moins qu'on ne paye une grande prime pour la faire produire et la vendre, l'objet est regardé comme manqué : on estime que la prime n'a pas répondu à l'attente.

Lorsque l'article est un de ceux qu'on n'auroit pas manufacturé sans la prime, autant de donné, autant de perdu : mais si c'est un de ceux que même sans prime, les fabriquans auroient trouvé leur intérêt à fabriquer, il n'y a qu'une partie de la prime qui soit perdue. Comme elle fait une addition, et une addition très-sensible au profit ordinaire du commerce, elle attire un grand nombre de gens vers cette entreprise particulière ; par leur concurrence, cet article est vendu à meilleur marché, et la diminution de prix est en proportion de la prime même (déduction faite des frais nécessaires pour la solliciter et la recevoir). Dans cet état des choses, il semble au premier coup-d'œil que la prime ne fait ni bien ni mal ; les individus gagnant par la réduction du prix autant qu'ils perdent par l'impôt, qui est la cause effective de cette réduction.

Cela seroit vrai si les personnes qui contribuent dans un cas étoient les mêmes qui profitent dans l'autre, si la mesure de ce profit étoit exactement la mesure de la contribution, si on recevoit l'un en même temps qu'on paye l'autre, et si tout le travail perdu pour toutes ces opérations ne coûtoit rien. Mais toutes ces suppositions sont précisément le contraire du fait. Il y a à peine deux impôts qui portent chacun sur tous les membres de l'Etat: il n'y en a point qui portent également sur tous. L'impôt est payé long-temps avant qu'on en reçoive l'indemnité par la réduction du prix: et les frais de cette circulation inutile sont toujours considérables.

D'après ce qu'on vient de dire, il est clair qu'une prime sur la production ne peut jamais à la longue augmenter l'abondance de l'article en question, quel que soit la diminution qui en résulte pour le prix. La récompense que retire le producteur n'est pas plus grande qu'auparavant; la seule différence est qu'elle lui vient d'une autre main. Ce ne sont pas les individus qui la donnent d'une manière immédiate, mais le Gouvernement. Sans la prime, ceux qui payent pour l'article sont ceux qui en jouissent: avec la prime, ils ne payent qu'une partie du prix directement; le reste est payé par le public en général, c'est-à-dire plus ou moins par plusieurs de ceux qui n'en retirent aucun avantage (1).

Quoique la prime sur la production n'ajoute rien à l'abondance d'un article de consommation universelle, elle en diminue le prix pour l'acheteur. Supposez qu'en Ecosse il y eut une prime sur la production de l'avoine: et que la prime fût payée par un impôt sur la bière faite avec ce grain. L'avoine ne sera pas plus abondante qu'auparavant: mais elle sera meilleur marché, (quoique le marchand fasse le même profit), tandis que la bière faite avec ce grain sera proportionnellement plus chère. Le consommateur d'avoine ne se trouvera pas plus riche qu'auparavant; mais pour le même prix, il aura une plus grande quantité de ce grain sous la forme d'aliment, et il en aura moins sous la forme de boisson.

Je parle ici de l'abondance relative, en proportion de la consommation ordinaire; je parle du superflu comparé au besoin habituel. Plus cette denrée est à bas prix en comparaison des autres, plus la demande en sera grande. On en produira donc davantage à raison de cette plus grande demande: mais on n'en fera pas plus

(1) Smith a fait une méprise en disant que la prime sur la production étoit un moyen d'abondance, par où elle valoit mieux que la prime sur l'exportation.

que la quantité demandée: la denrée restera donc pour l'abondance sur le même pied qu'auparavant. S'il faut du superflu, c'est-à-dire, s'il faut une certaine quantité par delà la quantité produite ordinairement, il faut avoir recours à d'autres mesures qu'aux primes de production.

Si une prime sur les productions pouvoit être justifiable, elle sembleroit devoir l'être dans le cas où l'article ainsi favorisé seroit un objet de consommation universelle, comme le froment en Angleterre, l'avoine en Ecosse, les pommes-de-terre en Irlande, le riz dans l'Indostan. Sous quel rapport? Sous le rapport d'une mesure d'égalisation, et non sous aucun autre. En effet, cette mesure ne tend point du tout à augmenter l'abondance : ce qu'elle fait, c'est de prendre l'argent dans la poche des classes plus riches, et de le mettre dans celle des classes pauvres. Une denrée de consommation universelle est toujours le plus nécessaire de tous les articles nécessaires à la vie : elle est toujours celle dont les pauvres font le plus grand usage. Plus un homme est riche, plus il consomme d'autres denrées que la denrée universelle. Supposez donc une prime sur la production des avoines en Ecosse. Si on n'y consommoit que de l'avoine, ou s'il n'y avoit d'impôt que sur l'avoine, les personnes qui retireroient l'avantage de la prime seroient les mêmes qui supporteroient le poids de l'impôt, et cela dans la même proportion, ensorte que les frais de la levée de l'impôt seroient l'unique résultat de cette mesure. Mais on consomme en Ecosse des denrées de toute espèce, et les impôts y sont assis sur une grande variété d'objets. L'avoine, denrée des pauvres, étant l'objet non d'un impôt mais d'une prime, et les articles consommés par les riches, étant les objets non d'une prime mais d'un impôt, au moyen duquel la prime sur la production de l'avoine est payée, il en résulte que les pauvres auront à meilleur marché la denrée dont ils font le plus grand usage.

J'en conviens. Mais s'ensuit-il que leur condition seroit améliorée? Point du tout. L'avoine seroit vendue au pauvre à plus bas prix, mais il auroit moins d'argent pour l'acheter. Tous les moyens de subsistence de cette classe se réduisent aux gages de leur travail. Or, le taux des gages dépend nécessairement du degré d'opulence que le pays possède: c'est-à-dire, de la quantité de capital disponible pour acheter le travail en proportion du nombre de ceux dont le travail est à vendre. Le bas prix résultant de la prime ne sera donc d'aucun avantage pour les salariés, puisque l'opulence du pays restant la même, si la denrée baisse, ils seront moins payés. Ou ce qui revient au même, comme ils travaillent pour une ration d'avoine, ils seroient obligés de donner plus de travail pour cette ration, si elle étoit à plus bas prix.

On peut résumer en peu de mots tout ce qui concerne ce mode d'encouragement.

Le cours naturel des choses donne une *prime* pour l'application de l'industrie aux branches les plus avantageuses, *prime* dont la répartition sera toujours faite de la manière la plus équitable. Si les primes artificielles prennent le même cours que les primes naturelles, c'est un superflu. Si elles prennent un cours différent, c'est un mal positif.

CHAPITRE VI.

Des Exemptions d'Impôts sur la Production.

L'EXEMPTION d'impôt sur une production susceptible d'être imposée dans les mains du faiseur ou du vendeur, est une modification de la *prime sur la production.* C'est une prime déguisée.

Ce genre de faveur négative peut correspondre à tous les impôts possibles sur le commerce. Autant de modes de découragement, autant de modes d'encouragement. Si de deux manufactures rivales, l'une est grévée d'un impôt et l'autre franche, celle qui est imposée est par rapport à celle qui ne l'est pas dans la même situation que si toutes deux étant exemptes d'impôt, on accordoit une prime à la première.

Mais toute manufacture est rivale de toute autre ; si ce n'est pas une rivalité *spéciale,* c'en est une au moins *générale* et indirecte. Pourquoi ? Parce que la faculté d'acheter est limitée pour chaque individu par sa fortune et son crédit. Toutes les choses vénales qu'il peut désirer sont en concurrence ; plus il dépense pour les unes, moins il lui reste à dépenser sur les autres.

L'exemption d'impôt sur la production ne sauroit être blâmée sous un point de vue absolu : car il seroit à souhaiter, si la chose étoit possible, qu'il n'y eut point d'impôt. Mais sous un point de vue relatif, on peut blâmer telle ou telle exemption, quand l'article exempté n'a rien qui justifie cet encouragement particulier. S'il étoit aussi bon à imposer que d'autres, la faveur qu'on lui accorde est une défaveur pour les productions imposées.

Qu'un objet bon à imposer soit ainsi exempté, c'est un mal, parce qu'il faut recourir à quelque autre mode d'impôt qui, par la supposition, est moins convenable, ou laisser subsister quelque impôt nuisible.

Quant à l'avantage, il est nul. S'il se produit plus de cette marchandise exemptée, dans la même proportion, il s'en produit moins d'une autre qui est imposée.

Le mal d'une exemption sans raison justificative, est toute la différence entre un impôt plus ou moins éligible, et le pire de ceux qui existent.

CHAPITRE VII.

Primes sur l'Exportation.

DANS le cas des *primes sur l'exportation*, l'erreur n'ést pas aussi palpable que dans celui des *primes sur la production*, mais le mal est plus grand. Dans les deux cas, l'argent est également perdu : la différence est dans les personnes qui le reçoivent. Ce que vous payez pour la production, ce sont les gens de votre pays qui en profitent : ce que vous payez pour l'exportation, c'est aux étrangers que vous le donnez. C'est un stratagême ingénieux pour engager une nation étrangère à recevoir un tribut de votre part, sans en avoir la moindre notion : à peu près comme l'Irlandois qui, pour faire passer une guinée légère, la glissa subtilement entre deux demi-sous.

Quoique la prime sur la production puisse maintenir un commerce désavantageux qui tomberoit sans elle, et en constituer l'unique profit, il est possible qu'elle ajoute temporairement au profit d'un commerce avantageux qui se soutiendroit sans ce secours.

La prime maintient-elle un commerce désavantageux ? elle ne produit pas pour un denier d'industrie de plus qu'il n'y auroit eu sans cela, parce que ce commerce, laissé à lui-même, seroit tombé pour faire place à un meilleur ; et la communauté perd les profits d'un capital mieux employé dans des entreprises lucratives.

La prime soutient-elle un commerce avantageux? le mal en dernier résultat sera plus grand, parce que l'extra-profit attirant plus de rivaux dans cette carrière, leur concurrence réduit le prix à tel point que la prime constitue enfin tout le profit de ce commerce.

Cependant jusqu'à ce que le prix soit arrivé à cette réduction, la prime est un gain net pour les premiers entrepreneurs—Et les consommateurs étant nos propres compatriotes, une partie de cet argent mal employé tourne à leur profit par le bas prix de la marchandise.

Mais dans le cas des primes sur l'exportation, la nation même qui les paye n'en retire aucun avantage : tout en est perdu, comme si on l'eût jetté dans la mer, ou du moins comme si on l'eût donné aux étrangers.

Sans cette prime, l'article auroit été exporté, ou il ne l'auroit pas été. Il l'auroit été, si les étrangers avoient voulu en donner un prix qui eût acquitté les frais de la fabrication, de l'exportation, avec le profit ordinaire du commerce : il ne l'auroit pas été s'ils n'avoient pas offert un prix suffisant. Dans le premier cas, ils auroient obtenu l'article en le payant à sa valeur ; dans le second cas, on n'eût point fait avec eux un commerce à perte.

Ajoutez une prime à l'exportation et suivez ses effets. Les étrangers qui, jusqu'alors avoient trouvé l'article trop cher, pourront être disposés à l'acheter : pourquoi ? parce que vous le payez pour les y engager. Plus le Gouvernement donne à celui qui l'exporte, moins l'étranger qui le reçoit a besoin de donner. Or, il est bien clair qu'il ne le payera qu'au plus bas prix dont l'exportateur puisse se contenter ; il n'a pas besoin de donner davantage : puisque si un marchand refusoit de le fournir à ce prix, un autre seroit tout prêt à le faire.

Supposons qu'un article de nos manufactures fut déjà acheté par les nations étrangères avant qu'on eût mis une prime sur son exportation, que résulteroit-il d'en mettre une ? Tout simplement la baisse du prix chez les étrangers. On donne une prime d'*un* par livre de poids sur un article qui se vend *cinq* par livre de poids : le manufacturier n'auroit pas trouvé son compte à le vendre à moins de *cinq* : il trouvera maintenant le même profit à le donner pour *quatre*, parce que son propre Gouvernement compense la différence. Il le donnera pour *quatre*, parce que s'il ne le faisait pas, un autre le feroit, et que dans ce cas au lieu de le vendre pour *cinq*, il seroit possible qu'il ne le vendit pas du tout. Ainsi, tout ce que donne le Gouvernement est une épargne nette que font les étrangers : l'effet de l'encouragement est nul : tout ce qui est exporté avec une prime n'est ni plus ni moins que ce qui seroit exporté sans elle (1).

Quoiqu'une prime ne rende pas cette branche de commerce *plus* florissante qu'elle n'auroit été sans cela, elle ne la rendra pas *moins* florissante : mais plus elle deviendroit florissante, plus la perte qui en résulteroit pour la nation seroit grande.

On parle souvent de commerces désavantageux ; on en est inquiet, on craint que telle ou telle manufacturation laissée à elle-même ne le devienne. Mais c'est une erreur : il n'est pas possible qu'un commerce laissé à lui-même devienne désavantageux à la nation, il faut l'intervention du Gouvernement par des primes et par des faveurs pour produire cet effet. Ce n'est pas au négociant lui-même qu'il peut devenir désavantageux, car au moment où il ne verroit rien à y gagner, il se garderoit bien d'y persévérer : mais c'est à la nation en général, à la nation dans sa qualité de contribuable ; et la quantité de la prime est l'exacte mesure de la perte.

L'Irlandois qui faisoit passer sa guinée légère étoit très-rusé : mais il y a eu des François et des Anglois plus rusés que lui, et qui se sont bien gardés de se laisser prendre à sa finesse. Qu'un homme fin s'aperçoive que vous avez à gagner

(1) La même chose a lieu quand on croit favoriser une importation de bled, par exemple, en donnant une prime aux premiers importateurs. Elle a l'effet d'augmenter le prix au dehors.

quelque chose avec lui, son imagination commence mécaniquement à travailler pour vous prévenir, sans examiner s'il ne trouveroit pas mieux son compte, à vous laisser faire. Paroissez-vous croire que la chose en question est un avantage pour vous? le voilà convaincu qu'elle est un désavantage proportionnel pour lui; et que le parti le plus sûr, est de se laisser guider par votre opinion, sans consulter son propre jugement. Bien instruit de cette disposition du cœur humain, un Anglois fit une gageure et se tint sur le Pont-Neuf, le passage le plus fréquenté de Paris, offrant aux passans un écu de six francs contre une pièce de douze sous. Dans une demi-journée, il n'en débita que deux ou trois.

Puisque les individus en général sont tellement dupes de leur propre défiance, est-il étrange que les Gouvernemens, ayant à manier des intérêts qu'ils entendent si peu, et dont ils sont si jaloux, soient tombés dans la même erreur? Un Gouvernement, se croyant bien habile, a donné une prime sur un article de son exportation, pour en forcer le débit chez une nation étrangere. Qu'a fait cette autre nation en conséquence? alarmée à la vue de ce danger, elle a pris toutes les mesures possibles pour le repousser. Quand elle a osé prohiber l'article, elle l'a fait, c'est-à-dire, qu'elle a refusé les pieces de six francs pour douze sous. Quand elle n'a pas osé prohiber, elle a balancé cette prime par une contre-prime sur quelque article de sa propre exportation. N'osant pas refuser les écus de six francs pour douze sous, elle a glissé subtilement quelque petit diamant entre les pièces de monnoie ; et par-là le trompeur s'est trouvé attrapé.

Une émulation de ce genre, peinte sous ses vraies couleurs, et dépouillée de cet éclat qui éblouit par la grandeur de l'objet, et la dignité des agens, semble trop absurde pour être possible : mais pour un exemple entre mille, je renvoye à ce qui s'est passé entre l'Angleterre et l'Irlande pour le commerce des toiles.

CHAPITRE VIII.

Prohibition des Manufactures rivales.

Ce mode d'encouragement prétendu ne peut jamais produire aucun bien, et il peut faire du mal : *nuisible* ou *nul*, voilà l'alternative.

Je dis *nul :* c'est un privilège particulier de cette mauvaise mesure de pouvoir être appliquée dans quelques cas sans faire aucun mal : et ces cas sont ceux où la branche d'industrie ou de commerce qu'on probibe ne seroit point admise, lors même qu'il n'y auroit pas de prohibition. On déclara autrefois *félonie* en Angleterre d'importer des *pollards* et des *crocards*, espèces de monnoies de ce temps-là. Cette prohibition subsiste encore, sans qu'il en résulte aucun inconvénient. Si dans la vue d'encourager la multiplication des poules communes, ou dans quelque autre vue également patriotique, on défendoit l'importation et la multiplication des phénix, il est clair qu'il n'en résulteroit pour le commerce de la volaille ni beaucoup de gain ni beaucoup de perte.

Entre toutes ces espèces de manufactures que l'Angleterre interdisoit à ses Colonies avec tant d'anxiété, il en étoit plusieurs qui, comparées à l'agriculture, ne pouvoient pas plus convenir aux

Américains que d'élever des phénix, de cultiver des ananas dans les champs, ou de fabriquer des étoffes avec des toiles d'araignée.

Que les articles de manufactures étrangères, chargés des frais d'importation, ne soient ni meilleurs en nature, ni à plus bas prix que les mêmes articles de manufactures domestiques, ils ne seront point importés : la prohibition existe par la nature des choses.

II. *Nuisible.* Par la prohibition des manufactures rivales, vous voulez assurer le succès de la manufacture favorisée ; et vous créez d'abord tous les mauvais effets du monopole. Vous donnez aux monopolistes la faculté de vendre plus cher, et vous diminuez par là le nombre des jouissances. Vous leur donnez le privilège singulier de faire moins bien, de rester stationnaires dans leur industrie, ou du moins, vous affoiblissez considérablement le principe de l'émulation qui ne tient qu'à la concurrence. Enfin vous favorisez l'enrichissement d'un petit nombre d'individus, aux dépens de tous ceux qui auroient partagé le bénéfice. Vous donnez à dix mauvais manufacturiers un embonpoint excessif au lieu d'en alimenter dix mille bons : et vous blessez les sentimens des peuples par l'idée d'injustice et de violence attachée à la partialité de cette mesure.

Les prohibitions des manufactures étrangères sont le plus souvent appliquées à ces objets que les étrangers peuvent fournir d'une manière moins dispendieuse, à raison de quelque avantage particulier de leur sol ou de leur industrie. C'est-à-dire, que refusant de participer à cet avantage naturel dont ils jouissent, vous préférez ce qui vous coûte plus d'avance, et plus de travail : vous employez vos ouvriers et vos capitaux à perte, plutôt que de prendre des mains d'un rival ce qu'il vous offre d'une meilleure nature et à meilleur prix. Si vous croyez par là soutenir un commerce qui pourroit vous échapper, cela est vrai, mais il n'abandonneroit cette carrière où il a des désavantages inévitables que pour entrer dans celles où les mêmes capitaux seroient employés avec plus d'efficacité. La plus grande de toutes les erreurs est d'imaginer que, par ces prohibitions, soit de manufactures étrangères, soit de manufactures domestiques, on obtienne un commerce de plus. La quantité de capital, cette cause efficiente de tout accroissement, restant la même, tout ce qui est ajouté à un commerce favorisé en conséquence de la prohibition, est autant de retranché à d'autres commerces.

Il ne faut pas oublier les maux collatéraux qui accompagnent ce système prohibitif. C'est une source de faux frais, de vexations, et de délits.

La dépense perdue la plus apparente est celle des douaniers, des inspecteurs, des gardecôtes : mais la plus réelle est celle de la perte du travail ; ou le travail stérile de ceux qui font leur métier de la contrebande, et de ceux qui font ou paroissent faire leur occupation de la prévenir.

Anéantir le commerce étranger, se suffire à soi-même, tout vendre et ne rien acheter, voilà la folie qui a passé pour de la politique profonde, parmi des hommes d'Etat.

Dans les procédés de nation à nation, les hommes consentent à soutenir à grands frais des manufactures désavantageuses pour ne pas acheter de leurs rivaux. On ne voit pas de tel excès d'extravagance d'individu à individu. Si un négociant se conduisoit ainsi, on diroit qu'il court à sa ruine : mais son intérêt le guide trop bien. Il n'y a que des Administrateurs publics qui soient capables de cette méprise ; encore n'en sont-ils capables que lorsqu'ils agissent pour le compte des autres.

L'avidité veut embrasser plus qu'elle ne peut tenir. La malveillance aime mieux se punir elle-même que de permettre à ses ennemis un bénéfice.

Avoir les yeux plus grands que le ventre : phrase proverbiale de nourrice qui convient aux enfans, et qui s'applique toujours aux nations. L'homme individuel se corrige de ce défaut par l'expérience : l'homme politique, quand il en est atteint, ne s'en corrige jamais.

Qu'un enfant refuse une médecine, les mères et les nourrices le disposent quelquefois à la prendre, en la menaçant de la donner au chat ou au chien. Combien de grands hommes d'Etat, enfants mal corrigés, s'obstinent à soutenir un commerce auquel ils perdent, pour éviter la mortification de le laisser faire à une nation rivale ?

L'homme d'Etat qui croit pouvoir étendre infiniment le commerce, sans s'apercevoir qu'il est limité par les capitaux, est l'enfant dont les yeux sont plus grands que le ventre.

L'homme d'Etat qui s'efforce de retenir un commerce désavantageux par la crainte qu'une autre nation ne le gagne, est l'enfant qui avale la pillule amère de peur qu'on ne la donne au chat.

Ces comparaisons ne sont pas nobles, mais elles sont justes : et quand les erreurs se couvrent d'un masque imposant, on est tenté de les mettre dans un jour qui les humilie.

CHAPITRE IX.

Fixation du Prix des Denrées.

La taxation du prix des denrées, peut avoir eu deux objets opposés : 1°. *augmenter leur cherté*, 2°. *la diminuer*.

Le premier motif est peu naturel : autant de denrées, autant de moyens de bien-être : c'est donc contribuer au bien-être général que de les mettre à la portée d'un plus grand nombre. Cependant ce motif n'est pas sans exemple, et les liqueurs spiritueuses enivrantes en sont la preuve. Les Législateurs se sont appliqués, et non sans raison, à en augmenter le prix, afin que la consommation en fût limitée par la cherté. Mais il suffit pour hausser le prix de la denrée de lui faire porter un impôt : il n'est pas besoin d'employer la voie de la fixation directe.

L'objet des fixations est-il d'entretenir une denrée à bon marché, le moyen n'est guère propre à répondre au but. Antérieurement à la loi, la denrée étoit vendue à ce qu'on appelle (pour abréger) le *prix moyen*, c'est-à-dire, qu'il s'étoit renfermé entre certaines limites, 1°. par la concurrence entre les vendeurs et les acheteurs, et 2°. par une autre concurrence entre le profit de la branche de commerce en question, et celui des autres branches auxquelles le commerçant peut trouver de l'avantage à transférer son capital.

La Loi essaye-t-elle de fixer le prix à un taux plus bas que ce prix moyen? Elle peut obtenir une réussite passagère, mais peu à peu on abandonnera ce commerce. Si elle pousse plus loin la contrainte, le mal ne fait qu'empirer : la contrainte en effet ne peut agir que sur les fonds existans : ceux-ci étant vendus à un prix forcé, le négociant se garde bien de les renouveler. Que peut faire la Loi? peut-elle le forcer de remplir son magasin des mêmes denrées? Aucun Législateur n'a pu le tenter, ou du moins ne l'a tenté avec aucun succès. Ce seroit convertir les Officiers de la Justice en agens du commerce, ce seroit leur donner le droit de disposer des capitaux des négocians, et d'employer ces négocians eux-mêmes comme leurs commis.

La fixation la plus commune a été celle du taux de l'argent : il en sera parlé dans un autre chapitre.

La fixation du prix du pain n'est qu'une affaire de police, qui n'a que de bons effets quand on le fait varier selon le cours du prix libre de la denrée.

La fixation du prix des journées (surtout pour l'agriculture) a été souvent proposée et même exécutée par des motifs opposés—pour prévenir ce qu'on regarde comme *excès* :—pour remédier à ce qu'on regarde comme un *déficit*.

Sous ce dernier point de vue, cette mesure est sujette à une grande objection. Fixer le salaire, c'est exclurre des travaux plusieurs ouvriers qui autrement auroient été employés : c'est agraver la détresse qu'on voudroit soulager. Tout ce que vous pouvez faire en effet se borne à déterminer qu'ils ne recevront pas *moins* que le prix fixé, s'ils sont employés : mais ce que vous ne pouvez pas ordonner, c'est qu'on les employe : quel est le fermier ou le manufacturier qui se soumettra à entretenir des ouvriers qui coûtent plus qu'ils ne rapportent ? En un mot, un règlement qui fixe le *minimum* des journées est un règlement du genre prohibitif, qui exclut du concours tous ceux dont le travail n'a pas une valeur équivalente à ce taux.

La fixation du prix des journées pour prévenir l'*excès*, est une faveur accordée au riche aux dépens du pauvre, au maître au préjudice de l'ouvrier. C'est violer par rapport à la classe la plus foible le principe de la sûreté et de la propriété.

CHAPITRE X.

Impôts: Leurs conséquences sur l'Industrie et le Commerce.

Les impôts ne doivent avoir d'autre but que leur but direct, celui de produire un revenu, en ménageant le fardeau autant qu'il est possible(1). Quand on veut les faire servir comme moyens indirects d'encouragement ou de découragement pour telle ou telle espèce d'industrie, le Gouvernement, comme nous l'avons déjà vu, ne réussit qu'à déranger le cours naturel du commerce, et qu'à lui donner la direction la moins avantageuse.

Les effets de ces impôts paroissent très-compliqués et très-difficiles à suivre. On peut toutefois les présenter, d'une manière générale, sous un point de vue qui les rapproche, et les éclaircit, en distinguant ces effets en deux classes—les effets *permanens* et les effets *temporaires.*

Première question. *Quelles sont les consé-*

(1) Ce principe peut admettre quelques exceptions, mais elles sont très-rares : par exemple, on peut imposer les liqueurs fortes, dans le but d'en diminuer la consommation, en augmentant leur cherté,

quences d'un impôt mis sur les articles de nos manufactures par une autre nation?

Conséquentes permanentes. 1°. Si l'exportation n'est pas diminuée, l'impôt ne fait aucune différence par rapport à nous : il n'est payé que par les consommateurs de l'Etat qui a mis l'impôt.

2°. Si l'exportation est diminuée, le capital qui étoit employé dans cette branche s'en retire proportionnellement pour passer à d'autres.

Conséquences temporaires. Cette diminution d'exportation occasionne une détresse proportionnelle aux individus intéressés dans ce genre d'industrie. Des ouvriers perdent leurs occupations. Ils sont forcés de se livrer à des travaux qu'ils entendent moins, et qui leur rapportent moins. Pour le maître manufacturier, une partie de son capital fixe est rendue inutile. Il perd de ses bénéfices, à proportion de ce que la fabrication est réduite.

Seconde Question. *Quelles sont les conséquences d'un impôt mis par nous-mêmes sur des manufactures que nous consommons nous-mêmes?*

Conséquences permanentes. 1°. Si la consommation n'est pas diminuée, il n'en résulte aucune autre différence que le désavantage de l'impôt pour le consommateur, et son avantage proportionnel pour le public.

2°. Si la consommation est diminuée, les individus sont privés de cette portion de bien-être qui consistoit dans l'usage de cet article particulier de jouissance.

3°. Le capital, comme dans le cas précédent, se retire de cette branche et passe à d'autres.

Conséquences temporaires. Si la consommation n'est pas diminuée, l'impôt ne fait aucune différence. Si elle l'est, même détresse proportionnelle que dans le cas ci-dessus.

Trosième Question. *Qu'elles sont les conséquences d'un impôt mis par nous-mêmes sur des manufactures de notre pays consommées par des étrangers?*

Conséquences permanentes. 1°. Autant que la consommation n'est pas diminuée, l'opération est un gain clair et net pour nous. Le fardeau de l'impôt est porté par l'étranger, et le profit est recueilli par nous-mêmes.

Si la consommation est diminuée, le capital qui perd cet emploi passe à d'autres branches.

Conséquences temporaires. Consommation non diminuée, point de différence pour nous: consommation diminuée, même détresse proportionnelle que dans les deux cas précédents.

Il résulte de là que les effets *permanens* de ces impôts sont toujours de peu d'importance pour le commerce en général, et que leurs effets *temporaires* sont malfaisans, à proportion de ce que la consommation est diminuée. Le mal est plus ou moins grand, selon qu'il est plus ou moins facile de transférer le capital et le travail d'une branche d'industrie à une autre branche.

Les moins nuisibles de tous les impôts sont ceux qui portent sur nos productions consommées par les étrangers. Si la même quantité s'exporte après l'impôt qu'auparavant, loin d'être préjudiciable, il nous donne un bénéfice net; c'est un tribut levé sur eux, précisément comme s'il étoit levé sur leurs fonds de terre.

L'impôt établi par nous sur des importations étrangères est payé par nous-mêmes, onéreux comme le seroit tout autre impôt de même valeur. Si la consommation n'en est pas diminuée, il vaut mieux que l'impôt sur cet article soit mis par nous, qui en profitons, que par l'Etat qui le produit et qui en auroit le bénéfice.

Une nation qui a le monopole naturel d'un article nécessaire aux étrangers, a un moyen naturel de les imposer à son profit. Prenez l'*étain* pour exemple : l'Angleterre est le seul pays qui ait des mines de ce métal, au moins toutes les autres sont trop peu considérables pour suffire à la demande. L'Angleterre pourroit donc mettre un impôt considérable sur l'exportation de l'étain, sans avoir à craindre la contrebande, parce qu'on peut le percevoir dans la mine ou dans la fonderie. La France ne pourroit pas l'imposer au même point, parce qu'elle donneroit un trop grand appât aux contrebandiers.

Ces principes sont faciles à appliquer aux

Traités de Commerce entre les nations. Tout ce qui est permanent, soit en ce qu'on appelle faveurs, soit en ce qu'on appelle découragemens, a fort peu d'effet sur notre commerce en général, puisque le commerce est toujours subordonné au capital qu'on peut y employer. Mais on peut prendre des précautions internationales pour prévenir des changemens rapides dont il résulte des détresses temporaires. Chaque nation fait un sacrifice en renonçant à mettre des impôts ou à les augmenter sur des articles de sa propre exportation : chaque nation en reçoit le dédommagement par un sacrifice réciproque. Le commerce acquiert ainsi de la stabilité ; et l'on ne se fait plus cette petite guerre fiscale, cette guerre de douanes qui produit entre les peuples une irritation dangereuse, et toujours infiniment disproportionnée à l'importance de l'objet.

Le premier chapitre du Code du Commerce devroit avoir pour objet de montrer la réciprocité des intérêts internationaux, de prouver qu'il n'y a point d'immoralité, dans les relations de paix, à favoriser l'opulence étrangère, point de mérite à la contrarier.

Ce peut être un mal pour nous que notre voisin soit riche. C'en est sûrement un qu'il soit pauvre. Riche, nous pouvons avoir à le craindre. Pauvre, il n'aura rien, ou il aura peu à nous vendre, ou à acheter de nous.

Mais pour qu'il soit à craindre en raison

d'un accroissement de richesse, il faut que cette prospérité ne soit que pour lui seul. Il ne le seroit pas davantage si notre opulence avoit fait les mêmes progrès que la sienne, ou si ce progrès avoit eu lieu pour d'autres nations aussi disposées que nous à le réprimer.

Les jalousies contre les nations riches ne sont fondées que sur des méprises et des contre-sens. C'est avec ces nations qu'on fait le commerce le plus profitable, celui dont les retours sont les plus abondans, les plus rapides, les plus sûrs.

Les grands capitaux produisent la plus grande division du travail, les machines les plus perfectionnées, la concurrence la plus active des marchands, les plus longs crédits, et par conséquent, les prix les plus bas. Chaque nation, en recevant de la plus riche tout ce qu'elle fournit à meilleur marché et de meilleure qualité, peut vouer exclusivement ses capitaux aux branches d'industrie qui lui sont le plus avantageuses.

Pourquoi les Gouvernemens donnent-ils une préférence si marquée au commerce d'exportation?

1°. Cette branche est celle qui se présente avec le plus d'apparence et d'éclat. C'est celle qui est le plus sous les yeux des Ministres, et qui doit par cela même exciter plus fortement leur attention. D'ailleurs les négocians en crédit sont plus près d'eux, et font plus de bruit que les cultivateurs.

2°. Ce commerce leur paroît plus particulièrement leur ouvrage : ils croyent faire : ils s'imaginent qu'ils sont créateurs : l'inaction leur paroît une sorte d'impuissance.

Toutes ces prétentions tombent devant le principe : l'*industrie subordonnée au capital.* Ces nouveaux commerces, ces établissemens lointains, ces encouragemens coûteux n'opèrent point de créations nouvelles : ce n'est qu'un nouvel emploi d'une partie d'un seul et même capital qui n'étoit pas oisif auparavant. C'est un nouveau service qui se forme aux dépens d'un ancien. La sève qu'on fait couler par cette opération dans une nouvelle branche étant dérobée à une autre, donne un produit différent, mais non pas un surcroît de produit.

CHAPITRE XI.

De la Population.

On a écrit bien des volumes sur la population, parce qu'on examinoit les moyens de l'augmenter. Je serai très-court sur ce même sujet, parce que je me borne à montrer que tous ces moyens sont inutiles.

Si quelque chose pouvoit détourner les hommes du mariage, ce seroit la peine qu'on affecte de prendre pour les y porter. Tant d'inquiétude de la part du Législateur n'inspire que des doutes sur le bonheur de cet état. On feroit peur des plaisirs en les convertissant en obligations.

Voulez-vous encourager la population? rendez les hommes heureux, et fiez-vous à la Nature. Mais pour les rendre heureux, ne les gouvernez pas trop, ne les contraignez pas jusques dans leurs arrangemens domestiques, et surtout dans ce qui ne peut plaire que sous les auspices de la liberté. En un mot, laissez-les vivre à leur fantaisie sous la seule condition de ne pas se nuire les uns aux autres.

La population est *en raison des moyens de subsistance et des besoins*. Montesquieu, Condillac, Sir James Stewart, Adam Smith, les Economistes n'ont qu'un même sentiment sur ce point.(1) D'après ce principe, il y a aussi un moyen d'augmenter la population, mais il n'y en a qu'*un*, c'est d'accroître la richesse nationale, ou pour mieux dire, de la laisser s'accroître.

Les filles, dit Montesquieu, *sont assez portées au mariage.*—Comment ne le seroient-elles pas? Les plaisirs, les sentimens avoués de l'amour ne sont permis qu'à cette condition: ce n'est que par là qu'elles sortent d'un double esclavage, et qu'elles se mettent à la tête d'un petit empire. *Ce sont les garçons*, ajoute-t-il, *qu'il faut encourager.*

Mais pourquoi? Les motifs de l'homme pour le mariage manquent-ils de force? ce n'est que

(1) Le nom de M. Malthus qui occupera à l'avenir le poste d'honneur en économie politique sur le sujet de la population, n'est pas mentionné ici, parce que cet ouvrage étoit antérieur au sien de bien des années. J'avois communiqué ce chapitre avec quelques autres fragmens, aux auteurs de la *Bibliothèque Britannique* qui se rédige à Genève, et il fut inséré dans le Tom. VII, année 1798. Si M. Malthus l'avoit connu, il l'auroit cité comme une preuve de plus, que son principe sur la population n'étoit pas un paradoxe nouveau: mais ce qui étoit nouveau, c'étoit d'en faire une application raisonnée et conséquente, d'en tirer la solution de plusieurs problèmes historiques, de parcourir l'Europe, ce principe à la main, et de montrer qu'on ne sauroit lutter contre lui sans produire de grands dérangemens dans l'ordre social: et voilà ce que M. Malthus a fait d'une manière aussi solide par le raisonnement qu'intéressante par le style et par les détails.

par là qu'il peut obtenir les faveurs d'une femme qui, à ses yeux, vaut toutes les autres : ce n'est que par là qu'il peut vivre librement et publiquement, avec une femme honnête, honorée, et qui n'est qu'à lui. Rien de plus doux que l'espoir d'une famille où l'on donne et l'on reçoit les affections les plus agréables, où l'on exerce le pouvoir, où l'on exerce la bienfaisance, où l'on trouve la confiance et la sûreté, où l'on prévoit des secours, des consolations pour sa vieillesse, où l'on se voit remplacer par d'autres soi-même, où l'on peut se dire, je ne mourrai pas tout entier. On a besoin d'un associé, d'un confident, d'un domestique, d'un conseiller, d'un intendant, d'une maîtresse, d'une garde-malade, d'une compagne de toutes les heures. Tout cela se trouve réuni dans une épouse ! Quel équivalent pourroit-on lui substituer ?

Ce n'est pas parmi les pauvres qu'il y a de l'éloignement pour le mariage, c'est-à-dire, ce n'est pas parmi les travailleurs, cette classe dont *la multiplication* intéresse seule le public, cette classe qui fait la force et qui crée la richesse de l'Etat, cette classe qui est la derniere dans le vocabulaire insensé de l'orgueil, mais que la politique éclairée regarde comme la première.

C'est à la campagne surtout que les hommes cherchent à se marier. Un célibataire n'y auroit pas les ressources qu'il peut trouver dans une ville. Un cultivateur, un fermier ont besoin d'une femme pour le train de leurs affaires, à toutes les heures de la journée.

La population des classes productives n'est limitée que par les besoins réels : celle des classes non productives est limitée par les besoins de convention.

Par rapport à celles-ci, au lieu de les porter au mariage par des invitations, des récompenses, des menaces, comme fit Auguste, on devroit leur savoir bon gré de vivre dans le célibat. L'accroissement de ces classes purement consommatrices n'est un avantage ni pour l'Etat, ni pour elles-mêmes. Leur bien-être est exactement en raison inverse de leur nombre. Si elles venoient à s'éteindre insensiblement comme en Hollande où il n'y a presque aucun citoyen qui n'exerce quelque industrie, où seroit le mal ? D'un travailleur, on peut toujours faire à l'instant un consommateur oisif, on ne fait pas sitôt un bon travailleur : il faut de l'aptitude, il faut de l'exercice ; l'industrie ne s'acquiert que lentement, si même à un certain âge on peut l'acquérir. D'ailleurs, quand un consommateur passe dans la classe des travailleurs, c'est par des revers de fortune, et il est dans un état de souffrance. Quand un travailleur est transporté dans la classe des consommateurs, il est exalté à ses yeux comme à ceux des autres, et son bonheur est au point le plus sensible.—Par toutes ces raisons, il faut que la classe oisive pour son propre intérêt n'augmente pas, et cest un grand bien si elle diminue soit par le célibat, soit en se reversant dans les classes laborieuses (1).

---

(1) L'auteur est conséquent; et Montesquieu, ce me semble, ne l'a pas été. Liv. XXIII, ch. X. Il a bien exposé le vrai principe, mais il ne l'a pas suivi.

Cet éloge des réglemens d'Auguste sur le mariage est bien singulier. Ils auront plu à Montesquieu par quelque idée vague de protection des mœurs. Ils offrent la violation de tous les principes sur les peines et les récompenses : point d'analogie, point de proportion : on punit un homme parce qu'il est malheureux ou prévoyant : on le récompense parce qu'il est heureux ou imprévoyant : on corrompt le mariage par des vues politiques et mercénaires : et avec tout cela, le but même qu'on se propose est manqué. Montesquieu avoue l'impuissance de ces lois. Le bien du remède étant nul, il ne reste plus que le mal.

Il blâme Louis XIV (ch. XXVII.) de n'avoir pas assez fait pour encourager le mariage en ne récompensant que des prodiges de fécondité.

Louis XIV n'avoit fait que trop par ses établissemens pour la Noblesse pauvre, et on ne l'a que trop imité. L'humanité est le motif de ces fondations ; mais cette humanité est également mal-faisante par rapport au peuple qui en fait les frais, et par rapport à la classe qu'on veut soulager et qu'on ne soulage point. Au contraire, plus on fait pour aider les indigens de cet ordre, plus on les multiplie. En effet, il y a pour chaque individu une certaine quantité de moyens qui le met en état de se marier. Se marie-t-il imprudemment ? Sa détresse est un mal sans doute, mais elle opère comme un avertissement ponr d'autres personnes dans la même classe. Si vous combattez cet effet naturel, si vous instituez des fondations pour les familles, des pensions, des faveurs à titre de mariage, que s'ensuit-il ? Ce n'est plus un établissement soumis au calcul, c'est une loterie : on consultera moins la prudence que l'espérance : ainsi beaucoup s'aventurent, mais peu réussissent. Vous avez voulu donner un

On n'a cessé d'accuser les couvens de nuire à la population. Les couvens pauvres, les ordres mendians y nuisent sans doute, car ils ajoutent au nombre des consommateurs oisifs. Il n'en est pas de même des couvens riches, ils n'ajoutent rien à ce nombre. Qui possède la rente des terres, commande le travail sans travailler lui-même: mais un fonds destiné à nourrir des oisifs, qu'importe qu'il se transmette de père en fils, ou d'étranger à étranger ?

On déclame contre les grandes villes. Ce sont, dit-on, les gouffres où va se perdre la population des campagnes. Ce qu'elles fournissent aux villes est visible pour tout le monde: ce qu'elles en reçoivent est moins apparent. C'est l'ancienne querelle de l'estomac et des membres. La culture augmente en proportion des consommateurs. On vit plus long-temps à la campagne, mais pour y faire naître un plus grand nombre d'hommes, il faut que les villes y envoyent des capitaux qui animent le travail.

---

secours, et vous avez tendu un piége. Ce que vous avez fait pour diminuer le mal, n'a servi qu'à l'empirer. Par pitié même pour les infortunés de cet ordre, il faut s'abstenir de les encourager au mariage. Quand ils n'auront plus de trompeuse espérance, ils ne seront plus malheureux.

Il n'existe en Angleterre ni restriction ni encouragement: on n'a pas craint que la Noblesse vînt à y manquer: on n'a pas craint que le célibat nuisît à la population; et l'on n'y connoît point cette maladie triste et honteuse, l'existence d'une classe affectée à l'oisiveté et à l'indigence.

Ce mal imaginaire, l'agrandissement des villes, a excité les craintes les plus extravagantes. On a porté l'absurdité au point de faire des réglemens pour borner leur enceinte. On auroit dû en faire pour l'agrandir. On auroit prévenu les maladies contagieuses. On auroit rendu l'air plus salubre. Les réglemens contraires ne diminuoient pas le nombre des habitans, mais les forçoient de s'entasser dans des demeures étroites, et de bâtir une ville sur une autre.

Les émigrations sont-elles désavantageuses à la population d'un Etat? Oui, si les émigrans avoient pu trouver de l'emploi chez eux; non, si c'est le contraire. Mais il n'est pas naturel que les travailleurs s'expatrient s'ils trouvent de quoi vivre chez eux. Cependant s'ils le désirent, faut-il le leur défendre? On peut distinguer les cas. Il se peut que ce désir soit produit par quelque dégoût momentané, par quelque idée fausse, quelque prévention qui entraîne une multitude d'hommes avant qu'ils aient le loisir de se désabuser. Je n'affirmerois pas qu'il n'y eût des circonstances où l'on pourroit défendre l'émigration par un édit passager: mais convertir cette défense en loi perpétuelle, c'est changer l'Etat en prison; c'est publier, au nom même du Gouvernement, qu'il ne fait pas bon y vivre. Il semble qu'un tel édit dût commencer ainsi. « Nous, etc, ignorant l'art de rendre nos Sujets heureux, bien assurés que si nous leur laissions la liberté de fuir, ils iroient chercher des contrées moins opprimées, leur faisons défense, etc."

Ne seroit-ce point agraver le mal même? Peut-on garder toutes les frontières d'un grand pays? Louis XIV, dans sa toute-puissance, en vint-il à bout? autant de personnes ainsi enchaînées, autant de mécontens et de malheureux qui seront observés avec défiance, qu'il faudra réprimer peut-être par des moyens plus violens, et qui deviendront ennemis, se voyant traités comme tels. D'autres qui n'auroient jamais songé à quitter leur pays, s'inquiéteront en se voyant forcés d'y rester. D'autres qui projetoient de s'y établir, se garderont bien de le faire. Pour quelques individus retenus malgré eux, vous perdez tous ceux qui seroient venus volontairement.

L'Angleterre a fait quelques pertes temporaires d'hommes et de capitaux par les émigrations en Amérique. Mais qu'est-il arrivé? Il est revenu de ces contrées une masse de productions qui ont plus que dédommagé la mère-patrie. Les hommes, les capitaux transportés sur ces terrains neufs ont rendu un bénéfice plus considérable pour l'Angleterre même que s'ils avoient été employés dans son sein. Pour mettre tout cela au net, il faudroit bien des données et bien des calculs; mais on peut le présumer en général par la vaste étendue de ce nouveau commerce.

Au sujet de l'émigration, le parti le plus sage est donc de ne rien faire. Sous le régime de la liberté, le bien est certain; sous le régime de la contrainte, c'est le contraire.

On peut aisément apprécier, d'après cela, l'avantage des émigrations. Pour peupler un pays encore en friche, il sera bon d'attirer des étrangers qui n'ont que leurs bras. Il peut même être avantageux de leur faire quelques avances pour les établir.

Par rapport aux moyens de prévenir la destruction de l'espèce, ils appartiennent à cette branche de la police qui s'occupe des subsistances et de la santé publique. Qu'on soit tranquille sur la population. On aura partout assez d'hommes pourvu qu'on ne leur ôte pas le nécessaire, et le contentement qui en fait partie, par un gouvernement dur et tyrannique (1).

---

(1) J'ai sous les yeux un gros livre politique de M. de Beausobre, Conseiller du Roi de Prusse, où, à l'article *population*, il ne donne pas moins de vingt recettes pour l'augmenter. Voici la 19me. « Il faut veiller à ce que dans la saison des fruits « le peuple ne se jete pas sur ceux qui ne sont pas mûrs." Il auroit dû fournir les moyens d'exécution, indiquer le nombre des inspecteurs pour juger de la maturité des fruits, des surveillans pour les garder, des Magistrats pour juger des infractions. Cela va loin.

Un autre moyen consiste à « empêcher que les hommes « n'épousent des femmes très-désagréables." Il ne dit point non plus à quel Juge il faudroit commettre ce jugement un peu délicat, ni sur quels principes il pourroit prouver la laideur des femmes, ni le degré d'inquisition qu'on devroit lui permettre, ni les épices qu'on devroit lui donner.... Le reste est à-peu-près dans le même goût.

Empêcher le mariage des vieillards avec de jeunes filles, celui des jeunes hommes avec des femmes beaucoup plus âgées qu'eux.---Empêcher le mariage des personnes qu'on croit inhabiles à la génération—ce font d'autres récipés de cette pharmacopée politique, un peu moins ridicules, mais non moins inutiles.

Ses plaintes sur la prostitution, raisonnables si elles avoient pour objet le malheur de la classe des femmes publiques, victimes du célibat forcé, ne le sont pas dans leur rapport à la population qui n'en souffre point. Je renvoye à ce qui a été dit, à ce sujet, dans les *Traités de Législation*, etc. Tome III. Liv. IV. *Des Moyens indirects pour prévenir les Délits*, ch. V. *Faire en sorte qu'un désir donné se satisfasse sans préjudice, ou avec le moindre préjudice possible.*

CHAPITRE XII.

Des Colonies.

La colonisation est une mesure très-*convenable*, quand on a, ou qu'on prévoit un excédent de population par rapport au territoire : elle est très-*inconvenable* comme moyen d'accroître la richesse générale du pays, ou d'augmenter le revenu de la mère-patrie. Toutes les idées vulgaires, à ce sujet, sont fondées sur des illusions.

Que les colonies ajoutent à la richesse générale du monde, c'est ce dont on ne sauroit douter; car si le travail est nécessaire à la production, la terre ne l'est pas moins : celle des colonies, indépendamment du produit annuel, est riche en matériaux bruts qui ne demandent, pour obtenir de la valeur, que l'extraction et le transport.

Mais cette richesse est pour les Colons, pour ceux qui occupent la terre, et non pour la métropole. D'abord, ils ne sont pas en état de payer des taxes : ensuite ils ne le veulent plus. Pour les établir, pour les protéger, pour les tenir dans la dépendance, il faut des frais ; et tous ces frais sont acquittés par des impôts levés sur les habitans de la mère-patrie.

La colonisation exige une dépense immédiate, une perte de richesse actuelle, pour un profit futur, pour une richesse contingente. Le capital qui s'exporte pour l'exploitation, s'il eût été employé dans la mère-patrie, auroit ajouté à la richesse croissante aussi bien qu'à la population et aux moyens de défense du pays. Quant au produit des colonies, il n'en revient qu'une foible partie à la métropole.

Si la colonisation est une folie comme moyen d'enrichissement, c'est du moins une folie agréable. Il en résulte des jouissances nouvelles, autant que les jouissances dépendent de la nouveauté et de la variété des objets. Le sucre substitué au miel, le thé, le café, le chocolat substitués à la bière et à la viande dont se composoit le déjeûner de la Reine Elisabeth ; l'indigo qui a varié les teintures, la cochenille qui a fourni une écarlate plus brillante, le bois d'acajou qui a décoré nos appartemens, la vaisselle d'or et d'argent qui orne nos tables, le plaisir qui résulte de tous ces objets de luxe, voilà le profit. Les plantes médicinales et nutritives, en particulier le quinquina et la pomme-de-terre, sont d'une utilité bien supérieure.

La nouveauté et la variété, par rapport aux moyens de jouissance, n'ajoutent rien à la quantité de la richesse, et la laissent telle qu'elle étoit, en tant que les anciennes productions supplantées par les nouvelles, cessent d'avoir lieu. Il en est ainsi des nouveaux fruits, des nouvelles fleurs, des nouvelles couleurs, des nouvelles étoffes, des nouveaux meubles, si le nouveau supplante l'ancien. Mais comme la nouveauté et la variété sont des sources de plaisir, à mesure qu'elles augmentent, la richesse augmente aussi, sinon en quantité, du moins en valeur. Et si ces nouveaux besoins sont l'aiguillon d'un nouveau travail, il en résulte une augmentation positive dans la richesse réelle.

Ces avantages, tels qu'ils sont, dépendent d'une colonie située dans un climat dont nous ne pouvons pas naturaliser les productions en Europe. Quant aux mines du Mexique et du Potose, leur effet a été d'ajouter à la quantité de vaisselle composée des métaux précieux, et à celle du numéraire. L'addition à la vaisselle augmente la richesse réelle : l'addition au numéraire a été toute en perte : la nouvelle masse d'or et d'argent n'a eu d'autre effet que de déprécier l'ancienne, et de diminuer dans la même proportion la valeur de tous les revenus pécuniaires, sans rien ajouter au capital réel et à la richesse future.

Cependant, en faisant entrer tous les intérêts dans le calcul, il est certain que le bien-être du genre humain a été augmenté par l'établissement des colonies. On ne sauroit en douter par rapport aux peuples qui s'y sont formés peu à peu, et qui leur doivent leur existence ; mais les métropoles elles-mêmes y ont gagné en bonheur sous un autre point de vue. Prenons l'Angleterre pour exemple. Au progrès que la population a fait dans le dernier siècle, on peut juger que bientôt elle auroit atteint ses limites extrêmes, c'est-à-dire, qu'elle auroit excédé les moyens ordinaires de subsistence, si le superflu n'avoit trouvé à se placer dans ces nouvelles contrées. Or, long-temps avant que la population arrive à ce terme, il y a une grande diminution d'opulence relative, un sentiment pénible de pauvreté générale et de détresse, une pression des hommes dans toutes les classes laborieuses, une rivalité malheureuse à offrir leurs travaux au plus bas prix.

Il est à désirer, pour le genre humain, que les rejetons qui vont servir à de nouveaux plants, soient pris des tiges les plus saines et des racines les plus florissantes—que les races qui vont se propager dans les terres vacantes soient sorties du peuple dont la constitution politique est la plus favorable à la sûreté des individus—que les nouveaux Colons soient les essaims de la ruche la plus industrieuse, et que leur éducation les ait préparé aux habitudes d'économie et de travail les plus propres à faire réussir les familles transplantées.

Il est avantageux à ces colonies de rester long-temps sous le Gouvernement de la métropole (pourvu toutefois qu'il soit ce qu'il devroit être). Sous un point de vue politique et moral, il est bon que ceux qui les gouvernent, ceux qui exercent l'influence de l'exemple par leur rang et par leurs richesses, aient puisé leur éducation et leurs principes dans une source plus pure, qu'ils soient choisis dans une classe qui, par son opulence héréditaire, a été affranchie de la nécessité de se vouer exclusivement à des intérêts pécuniaires, et qui a pu s'appliquer à la culture des études et des goûts qui ornent l'esprit, adoucissent les affections et donnent plus d'étendue à l'intelligence. Les Hastings, les Cornwallis, les Macartney, et tant d'autres, vont porter dans ces établissemens lointains des semences précieuses qui ne seroient autrement que le fruit lent de plusieurs âges.

Il eût été, sans doute, avantageux à l'Egypte, de demeurer sous le Gouvernement de la Grande-Bretagne, Gouvernement qui lui donneroit la paix, la sûreté, les beaux arts, la jouissance des magnifiques dons que lui a fait la nature. Mais sous le rapport de la richesse, la possession de l'Egypte, loin d'être un gain pour l'Angleterre, seroit une acquisition onéreuse.

J'entends le cri universel s'élever contre ce paradoxe. Tant de profonds politiques, divisés sur tout autre point, unanimes sur l'importance des colonies, ne se sont-ils accordés que pour tomber dans une erreur si capitale ! Tant de négocians se sont-ils abusés sur un calcul aussi simple que celui de la perte et du gain résultant du commerce colonial ! L'expérience de deux ou trois siècles n'auroit-elle pas ouvert les yeux des Gouvernemens ? Ne seroit-il pas trop extraordinaire qu'ils s'obstinassent à soutenir le poids énorme des dépenses qu'entraînent ces établissemens lointains, si la supériorité des avantages n'étoit pas claire et manifeste ?

Je pourrois répondre qu'une foule d'alchymistes, après tous les naufrages de leurs devanciers, se sont obstinés à chercher la pierre philosophale, et que ce grand œuvre a encore ses partisans. Je pourrois dire que plusieurs Etats de l'Orient sont gouvernés depuis des siècles par l'astrologie : je pourrois faire une longue énumération des erreurs qui ont entraîné les Gouvernemens et les peuples. Mais une question de cette nature ne doit pas être obscurcie par des déclamations. Alléguer le nombre des partisans d'un systême, sans l'appuyer sur des preuves, c'est vouloir intimider son adversaire, et non le convaincre. Cherchons tous les argumens par lesquels on a voulu prouver l'avantage des colonies sous le rapport de la richesse : nous n'en trouverons pas un seul qui ne soit en contradiction avec les principes les mieux établis de la science économique.

1°. " *Les richesses des colonies se versent* " *dans la métropole : elles y arrivent par le com-* " *merce, elles animent par conséquent les manu-* " *factures, elles font subsister de grandes villes :* " *la prospérité de Bordeaux, par exemple, en est* " *une preuve. Sa richesse dépend de son com-* " *merce avec les Isles occidentales.*"

Ce raisonnement ne prouve rien en faveur du systême des colonies. Il n'est pas besoin de gouverner telle ou telle île, de la posséder pour y vendre des marchandises. Les habitans des Antilles ont besoin des productions de l'Angleterre et de la France. S'ils étoient indépendants, il faudroit bien qu'ils les achetassent. Dans leur état de dépendance, que font-ils de plus? Ils ne donnent pas leurs sucres à la métropole, ils les échangent pour des blés et des draps. Ce qu'on leur fournit de ces denrées, si on ne le vendoit pas à eux, on le vendroit ailleurs. Supposez que les habitans de St. Domingue, au lieu d'acheter leur blé en France, l'achetassent en Angleterre, la France n'y perdroit rien, parce qu'en tout, la consommation de blé ne seroit pas moindre. L'Angleterre ayant fourni St. Domingue, ne pourra pas fournir d'autres pays qui seront dans la nécessité de s'approvisionner en France.

Le commerce est en raison du capital. Voilà le principe. La somme du commerce, en chaque pays, est toujours en proportion du capital dont ce pays dispose. Je suis négociant: j'ai un capital de dix mille livres: supposez que l'Amérique Espagnole me fût ouverte, pourrois-je, avec mes dix mille livres faire un plus grand commerce que je ne fais à présent?—Supposez que les Indes Occidentales me fussent fermées, mes dix mille livres deviendroient-elles inutiles entre mes mains? Ne pourrois-je pas les appliquer à quelque commerce étranger, ou les faire valoir dans l'intérieur du pays, ou les placer dans quelque entreprise d'agriculture domestique ?—Ainsi les capitaux conservent toujours leur valeur. Le commerce qui en résulte peut changer de forme et de direction : il peut couler dans des canaux différens, se porter sur telle manufacture ou telle autre, sur des entreprises étrangères ou intérieures ; mais en dernière analyse, ces capitaux actifs produiront toujours, et ils produiront la même quantité, la même valeur ; ou du moins la différence ne méritera aucune attention.

C'est donc la *quantité du capital* qui détermine la quantité du commerce, et non *l'étendue du marché,* comme on l'a cru généralement.—Ouvrez un nouveau marché, vous n'augmentez pas la somme des affaires ; si ce n'est par quelque circonstance accidentelle.—Fermez un vieux marché, vous ne diminuez pas la somme du commerce, si ce n'est par accident et pour un moment.

Ce nouveau marché pourroit être plus avantageux qu'aucun des anciens ; dans ce cas, le profit étant plus grand, le commerce pourroit prendre plus d'étendue.—Mais l'existence de cet extra-profit est ce qu'on suppose toujours, et qu'on ne prouve jamais (1).

La méprise consiste à représenter tout le

(1) Bryant Edwards dans son histoire des Isles Occidentales, même en exagérant l'utilité des colonies, ne porte qu'à sept pour cent, le taux du profit sur un capital employé dans les plantations tandis qu'il est de quinze pour cent sur un capital employé dans la mère-patrie.

profit d'un nouveau commerce comme autant d'ajouté à la somme du profit national, sans considérer que ce même capital, employé dans toute autre carrière, n'auroit pas été infructueux. On s'imagine avoir *créé*, lorsqu'on n'a fait que *transférer*. Un Ministre vante pompeusement quelques nouvelles acquisitions, quelques établissemens sur des côtes lointaines; et s'il s'est fait là des entreprises pour un million par exemple, il ne manque pas de croire qu'il a ouvert une nouvelle source de richesse nationale, il suppose que ce million de profit n'auroit pas existé sans lui; tandis qu'il auroit occasionné une perte, si le capital employé dans ce nouveau commerce, n'avoit rapporté que dix pour cent, et qu'employé dans le commerce usité, il en eût rapporté douze.

La réponse à cette première objection se réduit à deux points : 1°. qu'il n'est pas besoin de posséder les colonies pour commercer avec elles ; 2°. que quand même on ne feroit pas le commerce avec les colonies, les capitaux qu'on y employe seroient appliqués aussi fructueusement à d'autres entreprises.

II. Les partisans du systême colonial trouveront cette réponse extrêmement foible; ils voyent dans ce commerce deux circonstances qui le rendent beaucoup plus avantageux que celui qui se fait avec des nations libres.

« *Nous établissons*, disent-ils, *un double mo-*
« *nopole sur les Colons, premièrement, le monopole*

" de leurs productions que nous ne leur permettons de vendre qu'à nous, et qu'ainsi nous avons " à plus bas prix : secondement, le moncpole de " leurs achats que nous les obligeons à faire " chez nous, ensorte que nous pouvons leur vendre " nos denrées et nos objets de manufacture plus " cher qu'à des peuples libres où d'autres nations " nous feroient concurrence."

Examinons séparément l'effet de ces deux monopoles.

1°. Vous pouvez empêcher vos Colons de vendre leurs produits à tout autre qu'à vous, mais vous ne pouvez pas les forcer de cultiver et de fabriquer à perte. Il y a un prix naturel pour chaque denrée, déterminé par le taux moyen du profit du commerce en général. Le cultivateur ne peut-il pas vendre sa denrée à ce prix naturel ? il quitte sa culture, il applique ses capitaux à d'autres entreprises. Le monopole peut bien opérer une *réduction forcée* du prix *pour un certain temps*; mais, moi Colon, je me garderai bien de continuer à cultiver le sucre, si je perds à cette culture au lieu d'y gagner. Il est donc impossible que le monopole opère une *réduction constante* de la denrée au dessous de son prix naturel. Mais la concurrence libre suffira pour la réduire et la maintenir à son prix naturel, sans aucun monopole. Le haut prix, auquel vous croyez remédier par le monopole, est un mal qui se guérit de lui-même. Les grands profits dans une branche attirent un grand nombre de commerçans : tous ces commerçans sont rivaux : et cette rivalité opère naturellement une réduction des prix, jusqu'à ce que le taux du profit dans ce commerce particulier soit au niveau de tous les autres.

2°. Vous pouvez forcer vos Colons à ne rien acheter que de vous ; mais l'avantage que vous croyez tirer de ce commerce exclusif est illusoire.

S'agit-il des denrées et des manufactures qu'à raison d'une supériorité naturelle, vous pouvez fournir de meilleure qualité et à plus bas prix que les étrangers ? Il est clair que sans monopole, vos Colons les acheteroient de vous plutôt que d'eux. Le monopole ne vous sert pas à les leur vendre plus cher ; car vos marchands, étant tous en concurrence entr'eux, cherchent naturellement à se supplanter en offrant leurs marchandises au plus bas prix possible.

Mais pour les denrées et autres articles que vous ne pourriez pas leur fournir à des termes aussi favorables que les étrangers, il est certain que sans le monopole, vos Colons ne les acheteroient pas de vous. Doit-on en conclurre que ce monopole vous soit avantageux ? Point du tout. La nation en général n'y gagne rien. Il s'ensuit seulement que l'on cultive chez vous un genre d'industrie qui ne vous convient pas naturellement. Il s'ensuit que l'on produit de mauvaises denrées, ou que l'on fabrique de mauvais ouvrages. Le monopole est comme une récompense que le

Gouvernement donne pour maintenir des manufactures inférieures à celles des autres nations. Si ce monopole n'existoit pas, vous appliqueriez les mêmes capitaux à des genres d'industrie dans lesquels vous avez un avantage décidé. Loin de perdre à cet arrangement, vous y gagneriez une prospérité plus stable : car des manufactures qui ne peuvent se soutenir que par des moyens forcés, sont exposées à mille vicissitudes. Observez de plus que ce monopole sur les Colons est chargé d'un *contre-monopole.* Il ne vous est pas permis à vous François ou Anglois d'acheter les denrées semblables à celles de vos colonies, quand vous les trouveriez ailleurs à plus bas prix. En compensation de la gêne que vous imposez à vos Colons, vous vous en imposez une à vous-mêmes. S'ils ne peuvent vendre qu'à vous, vous ne pouvez acheter que d'eux. Or, combien n'en résulte-t-il pas d'inconvéniens pour vous ! Lorsque la récolte a manqué dans vos colonies, vous ne pouvez pas vous pourvoir dans celles où la saison a été plus favorable : à côté de l'abondance, vous vous trouvez dans la disette. L'effet du monopole est nul pour baisser le prix: mais l'effet du contre-monopole est certainement de produire de temps en temps des chertés extraordinaires.

III.—Les partisans du système colonial considèrent les colonies sous un autre aspect : l'avantage qui en revient au fisc. " *Les droits qu'on*

" *établit sur le commerce des colonies, soit d'im*
" *portation, soit d'exportation, produisent un re-*
" *venu qui cesseroit ou diminueroit beaucoup, si*
" *elles étoient indépendantes.*"

Il est certain que les impôts mis sur le commerce des colonies rendent un produit considérable : mais si elles étoient libres, ne feroient-elles point de commerce? ne pourroit-on pas taxer ce commerce? ne pourroit-on pas le taxer aussi fortement que le permet la contrebande? L'Angleterre lève des droits sur son commerce avec la France ; la France lève des droits sur son commerce avec l'Angleterre. Il n'est donc pas besoin de posséder les Isles pour se former un revenu du commerce avec les Isles.

Je ne répète pas ici que vos impôts sur les articles de leurs productions, et sur ceux de vos importations dans les colonies sont des impôts dont vous payez chaque denier vous-même. Ceci a déjà été démontré. Ce que vous faites payer aux Colons, ce sont uniquement les impôts sur vos exportations chez eux.

Je conviens que vous pouvez ainsi gagner sur vos colonies plus que vous ne le pourriez sur des nations étrangères : car les étrangers peuvent quitter votre marché quand il leur plaît, s'ils ne peuvent pas se procurer chez vous tels ou tels articles de commerce aussi bon marché qu'ailleurs. Vous êtes donc obligé de les ménager. Mais vos propres sujets, forcés de se pourvoir chez vous, seront obligés de se soumettre : vous les tenez dans une prison, et vous pouvez mettre le prix que vous voulez à leur existence.

Cependant un pareil avantage pourroit bien n'être qu'illusoire. Dès que vous faites de vos Isles une prison, il faut en tenir toutes les portes bien fermées. Vous avez à lutter contre le Protée de la contrebande. Il vous faut des flottes pour bloquer leurs ports, des armées pour contenir tout un peuple de mécontents, des Cours de Justice pour punir tous les réfractaires. Combien de frais immenses à déduire avant de tirer de ce commerce forcé un revenu net !

Au calcul des dépenses de paix, ajoutez celles d'un seul armement, d'une seule guerre : et vous verrez que les colonies dépendantes coûtent beaucoup à la métropole, et ne lui donnent point un retour égal ; que loin de contribuer à la force d'un Etat, elles en sont toujours la partie foible et vulnérable—qu'elles entretiennent entre les nations maritimes une jalousie continuelle—et qu'ainsi le peuple, en France et en Angleterre, est soumis à de plus forts impôts qui n'ont d'autre effet que de rendre les denrées des colonies plus chères que si elles étoient libres.

A ces considérations contre le systême colonial, tirées de l'Economie politique, on peut en joindre plusieurs de justice et d'humanité. Ce systême est souvent funeste aux peuples qui lui sont soumis; le Gouvernement est presque toujours à leur égard dans un état de jalousie ou d'indifférence: il les néglige ou il les opprime : il en fait une place de rebut pour recevoir la partie la plus vile de la société, ou une place de pillage pour des favoris et des créatures qu'on veut enrichir subitement. Le Souverain, à deux mille lieues de ses Sujets, ne peut connoître ni leurs besoins, ni leurs intérêts, ni leurs mœurs, ni leur caractère. Leurs plaintes les plus légitimes et les plus graves, affoiblies en raison de la distance, dépouillées de tout ce qui excite la sensibilité, de tout ce qui en impose à l'orgueil du pouvoir, sont livrées sans défense dans le cabinet du Prince aux tournures les plus insidieuses, aux réponses les plus infidelles: trop heureux encore les Colons, si on ne leur fait pas un crime d'avoir demandé justice, et si leurs représentations les plus modérées ne sont pas punies comme des actes de rébellion. En un mot, on s'embarrasse peu de leur affection, on ne craint guère leur ressentiment, et on brave leur désespoir. Les moyens abondent pour déguiser au Prince les procédés les plus violens, sous une apparence de nécessité : et les meilleures intentions ne peuvent pas préserver les Ministres du danger de servir des intérêts particuliers aux dépens des intérêts publics.

Si l'on passe aux détails de la situation des colonies, on ne peut qu'être frappé de leur désavantage. Les Colons ont-ils des procès dans la métropole? Il faut que leurs témoins traversent les mers: ils sont à la merci de leurs agens, les années s'écoulent, les frais de Justice les dévorent.—Sont-ils en danger d'une révolte? Sont-ils menacés de l'ennemi? Les secours arrivent quand le mal est fait. Le remède devient quelquefois un autre mal.—Manquent-ils de subsistances? La famine a ravagé leur pays avant que la métropole ait eu connoissance de leurs besoins.

Ce ne sont pas là de simples assertions: c'est un résumé fidèle de toute l'histoire des Colonies. Elle est tragique jusqu'à l'horreur. Ce que ces établissemens ont souffert par l'impéritie, l'impuissance ou l'insensibilité des Gouvernemens Européens surpasse tout ce qu'on peut imaginer. Quand on considère tout ce qu'il y a eu là d'hommes détruits, de flottes perdues, de trésors engloutis, d'établissemens saccagés, on est étonné d'entendre parler des Colonies comme d'un moyen d'enrichissement. Le développement naturel de leur fécondité et de leur industrie a été retardé pour des siècles. On les a couvertes mille fois de ruines. On s'appauvrit, on les appauvrit elles-mêmes en les tenant dans la servitude. On partageroit leur opulence en les laissant jouir des bienfaits de la liberté.

Il y a plus que des raisonnemens pour montrer l'inutilité de leur dépendance. L'Amérique Septentrionale offre un fait éclatant qui doit éclairer l'Europe. L'Angleterre a-t-elle vu diminuer son commerce avec ses anciens Sujets devenus libres? Depuis qu'elle a perdu ces immenses possessions, a-t-elle donné des symptômes de décadence? A-t-elle eu moins de matelots? Sa puissance navale est-elle affoiblie?—Elle a trouvé une nouvelle source de richesses dans l'indépendance des Etats-Unis. L'émancipation de cette grande contrée y a porté plus d'hommes, plus de capitaux et plus d'industrie. La Grande-Bretagne soulagée de tous les frais de défense et d'administration, a fait un commerce plus avantageux avec un peuple plus nombreux et plus riche; et c'est ainsi que tout concourt à prouver que la prospérité d'une Nation est un bien auquel toutes les autres participent, chacune en proportion de ses moyens; et que le système colonial est mauvais pour les Européens par cela seul qu'il est mauvais pour les Colonies.

Voyons maintenant les conséquences qu'on doit tirer de ces données.

1°. Ne doit-on faire aucun établissement colonial? Aucun, avec l'objet d'enrichir la mère-patrie: c'est toujours une dépense certaine pour un profit contingent et très-éloigné; mais nous avons vu que, comme moyen de soulager la population, d'en prévenir l'excès, de ménager une issue à ceux qui se trouvent trop pressés sur le sol natal, la colonisation offre une ressource avantageuse: et que si elle est bien conduite, si elle n'est soumise à aucun assujétissement, qui entrave sa prospérité, il peut en résulter la création d'un peuple avec lequel on a tous les rapports de langage, d'habitudes sociales, de liens naturels et politiques.

2°. Doit-on affranchir les colonies qu'on possède? Oui, si l'on ne considéroit que l'épargne des dépenses du Gouvernement, que les avantages supérieurs d'un commerce libre: mais il faut examiner ce qu'on doit aux établissemens coloniaux, à une famille qu'on a créée et qu'il ne faut pas abandonner. Peut-elle se maintenir par elle-même? Sa sûreté intérieure ne seroit-elle pas exposée? Ne seroit-ce point sacrifier une classe d'habitans à une autre—par exemple, les hommes libres aux esclaves, ou les esclaves aux hommes libres? N'ont-ils pas besoin d'être protégés et dirigés dans leur état de foiblesse et d'ignorance comparative? Leur dépendance n'est-elle pas leur sauvegarde contre l'anarchie, le meurtre et le pillage? Voilà les points de vue sous lesquels il faut envisager cette question.

Quand on auroit cessé de voir les colonies avec les yeux avides de la fiscalité, la plupart des inconvéniens de l'état colonial, dont nous avons parlé, cesseroient d'eux mêmes. Détruisez les fausses notions mercantiles et la jalousie du pouvoir, vous ferez tomber tout ce qui rend leur joug onéreux. Il n'y aura plus à craindre de dispositions hostiles et de guerres d'indépendance:

car si la sagesse seule étoit écoutée, l'objet ordinaire de la contention seroit renversé : la mère-patrie aspireroit à voir ses enfans assez puissans pour devenir libres ; et les Colons redouteroient la perte d'une autorité tutélaire qui leur donne la paix au dedans et la sûreté contre les ennemis extérieurs.

CHAPITRE XIII.

Des Moyens d'Accroissement de la Richesse.

Suivons maintenant les progrès de la richesse dans son cours naturel, nous verrons encore plus clairement que l'intervention du Gouvernement n'est bonne et nécessaire que pour maintenir la sûreté, pour écarter des obstacles, ou pour répandre des instructions.

La richesse générale s'augmente

1°. Par l'augmentation du nombre des hommes en tant que travailleurs.

2°. Par l'augmentation de la masse des capitaux.

3°. Par l'emploi le plus avantageux des capitaux.

4°. Par l'augmentation de l'efficacité du travail.

5°. Par l'avantage du commerce.

I.—*Augmentation du Nombre des Hommes en tant que Travailleurs.*

Je n'ai rien à ajouter à ce qui a été dit à cet égard dans le chapitre sur la population. Mais j'observerai que l'on peut tendre à cet effet d'une manière indirecte:

1° Par le bannissement des préjugés défavorables au travail. L'honneur lie les mains aux uns, la religion aux autres. Il en est qu'elle tient dans une perpétuelle oisiveté, d'autres dans une oisiveté périodique. On sait qu'il est des pays catholiques où le nombre des fêtes enlève plus de cent jours au travail.—Et il ne faut pas considérer la perte seule de ces journées, mais encore celle qui résulte des habitudes vicieuses que cette oisiveté encourage. On n'a pas travaillé le jour de fête: on ne travaille pas le lendemain, parce qu'on s'est enivré la veille. Dans les contrées du Nord où l'été est si court et la récolte si précaire, qui peut estimer tout ce qu'il en coûte à la nation par le repos forcé du Dimanche? La disette de l'année peut en être le fruit.

2°. On augmente le travail même en donnant des emplois productifs à des classes d'hommes qui, par état, ne produiroient rien, des prisonniers, des mendians, des moines, des soldats. Plusieurs militaires prétendent que pour faire un bon soldat, il ne doit pas avoir d'autre métier: mais il y auroit du moins une exception à faire pour les travaux qui peuvent être utiles à la guerre, comme de creuser des fossés, de faire des ponts, des digues, des chemins. (1) C'est

(1) On dit que le succès des armées Américaines furent dus en partie à leur habileté en ce genre. Composées presqu'en entier d'agricoles, elles faisoient les fossés, les retranchemens

un moyen intarissable d'augmenter la partie la plus stable du capital de l'Etat.

3°. Substituez les motifs attrayans aux motifs coërcitifs, la récompense à la peine. Abolissez avec les précautions convenables, les services en nature, les corvées, l'esclavage. Un pays de serfs sera toujours pauvre. Payez les travaux en argent; la récompense se mêlant goutte à goutte avec le travail en adoucit l'amertume. Chaque travailleur libre vaudra deux esclaves. Cette réflexion s'est souvent présentée dans cet ouvrage : mais elle est si juste, et si favorable à l'humanité qu'on ne doit pas craindre de la répéter.

II.—*Augmentation de la Masse des Capitaux.*

La masse des capitaux s'augmente par les productions du travail au delà des consommations.

L'addition à la masse de la richesse dans une année est la somme des économies faites par tous les individus dans la même année. C'est la *différence* entre les valeurs produites ou importées, et les valeurs détruites ou exportées dans le cours de la même année.

L'addition faite à la richesse pécuniaire d'une

---

et autres ouvrages de camp avec une facilité qui étonnoit leurs adversaires. Les armées Russes ont le même avantage, et dans un plus haut degré.

Communauté est de même la différence entre la somme produite ou importée, et la somme détruite ou exportée dans le période en question.

Dans le cas d'un individu, accroissement d'argent est accroissement de richesse. Si sa fortune consiste aujourd'hui en mille guinées, et qu'il en ait deux mille demain, il est deux fois aussi riche que le jour précédent. Il peut commander deux fois la même quantité du produit de tous les travaux.

Il n'en est pas de même pour une Communauté. Si son numéraire métallique étoit aujourd'hui un million de livres sterling, et qu'il fût demain de deux millions, sa richesse n'est pas doublée comme celle de l'individu ; la Communanté n'est pas même, pour l'intérieur, plus riche qu'auparavant. Au lieu d'avoir à son commandement une quantité double de produits, elle n'en a que la même quantité.

Il est vrai qu'en exportant chez d'autres nations cette masse soudainement acquise, la Communauté en question obtiendroit une addition à la masse de sa richesse non pécuniaire : mais à mesure que cet échange se fait, le cas que nous avons supposé n'est plus le même. Elle cesse de posséder le million d'or additionnel.

Cette contradiction apparente entre les deux cas est facile à lever. Quand l'individu trouva sa quantité d'or subitement doublée, la valeur de l'or n'avoit pas diminué par cette addition :

la Communauté n'en possédoit pas plus qu'auparavant, supposé que la somme ne vint pas de l'étranger. La proportion entre le numéraire et les choses à vendre restoit exactement la même.

La masse de toutes les *choses* qui sont vendues dans le cours de l'année est égale en valeur à la somme du numéraire donné en échange pour les obtenir: en multipliant la quantité actuelle du numéraire par le nombre de fois qu'il a servi aux échanges. Une de ces masses est égale en valeur à l'autre: car par la supposition, l'une a été échangée contre l'autre.

Cette égalité subsiste, quel que soit la différence en quantité entre ces deux masses. Quand le million en or, circulant trois fois pendant l'année, a acheté toute la masse des *choses* qui étoient à vendre, il donne à tous ses possesseurs successifs la jouissance de cette masse. Lorsqu'en prenant le même cours, les deux millions en or ont produit le même effet, ils n'ont opéré que ce que le seul million avoit produit auparavant, puisque par la supposition la masse des *choses* n'a point reçu d'accroissement.

Cela veut dire en d'autres termes, que la nouvelle masse métallique s'absorbe dans la masse générale du numéraire, et qu'autant on ajoute à sa quantité, autant on diminue de sa valeur.

L'addition faite au numéraire de la Communauté produit une augmentation proportionnelle dans le prix des choses vénales, dans le prix pécuniaire de toute la masse de la richesse non pécuniaire, et conséquemment, soit dans le prix de chaque article, soit dans celui du plus grand nombre.

Si une addition faite à la masse pécuniaire de la Communauté est employée à créer une portion de richesse non pécuniaire qui n'auroit point été créée sans cela, si elle produit par le travail ou par des échanges une augmentation de richesses réelles, le résultat n'est plus le même. Dans la proportion où la richesse réelle est augmentée, l'addition faite au numéraire cesse d'opérer pour en diminuer la valeur relative.

Pour simplifier le cas et le rendre plus frappant, j'ai supposé une addition excessive et soudaine. Il est bien rare qu'une addition de cette nature ait lieu en *métaux précieux* : mais elle a souvent lieu en *papier monnoie*.

Ainsi l'augmentation des prix, toutes choses d'ailleurs égales, est une *preuve* d'une extra-addition au numéraire, et une *mesure* de sa quantité.

Cette défalcation de valeur équivaut à une taxe indirecte sur les revenus pécuniaires : taxe qui peut aller sans cesse en augmentant : taxe qui porte un bénéfice pour ceux qui émettent le papier-monnoie, et dont le fardeau porte tout entier sur les possesseurs des revenus fixes. Il y a une compensation de cette taxe pour les producteurs et les marchands qui élèvent le prix des denrées, pour tous ceux qui ont leur part de ce nouveau numéraire. Mais ceux dont la fortune consiste dans un revenu pécuniaire qui n'augmente point, en portent tout le poids (1).

Quand cette diminution graduelle de revenu se fait lentement, quoiqu'elle soit un mal, ce mal peut résulter de la prospérité générale, et être compensé par un plus grand bien. Des pertes qui naissent du cours ordinaire des choses sont prévues et à peine senties : on y pourvoit d'avance. Mais quand le Gouvernement lui-même intervient par des opérations dont les effets sont aussi grands que soudains pour donner un accroissement subit à la masse du capital pécuniaire, métallique ou monnoyé, il confond tous les calculs de la prudence, il ruine une partie de ses Sujets, et sa richesse imaginaire devient l'instrument de sa destruction. Voilà ce qu'on a vu en France sous le systême de Law, et plus encore sous le règne des assignats.

III.—*Emploi le plus avantageux des Capitaux.*

Nous avons déjà vu que sous la conduite de

(1) Ce n'est pas sans défiance que je donne ici ce foible extrait d'un très-grand ouvrage MSS. de M. Bentham sur *les prix*, et sur les causes de la *hausse des prix*. Il embrasse un si grand nombre de questions qu'il n'est pas possible d'en donner une idée exacte dans un si court abrégé.

l'intérêt individuel, les capitaux prendront d'eux-mêmes la direction la plus avantageuse ; au moins sûrement plus avantageuse que sous la conduite du Gouvernement.

De tous les emplois des capitaux, le plus avantageux pour l'Etat, c'est la culture des terres : il est à la fois, comme l'a démontré Smith, plus grand en lui-même et plus attaché à l'Etat. *Plus grand* : car il faut que le capitaliste le trouve à peu près aussi avantageux qu'un autre, sans quoi il ne s'y voueroit pas : et cela, après avoir déduit la rente qu'il paye au propriétaire, et qui monte ordinairement au tiers du produit. Voilà ce que l'Etat gagne à cet emploi, par delà ce qu'il peut gagner à tout autre. *Plus attaché à l'Etat :* l'artisan peut emporter son industrie, le marchand ses magasins, le rentier ses capitaux : mais le fermier ne peut pas emporter la terre.

Pour concourir à cet objet, que doit faire le Gouvernement? Rien : c'est-à-dire, rien comme encouragement positif : car il ne sauroit trop ôter les entraves, trop écarter les obstacles mis à l'aliénation des biens fonds, (1) et trop favoriser la conversion des biens communaux en propriétés individuelles (2).

La condition la plus favorable à la prospé-

---

(1) Voyez sur cet objet *Traités de Législation*, Tom. II. p. 135.

(2) Ibid. Tom. II. p. 169.

rité de l'agriculture existe quand il n'y a point de substitutions, point de fondations inaliénables, point de terres communales, point de droit de retrait, point de dixmes, ou de taille ou de redevances qui mettent l'industrie à l'amende, et lèvent sur le cultivateur une contribution d'autant plus forte qu'il a fait plus d'avances et donné plus de soin à la culture.

A parler en général, les grands Terriens s'appliquent peu à l'amélioration de leurs domaines. Les uns laissent en friche pour le plaisir de la chasse une étendue de pays qui nourriroit des centaines de familles : les autres prodigues à proportion de leur opulence, donnent tout aux jouissances actuelles, et s'occupent peu de l'avenir. Là où le systême des baux et des fermes est sur un bon pié, le mal n'est pas grand ; mais il en est tout autrement quand la régie est entre les mains d'un Intendant, encore moins intéressé que les Seigneurs à l'amélioration du revenu. Que la grande propriété soit divisée en trois ou quatre parties : les propriétaires seront animés d'un tout autre esprit. L'aiguillon du besoin les rend intelligens et industrieux. Le Seigneur employoit vingt jardiniers à produire des ananas, à soigner des boulingrins. Cinq fabricans employeront vingt cultivateurs à produire du blé pour eux et pour cent artisans. Mais qu'on n'imagine pas que je recommande des lois agraires et des divisions forcées : ce seroit couper un bras pour le sauver d'une égratignure.

Dans l'échelle d'utilité publique, en tant qu'elle dépend de la richesse générale, après l'agriculture, viennent les manufactures dont les produits se vendent dans le pays : après celles-ci, les manufactures dont les produits s'exportent, et en dernier lieu. vient le commerce de frêt. Smith l'a démontré. Voilà pour la théorie : mais il ne s'ensuit pas que dans la pratique on doive favoriser une branche d'industrie plus haute dans l'échelle aux dépens d'une autre qui se trouve plus bas. Elles exercent toutes les unes sur les autres une influence réciproque, et les bénéfices se partagent entr'elles assez également : car si pour un moment, une branche devient plus avantageuse que les autres, un plus grand nombre se porte aussitôt vers ce côté là, et l'équilibre ne tarde pas à se rétablir. Si tel genre d'industrie est plus constamment utile à l'Etat, c'est parce que le bénéfice lui reste plus sûrement, parce que la richesse qui en provient est plus stable.

IV.—*Augmentation de l'Effet du Travail.*

Ce sujet pourroit fournir les détails historiques les plus instructifs et les plus agréables : nous nous bornerons à une simple énumération.

L'effet du travail s'augmente.

1°. Par l'augmentation de la dextérité et du savoir-faire.

2°. Par l'épargne du temps dépensé en allées et en venues, en mouvemens superflus.

3°. Par l'invention des machines.

4°. En remplaçant la main de l'homme par des premiers moteurs plus puissans et moins coûteux, l'eau, l'air, le feu, les poudres explosives, les bêtes de somme, etc.

Les deux premiers avantages tiennent à la division du travail : le troisième en résulte nécessairement. Smith a développé ce grand moyen de perfectionnement avec une attention, et pour ainsi dire, une affection particulière. Il fait voir que du procédé nécessaire pour convertir en épingles un morceau de fil d'archal, on en a fait dix-huit manipulations, et autant de métiers différens dont la plupart empruntent le secours des machines : moyennant quoi dix ouvriers qui n'auroient fait séparément que 240 épingles par jour en font 4800. Voilà donc cette petite branche de la richesse nationale qui s'accroît à proportion, et qui donne un ajustement plus commode que les fibules des Romains, et les brochettes que portoit la Reine Elizabeth. Le rebut de nos paysannes auroit été le luxe des femmes de Darius.

5°. Par la simplification des procédés intermédiaires.

6°. Par l'épargne des matières. L'extension de la parcelle d'or dont on se sert pour recouvrir le fil d'argent, est un exemple également propre à étonner le Physicien, et à charmer l'Economiste.

La Chymie a donné une foule de procédés économiques dans tous les arts ; elle a appris à tirer un plus grand parti des combustibles, à produire de plus grands effets avec moins de dépense : elle a substitué des matières moins coûteuses à celles qui l'étoient davantage. On imite les perles avec de la cire blanche et du verre. Le crystal artificiel est devenu le rival du diamant.

7°. Par l'amélioration des matières, c'est-à-dire, à proportion du prix. C'est ainsi que la porcelaine a remplacé la grossière poterie des temps antérieurs : les poteries de Wedgwood et de Bentley ont renchéri sur la porcelaine de la Chine.

8°. Par la diminution des frais de transport, en multipliant les chemins de terre, les canaux et les routes ferrées. L'avantage que les Pays Bas ont tiré de leurs canaux est incalculable. Le Gouvernement peut y intervenir, soit en avançant des capitaux et en participant au bénéfice, soit en accordant aux particuliers intéressés les pouvoirs nécessaires pour s'arranger entr'eux, et se dédommager des frais de l'entreprise. Quand le Gouvernement est réduit à s'en charger lui-même, c'est une preuve que la confiance n'existe pas, je veux dire la confiance dans la stabilité de l'ordre actuel, et dans la protection des lois. Rien ne fait plus l'éloge du Gouvernement Britannique

que cette disposition des individus à se réunir pour ces grandes entreprises de canaux, de chantiers et de ports, auxquelles on ne peut se livrer qu'avec ce sentiment de sécurité qui unit l'avenir au présent, et embrasse un horizon d'une grande étendue.

L'avantage des machines est dans l'augmentation de l'efficacité du travail.—Réduire de moitié le nombre d'hommes employés à un travail, sans diminuer la quantité du produit, c'est dans le fait la même chose que doubler le nombre des hommes employés avec le même degré d'efficacité qu'auparavant. Ce qui étoit fait par deux mille étant fait par mille, il vous reste mille hommes disponibles pour les mêmes travaux ou pour d'autres.

Mais ceci suppose que les ouvriers devenus superflus pour la production d'une quantité donnée de travail, sont employés : car s'ils étoient sans emploi, la quantité de richesse produite resteroit la même après l'invention de la machine qu'auparavant.

Si un manufacturier se trouve ainsi en état d'exécuter avec mille mains ce qu'il faisoit auparavant avec deux mille, il semble au premier aspect que le résultat naturel sera d'employer les deux mille ouvriers à produire une double quantité d'ouvrage. Mais à moins que son capital pécuniaire n'ait été augmenté, il lui sera impossible d'en occuper le même nombre. Les nouvelles machines, les nouveaux magasins dont il auroit besoin pour ce surcroît de produit, exigeroient une augmentation proportionnelle de capital. Le cas le plus ordinaire sera donc la réduction du nombre de ses ouvriers, et pour ceux-ci, la conséquence est une détresse temporaire.

Voilà sur quoi est fondée l'opposition populaire au perfectionnement des machines, opposition très-raisonnable de la part des manouvriers. C'est ceux qui sont en souffrance, tandis que le bénéfice, au premier moment, est pour le manufacturier, et à perpétuité pour le public qui obtient à meilleur marché une fabrication rendue moins coûteuse.

Il y a deux sortes de pays où cette objection n'auroit point de force, les pays mal-peuplés, et ceux où le peuple est esclave. " Vous voulez que la population s'augmente. Vous avez besoin d'enfans, je vous donne des hommes faits. Vous avez besoin de travailleurs futurs, je vous donne des ouvriers actuels. Vous vous chargeriez des frais de leur éducation, je vous en soulage. Vous vous accommoderiez d'étrangers, je vous donne des indigènes." Voilà ce que l'inventeur pourroit dire au Souverain : et voici ce qu'il pourroit dire au propriétaire particulier—"Avec cent serfs, vous exploitez tant de minérai : avec cinquante, vous en exploiterez la même quantité. Dussiez-vous nourrir les autres sans rien faire, où seroit la perte ?"

Il y a des pays où cette objection ne seroit pas sans force. Ce sont les pays rétrogades ou stationnaires, où l'ouvrier congédié ne trouveroit pas aisément à s'appliquer à une nouvelle industrie, où il n'y auroit point de capital prêt à lui fournir l'emploi qui lui convient. C'est un mal passager auquel il faut remédier par des mesures passagères.

V.—*Avantage du Commerce.*

Il résulte toujours quelque avantage de tout échange, pourvu qu'il soit fait sans fraude et avec connoissance de cause : autrement cet échange ne se feroit pas : il n'y auroit point de motif pour le faire. Sous ce point de vue, les deux parties contractantes ont un bénéfice égal, puisque chacune d'elles cède ce qui lui convient moins, pour acquérir ce qui lui convient davantage. A chaque transaction de cette espèce, il y a deux masses de jouissances nouvelles.

Mais quoique tout commerce soit avantageux, tel commerce peut être plus avantageux à l'une des parties qu'à l'autre. Il est plus avantageux à vous qu'à moi, si pour une chose qui ne vous a coûté qu'un jour de travail, vous obtenez de moi une chose qui m'en a coûté deux. La *balance réelle* du commerce est la quantité de travail reçu, par-delà le travail donné en échange.

Il n'est pas besoin d'examiner ici à quel

point le sol, le climat, la position, les circonstances naturelles peuvent donner cet avantage à un Etat sur un autre, puisque cette connoissance ne peut guère influer sur la pratique. Il est plus important d'observer qu'on peut l'acquérir jusques à un certain degré par art, et que la supériorité de la main-d'œuvre ou des instrumens est une espèce de monopole qu'établit la fortune en faveur du génie. Le temps est épargné par l'*ingénieuseté*. Plus il y aura dans un état d'inventions nouvelles dont le produit passe dans l'étranger, plus la balance réelle de son commerce lui sera favorable. Les avantages qui tiennent à la dextérité sont plus durables que ceux qui résultent de la science. Les découvertes chymiques se répandent. L'industrie des ouvriers du Bengale leur sera peut-être particulière pendant des siècles.

Les grands Politiques qui aiment beaucoup le commerce étranger, le considèrent surtout comme un moyen d'obtenir une balance en or; et ils se hâtent d'intervenir pour empêcher les échanges qu'il faudroit payer en métaux précieux. Si un marchand veut envoyer des espèces monnoyées de Londres à Paris, c'est pour faire un payement qui lui coûte moins de cette manière que de toute autre, ou pour en faire venir quelque marchandise qui lui vaut mieux que ces espèces monnoyées. Le Politique est plus fin que cela. Il ne veut pas qu'on fasse ce gain, car gagner seroit perdre. Empêcher le profit de chacun est le moyen qu'il a découvert pour prévenir la perte de tous. Le voilà tout occupé à entasser mesures sur mesures, pour empêcher la sortie du précieux métal. Réussir seroit un très-grand malheur, mais c'est ce qui n'arrive guère. L'insuccès, en diminuant le mal, double la sottise. Je dis en diminuant le mal, car il ne disparoît point entièrement. Il y aura, par exemple, plus ou moins de frais de la part du Gouvernement, pour faire exécuter la loi, plus ou moins de vexations, plus ou moins de gêne, plus ou moins de particuliers punis pour avoir rendu service à l'Etat : on s'accoutume à éluder les défenses, à tromper le Gouvernement. L'argent s'avilit plus ou moins : le prix de la main-d'œuvre hausse à proportion : l'exportation des choses manufacturées diminue. Voilà ce qu'on a vu en Portugal et en Espagne. Encore sont-ils trop heureux de ne réussir qu'à demi. Accordez à Midas son souhait : il va mourir de faim sur un monceau d'or.

En recommandant la liberté du commerce, je suppose l'esprit des commerçans dans son état de bon sens qui est son état ordinaire. Mais il y a eu des temps où il a été comme en délire : tels ont été ceux de ce qu'on appelle le *systême en France*, et du projet du *Mississippi* en Angleterre. Les autres Etats auroient eu raison de chercher à détourner leurs concitoyens de l'achat de la fumée que vendoit *Law*, de l'achat des actions chimériques de la mer du Sud. Comparez ceci avec ce qu'on a dit dans le chapitre précédent de l'émigration. En posant des règles générales, il ne faut pas oublier les cas fortuits et passagers.

Ce qu'on a dit des métaux précieux est vrai de tout autre objet de commerce, sous le point de vue de la richesse générale. Il ne sauroit y avoir incompatibilité entre la richesse de chacun et la richesse de tous. Mais il n'en est pas de même pour la *subsistance* et la *défense*. Les particuliers pourroient trouver leur profit individuel dans des opérations commerciales qui seroient en opposition avec la subsistance de tous et la défense de tous. C'est là surtout ce qui pourroit arriver à un petit Etat dans le voisinage d'un grand. Etablissez dans le petit Etat une liberté illimitée de commerce : le grand pourroit le ruiner à force d'or. En cas de disette, il pourroit acheter tous ses vivres ; aux approches d'une guerre, il pourroit acheter toutes ses armes.

La conduite à tenir pour s'assurer les moyens de subsistance et de défense se modifie à l'infini, à raison de la position, du sol, du climat, de l'étendue du pays dont il s'agit.

La grande difficulté par rapport à la subsistance est de subvenir à la différence entre les bonnes et les mauvaises récoltes. Si le produit est moindre que la consommation, l'inconvénient est palpable : s'il est plus grand, l'abondance avilit le prix, le cultivateur se ruine ou se décourage, et l'excès peut être suivi de la disette. Pour ramener l'égalité, les uns ont profité des années de surabondance pour faire des magasins publics, les autres ont encouragé la culture autant qu'ils ont pu, en se fiant aux besoins de l'étranger pour écouler l'excédent. A en juger par le raisonnement seul, le premier parti vaut mieux pour enchaîner les événemens : à en juger par les faits, le second est moins sujet à abus. C'est par là que l'Angleterre a joui d'une abondance assez constante. La liberté de ce commerce paroît donc le meilleur de tous les moyens pour assurer les subsistances.

Par rapport à la subsistance et à la défense, il n'y point de meilleure sécurité que celle qui résulte de la richesse générale. Le superflu est le gage du nécessaire (1).

Après l'examen que nous venons de faire des différens moyens qui concourrent à l'accroissement de la richesse réelle, nous voyons que le Gouvernement peut s'en fier à l'*inclination*, et à

(1) Voyez *Traités de Législation*, Tom. II. ch. IV. V. *Des lois relativement à la subsistance et à l'abondance.*

l'intelligence des individus pour les mettre en œuvre, et qu'il n'a rien à faire de sa part qu'à leur en laisser le *pouvoir*, à assurer leurs *droits* à la jouissance, et à hâter le développement des connoissances générales. Tout ce qu'il peut faire avec succès se range sous un petit nombre de chefs.

1°. Encourager l'étude des diverses branches de la physique. Les épines de la science forment une barrière entre la pratique et la théorie, entre l'artisan et le philosophe.

2°. Instituer des prix pour les découvertes et les expériences.

3°. Faire publier les procédés usités dans chaque branche d'industrie. Le Gouvernement françois, supérieur aux petites jalousies, s'étoit signalé de cette manière, et s'étoit rendu le bienfaiteur du genre humain.

4°. Observer avec soin tous les progrès du même genre dans l'étranger, et leur donner la même publicité.

5°. Faire publier les prix des divers objets de commerce. Le prix d'une chose est une extra-récompense pour quiconque peut la fabriquer ou la fournir à meilleur marché.

6°. Accorder des brevets d'invention ou des patentes pour un certain nombre d'années.

7°. Comprendre sous la peine de *Faux* l'injustice d'un artisan qui mettroit sur les produits de son industrie la *marque* d'un autre artisan. Pour prévenir les contraventions d'ignorance, il faudroit établir un régistre où chaque artisan put faire entrer la description de sa marque. C'est là un privilège qu'établit la nature en faveur de la dextérité: c'est au Législateur à le maintenir.

Elle ne vient cette récompense qu'à la suite du travail, et il n'y a pas moyen d'en abuser.

Par rapport à un grand nombre d'inventions dans les arts, un privilège est absolument nécessaire pour qu'on puisse recueillir ce qu'on sème. Or, qui ne peut espérer de recueillir ne se donnera pas la peine de semer. Ce qu'un seul homme a pu inventer, tout le monde est en état de l'imiter. Sans le secours des loïs, l'inventeur seroit presque toujours chassé du marché par son injuste rival: celui-ci se trouvant sans aucun frais en posssession d'une découverte qui a coûté au premier beaucoup de temps et de dépenses, peut le frustrer de tous ses avantages en vendant à un prix plus bas. Un privilège est de toutes les récompenses la mieux proportionnée, la plus naturelle, la moins onéreuse: elle produit un effet infini, et ne coûte rien. "Donnez-moi quinze ans, dit l'inventeur, pour avoir le fruit de mes travaux; après ce terme, il sera à tout le monde." "Non, dit le Souverain, vous ne l'aurez pas." Qu'arrive-t-il? Il n'est à personne ni pour quinze ans, ni après. Tout le monde est frustré, inventeurs, ouvriers, consommateurs. Tout est étouffé, bénéfice et jouissance.

Ces privilèges exclusifs en faveur de l'industrie sont établis depuis long-temps en Angleterre: mais il s'y est introduit un abus qui corrompt la faveur ou plutôt la justice de cette loi. Cette patente gratuite est devenue l'occasion d'un pillage dont la coutume a fait un droit. C'est une véritable conspiration contre l'accroissement de l'industrie nationale.

Qu'on se figure un artiste pauvre et timide, qui, au bout de quelques années consumées dans l'incertitude et le travail, se présente aux pieds de l'autorité pour recevoir le droit qu'il a entendu dire que la loi lui donne. Aussitôt voilà les grands dignitaires de la Couronne qui fondent sur lui de concert, comme des vautours sur leur proie. Un Solliciteur général lui enlève quatre guinées : un Garde du sceau privé, quatre et demi : un Garde d'un autre sceau, quatre : un Sécretaire d'Etat, seize : le Grand Chancelier qui ferme la marche, comme premier en dignité doit-être premier en rapacité. Il ne lui en faut pas moins de vingt six. Devrois je ajouter que dans ce manège l'extortion appelle à son secours la fraude ? Que l'aspirant n'est balotté d'office en office que pour donner divers prétextes au pillage ? Que pas un de ces Officiers grand ou petit ne s'avise de lire un seul mot du galimathias qu'il signe, et qu'ainsi toute cette parade de consultation n'est qu'une farce (1) ?

Supposons une loi qui accordât le privilège comme à présent sans condition. Supposons une autre loi qui défendit sous peine de cinquante guinées d'obtenir ce privilège.—Qu'elle contradiction, diroit-on, quelle sottise ! Cependant cette sottise supposée ne seroit que la moitié de la sottise actuelle. On se laisse toujours duper par les mots. La loi, ou plutôt la coutume abusive qui a force de loi, au lieu d'une permission, est pour un grand nombre d'artistes une prohibition réelle, quoique masquée. Voulez-vous faire tomber ce masque ? Traduisez chacune des deux dans le langage de l'autre.

J'ai vu approuver ces avanies, en qualité de moyen pour réprimer la témérité des projeteurs, ainsi que j'ai vu approuver les impôts sur les procédures, en qualité de moyens pour réprimer la témérité des plaideurs—Comme si *pauvreté* étoit

(2) Est-il besoin d'avertir qu'en blâmant la chose, on ne peut pas faire le moindre reproche aux individus qui ont trouvé ces droits établis, et qui en profitent ? C'est une portion de leurs salaires aussi légitime que toute autre. Mais il seroit à désirer que pour faire cesser cette avanie, on leur donnât aux dépens du public, un dédommagement égal à sa valeur moyenne. Si l'on vouloit lever un tribut sur les privilèges, il faudroit, au lieu d'enlever d'avance le capital, attendre qu'il eut rapporté quelques bénéfices.

synonyme de *témérité*—comme si les riches seuls avoient besoin du secours des lois, ou qu'enx seuls en fussent dignes—comme si enfin cette raison pour n'ouvrir qu'à demi les portes du Temple de la Justice n'étoit pas également valable pour les fermer tout à fait.

CHAPITRE XIV.

Abolition du Taux fixe de l'Intérêt de l'Argent dans les Entreprises commerciales.

S'IL peut convenir au Législateur d'encourager l'industrie inventive par des récompenses factices, à plus forte raison ne doit-il point opposer d'obstacles à l'affluence des récompenses naturelles.

La *récompense naturelle,* avons-nous dit, est le profit qu'un inventeur peut tirer de sa découverte par le commerce. Or, il n'est point de commerce qui ne demande un capital. Si l'inventeur n'a point de capital, il faut qu'il le cherche ailleurs : et toute loi qui gêne la faculté d'emprunter opère comme un découragement sur l'industrie.

Peut-il espérer de trouver un prêteur au taux ordinaire de l'intérêt ? non. Une entreprise nouvelle est toujours hasardeuse : il faudroit donc accorder au prêteur un avantage proportionné au degré apparent du risque. Il y auroit pour cela deux moyens ; et tous deux sont proscrits par les lois angloises.

Le premier seroit d'accorder un intérêt fixe supérieur à l'intérêt ordinaire : mais c'est ce que les lois défendent, en fixant le taux de l'intérêt. Cette fixation est en partie inefficace, et en partie pernicieuse. C'est ce qui est démontré ailleurs (1).

Le second moyen seroit d'accorder un intérêt variable proportionné aux profits de l'entreprise (2).

En France, il y a une branche de commerce où l'on peut limiter la partie de sa fortune que l'on veut risquer : c'est le commerce de banque. La somme placée de cette manière s'appelle *commandite.* Si cette liberté est utile dans la banque, pourquoi le seroit-elle moins dans les autres branches de commerce, surtout dans les branches nouvellement écloses ? N'ont-elles pas assez de leurs obstacles naturels, sans qu'ony ajoute par les lois des difficultés factices ? Les Irlandois ont eu la sagesse d'abolir en grande partie ces entraves qui subsistent encore en Angleterre.

Ainsi un inventeur, manquant de fonds, n'a

---

(1) Dans un autre ouvrage de M. Bentham, *Defence of Usury. Shewing the impolicy of the legal restraints on the terms of pecuniary bargains*---L'inconséquence est la compagne naturelle des lois dictées par de petites vues. On peut prêter au taux qu'on voudra pour une entreprise maritime : comme si les prétendus dangers et les prétendus abus qui font tant redouter ce mal indéfinissable qu'on nomme *usure*, dépendoient de la solidité ou de la fluidité de l'élément sur lequel on fait le commerce !

(2) En Angleterre, un capitaliste ne peut placer une somme dans le commerce, sans être constitué commerçant par le fait, et par conséquent responsable dans toute l'étendue de sa fortune. Il n'y a point de Statut à cet égard, mais c'est une règle de la *Loi commune.*

d'autre ressource que de s'adresser à un négociant de profession pour entrer en société avec lui ; mais les négocians sont ceux qui ont le moins de capitaux disponibles ; et comme ils sont maîtres des conditions, l'industrie restera souvent opprimée ou étouffée.

S'il étoit permis à tout le monde de s'engager dans des entreprises de commerce pour une somme limitée, combien de facilités ne trouveroit pas l'homme de génie ! Toutes les classes de la société fourniroient des secours à l'industrie inventive. Ceux qui ne veulent risquer qu'une petite somme, ceux qui peuvent disposer annuellement d'un certain capital, pourroient s'engager dans cette espèce de loterie qui leur promet un intérêt supérieur au taux ordinaire. Les classes les plus élevées se feroient un amusement de descendre quelque fois sur le terrein de l'industrie, et d'y placer quelques déniers, au lieu de les jeter sur une carte : l'esprit du jeu, détourné de sa destination pernicieuse, serviroit à augmenter le mouvement productif des arts et du commerce.

Il est des ennemis nés du mérite. Chaque conquête que fait l'industrie est pour eux une perte, chaque découverte une injure. Les hommes médiocres ont un intérêt commun qu'ils n'entendent que trop bien, c'est que tout soit médiocre comme eux-mêmes. Quel dommage si un Ecrivain d'une autorité imposante, un homme fait pour combattre victorieusement tous les préjugés, avoit fourni des armes au préjugé vulgaire contre le génie! Si je pouvois attaquer son opinion sans le nommer, j'aurois un grand avantage : car ici ses argumens me paroissent foibles, mais son nom est bien fort.

" Si le taux de l'intérêt," dit cet Ecrivain, " étoit fixé sur un pié aussi haut que huit ou dix " pour cent, la plus grande partie de l'argent qu'il " y auroit à prêter, seroit prêté à des prodigues " et à *des gens à projets*, qui seuls voudroient " donner des intérêts si hauts. Des hommes " sages qui ne veulent donner pour l'usage de " l'argent qu'une partie du profit qu'ils ont la " probabilité d'en retirer, ne voudroient pas se " hasarder dans une concurrence dangereuse. " Ainsi une grande partie du capital national se- " roit enlevée à ceux qui en feront probablement " un emploi avantageux, pour être jetée dans " des mains où il y a la plus grande probabilité " qu'elle sera dissipée et détruite. Au contraire, " lorsque le taux légal de l'intérêt n'est fixé qu'un " peu au dessus du taux ordinaire dans le com- " merce, on préfère universellement pour em- " prunteurs les gens sages aux prodigues et aux " gens à projets. Le prêteur trouve un intérêt à " peu près aussi fort chez les premiers que celui " qu'il oseroit prendre des derniers, et son argent " est beaucoup plus sûr (1)."

(1) *De la Richesse des Nations*, L. II. c. 4.

Ce passage n'est pas le seul où Smith attaque les projeteurs (Voyez Liv. I. c. iv.) mais c'est celui où il les attaque le plus directement. Quant aux *prodigues*, il est aisé de faire voir que ce n'est point à eux qu'on prête à des intérêts extraordinaires : on ne prête guère que sur des fonds assurés à ceux qui sont sans industrie. Or, quand on a des fonds à engager, on n'a pas besoin de donner un plus haut intérêt parce qu'on est prodigue. Le prêteur prête sur les fonds, non sur le caractère. Mais j'ai examiné ailleurs ce sujet. Bornons-nous à ce qui concerne les projeteurs.

Une idée qui tire toute sa force de l'autorité de celui qui la publie ne peut être mieux combattue que par cette autorité même.

1°. La prospérité de l'Angleterre a suivi sans interruption une marche progressive et même accélérée, surtout depuis que l'esprit de projet et d'entreprise s'est montré avec le plus d'essor. 2°. La somme de la bonne économie a toujours été plus grande que celle de la mauvaise. 3°. En fait de commerce, chaque particulier est meilleur juge de ses propres intérêts que le Gouvernement qui ne connoît rien des affaires individuelles. 4°. Les lois générales seroient encore plus défectueuses pour régler le commerce que l'Administration, parce que les Ministres peuvent consulter les circonstances, et que les lois générales ne se prêtent point aux cas particuliers.

Voilà les idées fondamentales de Smith, vérités précieuses et fécondes que personne n'a plus travaillé ni mieux réussi à établir que cet illustre Politique. Mais en raisonnant conséquemment d'après ces principes, on ne doit pas faire des lois pour gêner les projeteurs, et les empêcher de trouver les capitaux dont ils ont besoin.

La censure qui porte sur eux, porte en effet sur toute industrie nouvelle. C'est une attaque générale contre le perfectionnement des arts et des sciences. Tout ce qui est *routine* aujourd'hui, a été *projet* dans l'origine. Tout ce qui est *établissement*, a été *innovation*.

Dira-t-on que les projets passés ont été utiles, mais que les projets futurs ne le seront pas ? Ce seroit une assertion singulière, et qui auroit d'autant plus besoin de preuves qu'elle est plus contraire à la vraisemblance : car, dans toute carriere, l'expérience doit valoir quelque chose. Si des aventuriers vont heurter contre un rocher caché sous les eaux, leur naufrage sert d'avertissement aux navigateurs qui leur succèdent.

Fut-il prouvé que tous les projeteurs se ruinent, il n'en faudroit pas conclurre qu'on dût décourager l'esprit d'invention. Tel en se ruinant, ouvre une nouvelle route par laquelle mille autres individus parviendront à l'opulence. Qu'un artisan ait consumé une partie de sa fortune et de sa vie à inventer une machine qui expédie et qui perfectionne le travail, une teinture plus brillante et plus économique, un procédé d'agriculture plus avantageux ; mille teinturiers, dix mille mécaniciens, cent mille cultivateurs recueilleront sans peine et sans dépense les fruits de son industrie : et si l'inventeur s'est ruiné dans la recherche de cette découverte, qu'importe ce mal individuel au prix de tant de conquêtes ?

Je pourrois encore répondre à Smith par lui-même, en citant les passages où il fait voir que ces lois sur le taux de l'intérêt sont inefficaces, parce qu'il y a toujours des moyens faciles de les éluder (Voyez Liv. I. ch. 9.). Si cette loi n'avoit aucun effet, je ne m'arrêterois pas si long-temps à la discuter, mais il me semble qu'elle a deux effets pernicieux.

1°. Elle repousse les projeteurs utiles. Je ne dis pas qu'elle les repousse tous ; si cela étoit, nous ne serions pas au point de prospérité où nous sommes. Mais elle en repousse une partie : et malheureusement on ne peut pas savoir de quelle espèce, ni dans quelle proportion. Le talent d'opérer sur la matière est très-différent de celui d'opérer sur l'esprit des hommes. Le talent de méditer dans son cabinet n'a point de rapport avec celui de faire valoir ses découvertes dans le monde. La chance de réussir dans la carrière de l'invention, sera en raison des forces de l'esprit : la chance d'obtenir la confiance de ceux qui ont des capitaux à prêter, sera en raison de la force des moyens de persuader. Or, cette dernière force, loin de se trouver en raison directe de l'autre, sera plus naturellement en raison inverse : car plus on s'abstient de la société, plus on redoute les hommes, moins on est à son aise avec eux, moins on est maître de ses facultés, quand il faut les produire sur le théâtre de la conversation. L'effet que produit sur l'âme de l'auteur le sentiment d'une grande découverte est un mélange d'orgueil et de timidité, qui conspirent également à l'éloigner des hommes, et à diminuer la probabilité de ses succès, quand il dépend de leur faveur ou de leur appui. L'orgueil procède d'une opinion secrette de sa supériorité : la timidité, du peu d'espérance qu'il a de se faire estimer ce qu'il vaut. Or, si l'orgueil uni au courage est une des armes les plus puissantes pour subjuguer les hommes, uni à la timidité, il est un des moyens les plus sûrs de s'exposer à leur mépris. Cette qualité si vantée sous le nom de *modestie*, si utile pour servir d'introduction au mérite, et si nécessaire dans une condition inférieure, n'est pas la timidité véritable ; c'est au contraire un orgueil déguisé sous une apparence timide ; c'est un art qui consiste à savoir exactement dans quel sens et dans quelle proportion on peut déployer ses forces et ses avantages pour les faire valoir, dans quel sens et dans quelle proportion il faut les cacher pour laisser à un protecteur dont on a besoin la jouissance flatteuse de sa supériorité. Voilà la modestie qui mène loin dans le monde. Non, si jamais la timidité réelle a pu réussir, ce n'est que quand elle se trouve alliée avec la beauté qui fait tout pardonner et à qui rien ne résiste. Séparée de cette protection enchanteresse, la timidité enfante dans la douleur et les ténèbres, la gaucherie, l'embarras, la mauvaise honte, compagnes fréquentes, mais ennemies cruelles du génie solitaire.

Je ne parle pas de mille difficultés qui se trouveront sur la route de cet inventeur, chargé de son projet et de ses besoins, avant qu'il parvienne dans l'anti-chambre de ce Riche ou de ce Grand qu'il doit persuader. Il les a franchies. Il est admis. Il s'est préparé d'avance; il a étudié tout ce qu'il doit dire; il a prévu toutes les objections, il ne demande qu'à être écouté. Mais en supposant que le courage ne lui manque pas, qui ne sait combien grande est la différence entre le talent de concevoir des idées neuves en certains genres, et celui de les développer d'une manière claire ou persuasive? occupé tout entier du fonds des idées, l'inventeur est souvent incapable de porter son attention sur les accessoires et les formes dont la réunion seroit nécessaire pour les faire goûter. Il sait bien ce qui s'est passé dans son esprit, mais il ignore ce qui se passe dans celui des autres; il s'exprime souvent avec une obscurité et une confusion qui feroit croire qu'il ne s'entend pas bien lui-même. Les esprits, dans toute carrière d'invention autre que celle de l'éloquence, ont besoin d'un accoucheur. Lorsque Diderot travailloit au Dictionnaire Encyclopédique, il éprouva mille fois en consultant les artistes les plus ingénieux, la difficulté d'opérer cet accouchement. S'ils avoient de la peine à se faire entendre lorsqu'ils avoient pour interprête l'homme le plus capable et le mieux disposé, qu'auroient-ils fait, humbles solliciteurs, vis-à-vis d'un grand Seigneur ignorant et présomptueux ?

Dût-il enfin réussir à faire comprendre son projet, il lui reste encore à engager le capitaliste à s'y intéresser : et c'est ici que la loi prohibitive exerce sa vertu malfaisante. Le taux ordinaire de l'intérêt, comment oseroit-il le proposer ? on peut l'avoir sans courir aucun risque. Pour un taux extraordinaire, comment l'offrir à ce Protecteur qui s'exposeroit, en acceptant ce traité, à la rigueur des lois ? Dira-t-on que malgré les lois contre l'usure, on fait de l'usure ? Oui, comme il se fait des vols, malgré les lois contre le vol. S'ensuit-il que ces lois n'aient aucun effet, et que le vol soit aussi commun qu'il le seroit sans elles ? Autant ces lois prohibitives sont défavorables au vrai mérite, autant seront-elles utiles à la charlatanerie, ne fût-ce qu'en écartant la concurrence des meilleurs projets. L'essentiel est le don de la persuasion. Ce don appartient plus naturellement à l'homme superficiel, moitié enthousiaste et moitié fripon, qui connoît le monde, qu'à l'homme laborieux qui ne connoît que le sujet abstrait dont il s'occupe. On croiroit d'abord qu'on peut se fier à la force naturelle de la vérité, et qu'elle donne un grand avantage à l'homme réellement habile :

mais cette force intrinsèque de la vérité ne se fait sentir que dans les objets qui sont à la portée du commun des hommes. Quand il s'agit d'entreprises qui s'éloignent des routes battues, l'imagination guide, l'expérience n'y est pour rien. Quels ont été les imposteurs les plus prospères ? Ceux qui ont fait les promesses les plus extravagantes. La race des mendians effrontés, qui vendent la pierre philosophale, a plus obtenu, dans un temps donné, des ignorans crédules et avides, que les auteurs des projets praticables et utiles. Cependant, voici l'avantage infaillible de la vérité sur l'erreur : le temps est pour elle : l'imposture passe, et la vérité reste. Ce mensonge est décrédité : cette source d'illusion est fermée. Il en sera de même à-peu-près de toute autre. A mesure que le monde s'avance, les gouffres de l'ignorance se comblent par le nombre même de ceux qui s'y précipitent. Les siècles antérieurs sont des enfans perdus qui reçoivent les coups de la fortune pour ceux qui leur succèdent. Relativement à l'avenir, l'espérance est donc mieux fondée que la crainte.

Plus on examine les raisons pour lesquelles Smith veut décourager les projeteurs, plus on s'étonne qu'il ait ainsi dévié de ses principes. Il est probable que son imagination étoit préoccupée de l'idée de quelques projeteurs téméraires ou peu intègres, qui étoient tombés dans la sphère de ses observations, et qu'il appliquoit à l'espèce entière les vices de quelques individus épars. Se défendre de l'erreur des généralisations trop hâtives et trop vastes, ne laisser échapper aucune proposition qu'après avoir fait les retranchemens nécessaires pour la réduire à l'exacte vérité, c'est le dernier terme, et, jusqu'à présent, le terme idéal de la sagesse humaine (1).

Dans les routes hasardeuses de l'invention, rien ne seroit plus utile aux voyageurs qu'un bon traité sur les projets en général. Ce seroit le pendant de l'ouvrage qu'un Philosophe judicieux nous a donné sur les *Systêmes* (2). En parcourant les divers départemens des sciences, on s'attacheroit à ce que chacun d'eux présente en ce genre de plus particulier. La chymie a sa pierre philosophale, la médecine, sa panacée universelle ; la mécanique, son mobile perpétuel ; la finance, son moyen de liquider sans frais et sans injustice les dettes nationales. A propos de chaque erreur capitale, on feroit voir dans la nature même des choses, la raison de l'impossibilité du succès : on indiqueroit les illusions qui opèrent sur l'esprit humain, pour lui cacher ces obstacles insurmontables et le nourrir

---

(1) M. Smith, après avoir lu la lettre sur les *projets*, qui lui est adressée, et qui est imprimée à la suite de l'ouvrage dont j'ai parlé, *Defence of Usury*, déclara à un homme respectable, ami commun des deux auteurs, qu'il s'étoit trompé. Avec la nouvelle de sa mort, M. Bentham reçut un exemplaire de ses ouvrages qu'il lui envoyoit comme un gage de son estime.

(2) Condillac.

d'espérances trompeuses. On s'attacheroit à peindre les projeteurs de mauvaise foi, les charlatans en tout genre : on crayonneroit ce qu'ils ont de commun dans leur esprit et leur caractère, cette volubilité de paroles ; cette précipitation naturelle ou affectée qui esquive les argumens qu'on leur oppose ; cette manière de déclamer, sans analyser ni raisonner, de s'échapper comme par la tangente, dès qu'ils se sentent pressés ; cette colère affectée qu'ils témoignent quand on leur propose des objections et des doutes ; cet art de se plaindre des préventions qu'on a contr'eux, ou de se vanter du nombre secret de leurs partisans, enfin ce coup de maître, cette retraite habile de la scène, dans les occasions où, s'ils étoient de bonne foi, il leur importeroit le plus de s'y maintenir. L'histoire du Mesmérisme feroit un chapitre intéressant de cet ouvrage.

Mais en recueillant les projets malheureux, il faudroit se garder de ce ton de malignité qui semble triompher des disgrâces du génie, et qui cherche à envelopper les projets utiles dans le mépris et le ridicule que méritent les charlatans. Ce vice caractérise les ouvrages du spirituel et atrabilaire Swift. Sous prétexte de se moquer des projeteurs, il cherche à livrer au mépris des ignorans les sciences mêmes. Aussi avoient-elles deux grands torts à ses yeux ; le premier, de lui être inconnues : l'autre, d'être l'ouvrage le plus honorable de cette espèce humaine qu'il avoit prise en dédain et en haine, depuis que sa chagrine ambition avoit été déçue. Les projeteurs qui cherchent à tromper, il faut les démasquer: ceux qui se trompent, il faut les instruire : l'intérêt de la science et de la justice demande qu'on les distingue.

Je terminerai ce précis comme je l'ai commencé, en répétant que l'Economie politique doit être considérée comme une science plutôt que comme un art. Il y a beaucoup à *apprendre*, et peu à *faire*.

Les abeilles font le miel par instinct. Il suffit de leur laisser une ruche tranquille, des champs et des bois pour y amasser leur récolte : mais parce qu'on a besoin d'une partie de leur miel, il faut étudier leur nature, il faut connoître l'économie de ce petit peuple, pour ne pas nuire à la réproduction de ses travaux.

FIN.

Londres. De l'Imprimerie de Vogel & Schulze, 13, Poland-St.

AVERTISSEMENT DU LIBRAIRE.

On prépare, actuellement, une Traduction Angloise de cet Ouvrage.